W0188915

Jörg Magenau

Die taz

Eine Zeitung als Lebensform

Carl Hanser Verlag

1 2 3 4 5   11 10 09 08 07

ISBN 978-3-446-20942-8
Alle Rechte vorbehalten
© Carl Hanser Verlag München 2007
Satz: Fotosatz Reinhard Amann, Aichstetten
Druck und Bindung: Friedrich Pustet, Regensburg
Printed in Germany

Inhalt

21.1.2007. Hausbesuch. Ein Vorwort

Druckerzeugnisse. Essensmärkchen. Innere Dynamik. Transparenz und Unübersichtlichkeit. Drei mögliche Erzählungen.

Wahltag im Berliner Bezirk Friedrichshain-Kreuzberg. Die CDU möchte die von der taz initiierte Umbenennung der Kochstraße in Rudi-Dutschke-Straße mit einem Bürgerentscheid verhindern. Am taz-Gebäude steht schon seit über einem Jahr die neue Adresse: Rudi-Dutschke-Straße 23. Seit 1993 heißt das taz-Haus Rudi-Dutschke-Haus.

Eigentlich sind es zwei Häuser: ein schmucker Altbau im wilhelminischen Barock mit Jugendstilelementen und, daran angesetzt, ein funktionaler Neubau aus Glas und Stahl. Tradition und Moderne, bürgerliche und alternative Gründerzeit, Anfang und Ende des 20. Jahrhunderts gehen hier eine demonstrative Verbindung ein.

Der Eingang auf der Neubauseite führt nicht wie in anderen Zeitungshäusern in ein kühles Foyer, sondern in ein Café: das »tazpresso«. Der Name bezeichnet die besondere Geschmacksrichtung der hauseigenen Espressomischung, kann aber auch als Rhythmusvorgabe für die Produktion einer Tageszeitung verstanden werden. Presso, presso. Schließlich handelt es sich bei taz und Espresso gleichermaßen um Druckerzeugnisse.

Das Café ist ein Ort zwischen drinnen und draußen, Schnittstelle zur Welt, wo Leser und Schreiber sich begegnen können. Die Redaktion, die wie jede Zeitungsredaktion dazu neigt, abzuheben, hat hier ihre Bodenstation. taz-Redakteure erkennt man daran, dass sie mit einer roten Plastikkarte bezahlen, die wie eine Kreditkarte aussieht. Das »tazpresso« ist ihre Kantine. Als ich in den Jahren 1997 bis 1999 als Literaturredakteur bei der taz arbeitete, gab es das Café noch nicht. Stattdessen aß man im Erdgeschoss des Altbaus an den Kat-

Das *taz*-Haus in der Kochstraße nach dem Kauf 1989 als Solitär...

zentischen des Restaurants »Sale e Tabacchi«. Zum Bezahlen benutzte man die sogenannten Essensmärkchen, die allerdings nur das halbe Mittagessen beglichen. Sie stellten einen kleinen Zuschuss zum kargen Lohn dar, so dass um alle Versuche, ihren Wert in Krisenzeiten zu mindern oder sie gar abzuschaffen, ein heftiger Kulturkampf tobte. Wenn Lenin einst süffisant bemerkte, die Deutschen kauften erst eine Bahnsteigkarte, bevor sie als Revolutionäre einen Bahnhof erstürmten, dann galt im Rudi-Dutschke-Haus: Erst wenn die Essensmärkchen gestrichen wurden, drohte die Revolte. Die Essensmärkchen waren die Bahnsteigkarten der taz. Da sie nun durch Plastikkarten mit wiederaufladbarem Chip ersetzt sind, scheinen die Verhältnisse dauerhaft befriedet.

Im »tazpresso« befindet sich auch der »tazshop«, ein Verkaufstresen, an dem man neben Kaffeebohnen die ganze Palette der taz-Produkte erwerben kann: die Themenhefte zu Rudi Dutschke oder zur Fußball-WM (»Es ist Liebe«), den datensatten *Atlas der Globalisierung*, den taz-Bademantel, das T-Shirt mit dem Aufdruck »Rudi-Dutschke-Straße«, die lustige »Tom«-Tasse oder die schwarze Küchenschürze mit dem roten Panter als Wappentier und den Umrissen

...und mit dem Neubau Mitte der 90er Jahre

des roten Sterns, der wie eine verblassende Erinnerung wirkt. Die taz präsentiert sich ihren Besuchern zunächst als Marke eines Gemischtwarenladens. Dort muss jeder vorbei, der zur Zeitung will. Die Tchiboisierung des deutschen Pressewesens, bei der das eigentliche Produkt, die Zeitung, in einer ganzen Reihe von Nebengeschäften zur Nebensache zu werden droht, findet hier zu schöner Anschaulichkeit.

Früher betraten Besucher das Gebäude durch den Eingang im Altbau, sahen zuerst Marmor und hohe Spiegel an den Wänden und blickten zu den römischen Gottheiten Vulkan, Merkur und Venus mit Amor auf. Schmiedekunst, Handel, Schönheit und Liebe sind nicht die schlechtesten Voraussetzungen für die Zeitungsproduktion. Ein viertes Relief, mit unbekanntem Götterbild, ging im Lauf des 20. Jahrhunderts verloren. Hätten West-Berliner Stadtplaner ihre absonderlichen Ideen realisiert, wäre Ende der 70er Jahre das ganze Haus abgerissen und die Kochstraße in einen Autobahnzubringer verwandelt worden. Seit 1985 steht das Haus unter Denkmalschutz.

Das dunkle Treppenhaus mit seinem bröckelnden bürgerlichen

Charme blieb unverändert. Früher mussten sich die Besucher in den ersten Stock vorwagen, um so etwas wie einen Empfang zu entdecken: die von Zigarettendunst zugenebelte, nicht sonderlich einladend wirkende Poststelle. Sie hat inzwischen einen schwungvollen Tresen erhalten und wirkt wesentlich freundlicher. Gleich rechts in der Belle Etage haben Fotoredaktion und Konferenzraum die Plätze gewechselt. Interne Umzüge sind an der Tagesordnung. Für die neu entstehende Online-Redaktion, die zunächst noch zusammen mit dem Archiv im Haus gegenüber, auf der anderen Straßenseite, unterkommt, muss 2008 auch noch ein Platz gefunden werden. Das wird zu weiteren Rochaden führen. Vielleicht dienen die internen Ortswechsel dazu, das Sesshaftwerden zu verhindern. Vielleicht sind sie auch eine liebevolle Reminiszenz an das Rotationsprinzip, das in den 80er Jahren bei den Grünen für einige Unruhe gesorgt hat. Heute ist die Rotation ein logistisches Warmhalteprogramm, eine Dynamikentfaltung, die ihre Energie als erneuerbare Ressource aus sich selbst heraus zu gewinnen sucht.

Der Innenausbau des Hauses ist auf Transparenz ausgerichtet. Die Wände zwischen den einzelnen Räumen sind aus Glas, so dass sich im Vorbeigehen überblicken lässt, wer anwesend ist und was drinnen vor sich geht. Trotzdem führt diese Bauweise zu einer großen Unübersichtlichkeit. Chaos und Transparenz verschwistern sich auf seltsame Weise. Das hat damit zu tun, dass die Glaswände die vorherrschende Unordnung in ihrer Tiefendimension sichtbar machen. Nichts bleibt verborgen. Außerdem stehen auch dort, wo man Flure vermuten möchte, Schreibtische, so dass der Unterschied zwischen drinnen und draußen verwischt. Die taz ist ein komplexer Organismus. Ihre Durchschaubarkeit ist eine Illusion.

Der schönste Raum, der »Pavillon« mit angrenzender Dachterrasse, befindet sich in der obersten Etage des Neubaus. Von hier aus hat man den besten Blick auf das Hochhaus des Springer-Verlages, des großen Antipoden. In anderen Unternehmen würde der Chef diesen Raum für sich beanspruchen. Bei der taz ist es ein Gemeinschaftsraum, der für Feste aller Art und für Besprechungen genutzt werden kann. Oben und unten sind in diesem Haus nicht endgültig festgelegt.

Wie schreibt man die Geschichte so einer Zeitung? Und: Wozu? Es gibt zwei große Erzählungen, die selten in Reinform überliefert werden, sondern in verschiedenen Mischungsverhältnissen. Die eine handelt vom Verrat der frühen Ideale, von Anpassung, Opportunismus und Zähmung. Die andere handelt von Lernfähigkeit, Professionalisierung und einer erstaunlichen Erweiterung des Horizonts. Im Begriff der »Verbürgerlichung« – von den einen als Vorwurf, von den anderen als erfreuliches Resultat betrachtet – fallen beide Varianten zusammen. Doch was, wenn die taz von Beginn an eine bürgerliche Zeitung gewesen wäre? Dann gäbe es auch nicht den Bruch zwischen dem wilden Alternativblatt und der seriösen Firma, sondern eine kontinuierliche Entwicklung der schon im Anfang angelegten Möglichkeiten einer alternativen Bürgerlichkeit.

Sicher ist, dass aus der taz etwas völlig anderes wurde, als ihre Gründer sich vorstellen konnten. Wenn sie so geblieben wäre, wie sie damals sein sollte, gäbe es sie längst nicht mehr. Was einst als große »Alternative« zur bürgerlichen Gesellschaft empfunden wurde, entpuppte sich als Kernbestand moderner Bürgerlichkeit. Das ist die dritte, sachliche Erzählweise, der im Folgenden der Vorzug gegeben wird. Eine Zeitung ist schließlich kein moralisches Wesen, dem man sinnvollerweise »Verrat« vorwerfen könnte. Sie ist, was sie ist. Auch in ihren Mängeln spiegelt sie die Gesellschaft wider, die sie umgibt – mit all ihren Ängsten, Hoffnungen und Einsichten. Was sich nicht ändert, geht unter.

Die taz ist eine Spielfläche, auf der sich größere historische Entwicklungen abbilden. In den 8oer Jahren ging das Zeitalter der Gesellschaftsutopien zu Ende. Das Zittern, das in das Beben von 1989 mündete, war schon zu spüren, auch wenn es noch nicht zu begreifen war. In der taz paradierten noch einmal die verschiedenen Weltverbesserungsphantasien der Linken und der Alternativbewegungen. Dass sie hier nebeneinander existieren konnten, ohne sich im Kampf der Dogmen zu blockieren, deutet darauf hin, dass das ideologische Denken schwächer wurde. Sie verloren alle an Kraft und bäumten sich noch einmal auf: die feministische Revolte, der Internationalismus, der militante Widerstand, die sozialistischen Varianten. Selbst die anschwellende Ökologiebewegung veränderte ihren Charakter in dem Maße, in dem sie allmählich den gesellschaftlichen Konsens prägte. Die ökologische Veränderung von Produktion und Konsum wurde zu einer Überlebensfrage. Dahinter steckte aber keine Utopie, sondern der Zwang einer Notwendigkeit. Und die Entdeckung einer neuen, pragmatischeren Form von Politik.

Alternative Bürgerlichkeit ist auch die Suche nach einer bürgerlichen Kultur, die vom Zusammenbruch der Humanität 1933 nicht belastet ist. Die Rebellion der 68er-Generation gegen die schweigenden Väter und der Antifaschismus der Linken in den 70er Jahren traten als Antibürgerlichkeit auf, waren aber nichts anderes als eine Erneuerung bürgerlicher Moral. Joachim Fest hat in seiner Autobiographie *Ich nicht* den Einsturz der bürgerlichen Welt im Berlin der 30er Jahre beschrieben. Im Wirtschaftswunder-Deutschland wurde diese Welt nur ökonomisch wieder aufgebaut. Die Studentenbewegung stellte den Konsens, der auf einer materiellen Basis beruhte, in Frage. Das grün-alternative Milieu ist der Beginn eines neuen, moralisch orientierten Bürgertums, das entdeckt, dass zum Linkssein auch bewahrende, konservative Elemente gehören. Das trifft für die Ökologiebewegung ebenso zu wie für die Hausbesetzer, die um den Erhalt der Stadt als eines zivilen Lebensraums kämpften.

Als ich damit begann, die Geschichte der taz zu schreiben, glaubte ich zunächst, vor allem von den handelnden Personen erzählen zu müssen. Doch damit ließ sich keine Zentralperspektive finden. Die taz hatte nie einen Rudolf Augstein, der das Blatt im Alleingang geprägt hätte. So sehr ein ungezügelter Subjektivismus triumphierte, so austauschbar sind doch die Protagonisten. Nur wenige aus der Gründerzeit sind heute noch dabei. Viele tausend Mitarbeiter sind seither hier durchgegangen. Das Kollektiv in seiner wandelbaren Gestalt ist das eigentliche Subjekt des Geschehens, auch wenn immer wieder Einzelne herausragen, die Konflikte provozierten und die Richtung zu beeinflussen versuchten. Immer wieder kristallisierten sich aus dem unübersichtlichen emotionalen und intellektuellen Gemenge dominierende Stimmungen und Themen heraus. Diese Kristallisationspunkte sind der Gegenstand dieser Geschichte.

Sicher ließen sich auch andere Schwerpunkte setzen. Die dreizehn ausgewählten Momente sind dennoch alles andere als zufällig. Von hier aus lassen sich verschiedene zentrale Themenstränge verfolgen, die nacheinander gelesen auch eine chronologische Abfolge ergeben und einen Einblick in den fortgesetzten Entstehungsprozess der taz bieten. Geschichte ist im Zusammenhang mit einer Tageszeitung stets doppelt zu denken: Sie ist die Geschichte der Institution und ihrer Arbeitsweise. Doch zugleich ist sie auch der Rohstoff, der in der täglichen Produktion der Zeitung als Wirklichkeitsmaterial verarbeitet wird. Eine Zeitung zu historisieren heißt, deren Umgang mit der Geschichte geschichtlich zu fassen. So entsteht mit der Geschichte der taz zugleich eine Geschichte der alternativen Denkweisen in Deutschland von den 70er Jahren bis heute – jedenfalls, soweit sie für die Geschichte der taz von Bedeutung sind. Kein Geschichtsbuch, aber ein Buch voller Geschichte und Geschichten.

Der 21. Januar 2007 endete übrigens mit einem Wahlsieg der taz und mit einer Party zur Feier der Rudi-Dutschke-Straße im »tazpresso«. Dazu mehr im letzten Kapitel.

27.9.1978. Es ist ein Mädchen

Nullnummer mit Verspätung. Kein Papiertiger. Die Zeitung als Projekt. Selbstgespräch einer Herrenrunde. Deutscher Herbst I. 'ne ganze Menge Frust. Linkes Pressemonster im alternativen Blätterwald. Kleinstaaterei. Tunix. Die Lust am Leben. Prospekt mit sechs Thesen. Namenssuche. Panter und tazze.

Was sind schon fünf Tage. Das Verfallsdatum einer Tageszeitung mag damit überschritten sein, für die taz galt die übliche Frischeverordnung nicht. Dass sie überhaupt zu existieren begann, war erstaunlich genug. Da konnte es den Beteiligten gleichgültig sein, dass die erste Nullnummer, die am 27. September 1978 erschien, das Datum des 22. September trug. Verspätung ist das erste signifikante Merkmal der taz. Die Ehrlichkeit, nichts zu vertuschen, das zweite. Man hätte ja leicht das Datum aktualisieren können. »Ob sie heute kommt, ob sie morgen kommt, wer weiß«, sangen ein wenig später die »Drei Tornados« mit freundlichem Spott.

Epochale Ereignisse lassen sich verzögern, aufhalten lassen sie sich nicht. Zwei Jahre lang hatten Initiativgruppen von Hamburg bis München, von West-Berlin bis Freiburg, darüber diskutiert, ob so etwas wie eine linke Tageszeitung hierzulande überhaupt gelingen könnte. Der Diskussionsbedarf war noch lange nicht erschöpft, nur weil jetzt in den Räumen des Frankfurter *Informations-Dienstes zur Verbreitung unterbliebener Nachrichten (ID)* die ersten Seiten zusammengebastelt wurden. Der *ID*, eine Art linke Presseagentur, bot Unterkunft in einer Fabriketage und stellte Satz- und Layouttechnik zur Verfügung. Der Gebäudekomplex in der Hamburger Allee 45 darf mit Recht als eine Ur-Zelle der taz gelten. Neben dem *ID* saßen hier auch die Redaktion der jungen Sponti-Zeitschrift *Pflasterstrand*, das Institut für Sozialökologie, die Kollektiv-Druckerei »Druckladen«, Frankfurter Frauenschule und Frankfurter Frauenblatt, später zog die Regionalredaktion der taz hier ein.

Kaum einer von denen, die nun aus der ganzen Republik anreis-

die Tageszeitung

Preis: DM 1,-   Null-Nr. 1   Freitag, 22. September 1978

England

Astrid Proll

FRANKFURT/LONDON
(taz). Astrid Proll, die letzten Freitag von einer Spezialeinheit der englischen Polizei in London festgenommen wurde, befindet sich nach wie vor in Auslieferungshaft.Über ihr Leben in London und die Ereignisse nach ihrer Verhaftung haben wir mit Karin Monte gesprochen, die als ihre enge Freundin verschiedenen Verdächtigungen in der Presse ausgesetzt war.

Bericht auf Seite 3

Nicaragua

Foto: AP

Uranabbau

Strahlender Schwarzwald

FREIBURG (AKS/taz)
Seit dem 5. September dieses Jahres sitzt Joachim Schnorr, Mitglied des Arbeitskreises Strahlenschutz (AKS) in Freiburg in Untersuchungshaft. Die Anklage lautet "versuchter Totschlag".
Im Zusammenhang mit einer fotografischen Erkundungsfahrt auf dem Gelände der bundeseigenen Uranabbau-Gesellschaft, Saarberg-Interplan in Gernsbach/Baden-Baden soll er versucht haben, zusammen mit Edgar Klements, ebenfalls Mitglied des AKS, einen Mitarbeiter der Interplan "mit Tötungsabsicht" zu überfahren.
Die Interplan war von AKS in letzter Zeit mehrfach beim wilden Abkippen radioaktiven Gesteins beobachtet worden.

Bericht auf Seite 12

Howaldtswerke

Somoza: Alles unter Kontrolle Bürgerkrieg beendet

MANAGUA (taz, Liberation, dpa) In Nicaraguas Hauptstadt Managua ließ Diktator Somoza am Donnerstag verkünden, daß die Nationalgarde die Kontrolle über das ganze Land zurückgewonnen habe. Nach Augenzeugenberichten sieht dies folgendermaßen aus:
In den zurückeroberten Städten Leon und Massaya sind von der Guardia Nacional schreckliche Massaker an der Bevölkerung verübt worden: Junge Männer wurden in Lastwagen vor die Stadt gebracht, sodann gezwungen, sich ihre Gräber zu schaufeln und schließlich ermordet; eine Gruppe Flüchtender wurde außerhalb der Stadt in einen Hinterhalt gelockt und vom Hubschrauber heraus erschossen.
Erzbischof Espinosa erklärte angesichts des Vorgehens der Guardia Nacional:
"Für das, was hier geschehen ist, fehlen mir einfach die Begriffe."

Dennoch leistet selbst in Leon die Bevölkerung gemeinsam mit sandinistischen Guerilleros weiterhin Widerstand: die Stadt Chinandega wird immer noch von der Befreiungsbewegung gehalten, während die Situation in Jinotepe, Esteli und in Diriamba unklar ist, wo die Guerilla zumindest aber noch einige Stadtteile besetzt hält.

Bericht auf Seite 15
und "Der Sturm auf den Nationalpalast"
von Gabriel Garcia Marquez, Seite 8

Der Vorstand kann gehen Wir bleiben bestehen

HAMBURG/KIEL (taz, Reuter). Gegen die drohenden Entlassungen bei den Howaldtswerken Deutsche Werft AG (HDW) in Hamburg haben gestern 4000 Beschäftigte der Werke Ross und Reiherstieg drei Stunden lang die Arbeit verweigert. Spontan demonstrierten sie gegen die Pläne des HDW-Vorstandes, in Hamburg etwa 1500 Arbeiter zu entlassen. Der Schiffsneubau soll eingestellt, das Werk Reiherstieg geschlossen und die Reparaturarbeiten um 20% gesenkt werden.
Nach Meinung einiger Arbeiter geht der Trend nur zeit dahin, die verschiedenen HDW-Werften in Hamburg, an Blohm & Voss zu verkaufen. Offenbar ist die Salzgitter AG, die mit 70% an der HDW beteiligt ist, nicht bereit, die 4000 Arbeitsplätze in Hamburg zu erhalten. Ein Grund für die Arbeiter, sich endgültig nach vielen Jahren zu wehren.

Bei der Betriebsversammlung am Dienstag und Mittwoch war dann auch die Beteiligung entsprechend hoch. Schon an ersten Tag gab es 35 Wortmeldungen. Reden konnten jedoch nur 12 Kollegen, weil die Betriebsleitung durch langgezogene Beiträge der restlichen 23 nicht zu Wort kommen ließ. Der sonst übliche Beifall für die Betriebsleitung fiel diesmal vollkommen aus. Die Belegschaft entschloß sich, für ihre Arbeitsplätze zu kämpfen.
Am Donnerstag wurde die Arbeit im Werk Reiherstieg gar nicht erst aufgenommen. Einer der Arbeiter berichtet: "Gleich am Morgen gab es eine spontane Demonstration, an der 80% der Leute teilnahmen. Die Leute vom Werk Reiherstieg, das ein paar Kilometer entfernt liegt, sind in Autokorso durch den Hafen zum Werk Ross gefahren. Einige sind sogar in einem Bogen zu Fuß gekommen. Wir

haben uns alle um halb neun getroffen und sind mit verschiedenen Plakaten durch das ganze Werk zum Hauptgebäude gezogen, wo der Vorstand mit dem Betriebsrat verhandelte. Wir riefen: ,Drehen wir die Lichter aus, holen wir die Himmer raus'. — Wenn wir fest zusammenstehen, brauchen wir nicht stempeln gehn'. Die Kundgebung war um halb sehn beendet, und wir machten dann eine ausgiebige Frühstückspause. Die Diskussionen hielten noch den ganzen Tag an."
Auch in Kiel soll das Werk Dietrichsdorf, ebenfalls eine Reparaturwerft, geschlossen und 500 Leute entlassen werden.
Auf einer Betriebsversammlung am Mittwoch warf der Werkchef Henke den Kollegen schließliche Arbeitsmoral vor. "Warum sollten wir Moral haben?" Sie haben ja auch keine!" rief ihm ein Kollege zu.

Herbstmanöver '78

Jäger stoppt Nato

NÜRNBERG. Die Unversehrtheit seines Jagdreviers war einem 45-jährigen Jagdpächter aus Treuchtlingen entschieden wichtiger als die ungehinderte Durchführung des gerade stattfindenden Herbstmanövers. Er trank sich etwas Mut an, setzte den Tirolerhut auf und stellte sich mit scharfgeladenem "Drilling" unerschrocken einem Konvoi aus Panzern, Jeeps und LKW's entgegen, der gerade über ein Feld auf sein Jagdrevier zurollte.
Dabei drohte er, auf die anführende Offizierstruppe zu schießen, falls der Konvoi in sein Revier einfahren würde. Da weder Kriegsgefangene noch Totschießen im Generalstabsplan vorgesehen waren, wußte sich die derart abrupt aus ihrem Kriegsspiel gerissene, schwerbewaffnete Truppe nicht mehr selbst zu helfen. Die Polizei wurde geholt. Von da an nahm alles seinen r e c h t s - s t a a t l i c h e n Gang. Verhaftet wurden nicht die Soldaten wegen Hausfriedensbruch, sondern der Jagdpächter. Über das Ausmaß der Revierschäden liegen bis jetzt noch keine Meldungen vor...

Magazin

Peep - Show
Blick durchs Schlüsselloch S.

Portugal
Abschied von der roten Nelke S.

Gorleben
Ein Bericht aus dem Landkreis S. 1

Titelblatt vom 22. September 1978

ten, hatte je zuvor mit Zeitungsherstellung zu tun gehabt. Staunend blickten sie auf ihre eigene Arbeit und waren schwer beeindruckt, wenn »pausenlos die drei Telephone der Redaktion« klingelten. Artikel liefen per Fernschreiber ein oder wurden persönlich vorbeigebracht, »via Autobahn«[1]. Die Datenautobahn war noch nicht erfunden. Die Manuskripte, mühevoll recherchiert, langwierig geschrieben und also allesamt unverzichtbar, stapelten sich auf einem riesigen Tisch. Die unmöglich zu bewältigende Aufgabe bestand darin, die in wochenlanger Vorarbeit angestaute Materialmenge auf sechzehn Zeitungsseiten unterzubringen. Also diskutierte man über den Dringlichkeitsgehalt jedes einzelnen Artikels, um auszuwählen und wegzulassen, wie das eben so ist beim Zeitungmachen. Nur: Hier durften alle über alle Texte sprechen, ob sie Ahnung vom Thema hatten oder nicht. Und damit auch die abwesenden Freunde quer durch die Republik mitreden konnten, lief die erste Redaktionskonferenz per Ringschaltung übers Telefon. Erstaunlich, dass dieses Verfahren nur fünf Tage in Anspruch nahm.

Was sind schon fünf Tage. Die taz entstand im unbedingten Glauben an die diskursive Lösbarkeit aller Weltprobleme. Es gab nichts, was sich nicht ausdiskutieren ließ. Sie nannten es Basisdemokratie. Doch der erste Probelauf zeigte bereits, wie schwierig die tägliche Produktion auf diese Weise werden würde. Auf Dauer konnte es nicht gelingen, jeden Artikel, jede Meldung, jede Meinung in der Gruppe nachzuvollziehen, in Frage zu stellen oder gut zu heißen. Genügend Zeit, um all die widerstreitenden Interessen im Blatt auszutarieren, gab es nur dieses eine Mal. In Zukunft, bei täglichem Erscheinen, würde es dafür einfacher werden, eine Auswahl zu treffen, die ja dann von Tag zu Tag korrigiert und relativiert werden könnte.

Die Nullnummer 1 sollte alles enthalten, was die neue Zeitung auszeichnete. Sie sollte eine Visitenkarte sein, in der sich nicht nur die lokalen Initiativgruppen aus vierzehn Städten wiederfinden mussten, sondern auch all die Bürgerinitiativen und sozialen Bewegungen im Land, die von einer überregionalen Tageszeitung als gemeinsamem Forum träumten. Fast entschuldigend vermerkte die Redaktionsgruppe im Editorial, die Schwerpunkte seien durch die Tagespolitik diktiert worden – als habe man damit vor dem Weltgeschehen kapituliert und die Oberhoheit über die Wirklichkeit schon abgegeben, bevor man auch nur damit begonnen hatte, Welt selbst zu definieren: »In der Bundesrepublik gab es von oben nichts Neues, außer vielen Prozessen und Kriegsspielen, von unten Widerstand der AKW-Gegner und der Frauenbewegung. Mit letzterem hat sich eine autonome Frauenredaktion beschäftigt. Die Ereignisse in Nicaragua und im Iran forderten ihren Platz. Der Anspruch, nicht nur über Spektakuläres, sondern auch über den Alltag der Dritten Welt zu berichten, ist deshalb für die Zukunft nicht aufgegeben.«[2]

Trotz erklärter Sachzwänge versammelt die Titelseite mit den Themen des Tages zugleich die Themen der Zeit. Wie auf einem Standbild, das den historischen Prozess in einer Momentaufnahme festhält, lässt sich ablesen, was das linksalternative Milieu im September 1978 bewegte. Blickfang ist eine verschwommene Fotografie, die mehrere vermummte Gestalten zeigt, Männer und Frauen mit Pistolen in den Händen. Sie hocken vor einer Hauswand mit der Aufschrift »Sandinistas« und wirken eher ratlos, als machten sie gerade Mittagspause. Ihre Waffen sind auf keine Ziele gerichtet, dementieren aber, was als fette Schlagzeile unter dem Foto steht: »Somoza: Alles unter Kontrolle. Bürgerkrieg beendet.« Der romantische Blick auf die fernen Waffenträger wird durch eine zweite Illustration ironisch gebrochen. Sie zeigt einen deutschen Jägersmann mit Hund und Gewehr, der vor einem Baum sitzt. »Jäger stoppt Nato« lautet die zugehörige Meldung über einen Jagdpächter, der mit der Flinte in der Hand Nato-Truppen an der Durchführung eines Manövers in seinem Waldgebiet hindern wollte. Weitere Meldungen auf Seite eins: Astrid Proll, als RAF-Mitglied in London verhaftet, befindet sich in Auslieferungshaft. Ein Freiburger AKW-Gegner, dem versuchter Totschlag vorgeworfen wird, sitzt in U-Haft. Dazu ein Bericht über drohende Entlassungen in einer Hamburger Werft und, als kurzes Inhaltsverzeichnis, die Stichworte: »Peep-Show«, »Portugal« und »Gorleben«. Im Blatt dann ein ausführliches Interview mit dem Spitzenkandidaten der hessischen Grünen Liste, Alexander Schubart, zur bevorstehenden Landtagswahl und eine große Reportage von Gabriel García Márquez aus Managua: »Der Sturm auf den Nationalpalast«.

Damit sind die Elemente versammelt, die die frühe taz ausmachten: Internationalismus und bewaffneter Widerstand, die Auseinandersetzung mit der RAF, Anti-Militarismus und Friedensbewegung, Anti-Atomkraft, Frauenbewegung und die Gründung der Grünen. Dazu – gewissermaßen als Reminiszenz an die sozialistische Tradition – der Bereich Gewerkschaft und Arbeitswelt, der in der taz aber eher selten eine so herausgehobene Rolle spielen sollte. Nicht die Ökonomie stand im Blickfeld der Alternativbewegung, sondern die Ökologie. Das Paradigma von Fortschritt und Geschichte wurde abgelöst durch die große Erzählung von der Reinheit der Natur.

Der Horizont, vor dem sich das alles abspielte, war die deutsche NS-Vergangenheit. »Die Schuld der Eltern und Großeltern«, schreibt die Frankfurter taz-Mitbegründerin Gisela Wülffing im Rückblick, »deren mangelnde Reue und nicht empfundene Trauer sind in unser Leben eingegangen. Eine Tätowierung, die weggehen sollte durch Proteste, Demonstrationen, Besetzungen und Flugblätter – gegen alle Ungerechtigkeiten und autoritären Entscheidungen. Diese Aktivitäten haben meine/unsere Vorgeschichte aber nicht ›wiedergutgemacht‹.«[3]

Die taz war eine zivile Antwort auf dieses Ungenügen, auf das die RAF mit Waffengewalt reagierte. Das mitgelieferte Motto lautete: »Die Taz ist kein Papiertiger«. Aber was war sie dann, die Zeitung in Gründung? Was wollte sie sein? Selbsterfahrungsgruppe oder politischer Stoßtrupp? Antibürgerliches Experimentierfeld oder bürgerlicher Betrieb? Eine Sammelstelle für Flugblätter von der Basis oder eine professionell gemachte Zeitung? Diskussionsforum oder Nachrichtenblatt? Lustig oder linksradikal? Skeptisch oder hoffnungsfroh? Friedlich oder militant?

Nicht alle Beteiligten glaubten an das, was da entstand. Es galt das Motto: »Wir haben keine Chance, aber wir nutzen sie.« Eine Mitarbeiterin des *Informations-Dienstes* schrieb auf der Debattenseite: »Wir vom ID versuchen z.B. die Arbeitszeit runterzusetzen, nach wie vor gegen die Trennung von Arbeit und Leben anzugehen. Die Zielrichtung oder Lebenseinstellung von uns hat sich ein Stück weit verändert. Ein Teil von uns ist aufs Land gezogen, andere haben es vor. Die um die Dreißig überlegen sich, Kinder zu bekommen oder mit

Kindern zusammenzuleben. Nur wenn wir an unseren radikalen Lebensentwürfen festhalten, haben wir genug Stärke, in einer politischen Lebenssituation durchzuhalten. Von daher verstehe ich auch den Optimismus nicht, mit der Tageszeitung eine neue politische Arbeit nach außen anzufangen.« Jede und jeder wollte etwas anderes: Ein Kind forderte per Leserbrief eine Kinderseite mit Rätseln und Witzen und erzählte auch gleich einen Froschwitz. Ein französischer Sozialist freute sich auf eine sozialistische Tageszeitung, die an Traditionen von vor 1933 anknüpfen sollte: »Seit über 40 Jahren lebt Deutschland in einem Bruch in der Information.« Ein deutscher Juso wünschte sich keine linksradikale Zeitung, sondern eine, die auch Jusos als die ihre begreifen könnten. Und »Berliner Symphies« hofften darauf, eine neue Heimat für die »seit dem Herbst geistig Emigrierten« zu finden.

1978 war ein Jahr der Orientierungssuche und der Ungewissheit. Die Zeit der APO lag zehn Jahre zurück. Der Terror der RAF hatte die Linke ihrer moralischen Überlegenheitsgefühle beraubt und zugleich das Unwohlsein gegenüber einem autoritär agierenden Staat gesteigert. Die neue Zeitung sollte – ähnlich wie die Grünen – die zersprengten Splitter sammeln und neu zusammensetzen. So wie die Grünen sich als Anti-Parteien-Partei erfanden, so sollte die taz eine Anti-Zeitungs-Zeitung werden: »Gegenöffentlichkeit« in einer Medienlandschaft, die sich gegen den gemeinsamen Feind des Terrorismus hatte »gleichschalten« lassen.

Bürgerlich, sozialistisch, alternativ: Konnte aus diesem heterogenen Spektrum etwas Gemeinsames entstehen? Die Macher der taz meldeten sich in der zweiten Nullnummer vom Oktober 1978 in Gestalt einer Herrenrunde zu Wort, die eine Positionsbestimmung versuchte. Zunächst war es wichtiger, sich über die Motive und Ziele der Zeitungsarbeit zu verständigen, als sich sofort auf die schnöde Berichterstattung zu konzentrieren. »Identität« und »Selbsterfahrung« waren Großbegriffe der Epoche, die nicht nur für jedes Individuum galten, sondern auch für ein politisches »Projekt«. Die »Projekte« wiederum ersetzten bürgerliche Karrierevorstellungen. Sie zielten darauf, den Widerspruch zwischen Arbeit und Leben aufzuheben. Was ein Mensch tat, und was er fühlte und dachte, sollte im

»Projekt« in Einklang gebracht werden. Arbeit diente in diesen Zusammenschlüssen nicht bloß dem Geldverdienen, sondern der Selbsterprobung in einem neuen sozialen Experimentierfeld. Diese Zielstellung war allerdings sehr viel weniger »antibürgerlich«, als die Zeitungsgründer glaubten. Von heute aus betrachtet erscheint der Projektcharakter als Modell kapitalistischer Betriebe des 21. Jahrhunderts, die Eigenverantwortung und individuelle Selbstbestimmung als Produktivitätsfaktor entdeckt haben. Die Kolonisierung des Lebens durch die Arbeit ist weit fortgeschritten.

Die taz war ein Vorreiter dieser Entwicklung. Sie war ein Projekt, bevor sie Zeitung geworden war. Nur so hatte sie überhaupt eine Chance, von ihren Unterstützern solidarisch getragen zu werden. »Der realexistierende Journalismus war für uns bürgerlich, ein Prädikat, das in unseren Ohren wie ein kräftiges Schimpfwort klang«, erinnert sich Michael Sontheimer, heute Redakteur beim *Spiegel*. »Von den Hierarchien, wie sie in herkömmlichen Betrieben üblich sind, hielten wir noch weniger. Wir wollten unser Anderssein, unseren Dissens mit den herrschenden Verhältnissen und unsere fundamentale politische Opposition auch in einer anderen Organisation der Arbeit ausdrücken. Zum sprachlichen Ausdruck dieses Andersseins wurde der Begriff ›Projekt‹.«[4] Die taz war mit Abstand das größte und spektakulärste Alternativprojekt in Deutschland.

Die versammelten jungen Herren kann man sich an einem WG-Tisch vorstellen, wo sie hinter Rauschschwaden kaum zu erkennen sind: der Kuno, der Ulf, der Dieter, der Arno und der Konrad. Auch einzelne Artikel wurden in der Frühzeit der taz häufig bloß mit dem Vornamen des Autors gezeichnet – Auflösung und Radikalisierung von Subjektivität gleichermaßen. Die Einzelnen gaben sich persönlich und verschwanden gleichzeitig in der Anonymität einer familiär erscheinenden Gruppe. Man betonte das subjektive Gefühl und duckte sich weg ins Kollektiv. Die Alternativszene, die damals noch englisch »Scene« geschrieben und gesprochen wurde, trat als idealer Gesamtkumpel in die Öffentlichkeit. Sie machte die Vertraulichkeit des Kneipengesprächs, ein »diffuses Zärtlichkeitsbedürfnis« und den »allgegenwärtigen Gebrauch des ›Du‹«[5] hoffähig. Das Private war, wenn auch nicht unbedingt politisch, so doch wenigstens öffentlich.

Dieser Tonfall erlaubte es, auch Unfertiges und Improvisiertes zum Besten zu geben. Statt einer Selbstdarstellung wurde das Reden über die gesuchte Selbstdarstellung abgedruckt. Das Programmatische war damit als Aufgabe anwesend, ohne dass man sich festlegen musste. Es war immer eine Geschmacksfrage, von welchem Moment an das »Ausdiskutieren« ins »Zerlabern« überging und ob ein Gegenstand dabei an Kontur gewann oder verlor.

»Wir beziehen uns auf Randgruppen, aber wie stehen wir zur alten Arbeiterbewegung?«, fragte »Kuno«. Er wollte wissen, wie es mit der »revolutionären Veränderung« weitergehe. »Ulf« antwortete: »Der traditionelle, interventionistische Revolutionsbegriff, der ist uns doch durch die Lappen gegangen. Wir sollten in unserer Selbstdarstellung darauf abheben, dass wir im Grund zwei Zielrichtungen haben: Einmal wollen wir raus aus der Scene in die liberale Öffentlichkeit, schließlich werden jetzt auch schon die genuin bürgerlichen Rechte beschränkt. Das tägliche Denkverbot ist nicht unser Spezialproblem, sondern betrifft doch die liberale Öffentlichkeit jetzt schon unmittelbar.« Damit war das weltrevolutionäre Pathos dem Niveau der deutschen Innerlichkeit angepasst, wie sie in Schillers »Don Carlos« propagiert wird: Geben Sie Gedankenfreiheit, Sire! Man stand in der Tradition des aufgeklärten Bürgertums und des deutschen Idealismus, ahnte das auch, hielt sich aber trotzdem für ganz und gar antibürgerlich.

»Kuno« fühlte sich nicht wohl in dieser Nachbarschaft: »Wir beziehen uns auf die Spontis und auf die Bourgeoisie. Wir reden viel von der liberalen Öffentlichkeit und erhoffen uns von der Radikalität der Zeitung irgendwelche Einbrüche bei ihr und sagen, das macht uns gerade interessant. Aber bei wem? Bei der bürgerlichen Öffentlichkeit? Sind wir etwa jetzt den Liberalen näher als den Sozialisten und Marxisten?« Für »Arno« war die Vorstellung, sich zugleich an »Randgruppen, Freaks, 'n paar Spontis« und an die »liberale Öffentlichkeit« zu richten, weniger problematisch, ja, er sprach wie ein alter Stratege von »Bündnispolitik«, die aber nicht mehr in klassischem Sinne zwischen Parteien ablaufe, sondern zwischen gesellschaftlichen Milieus. »Dieter« wollte eine Tageszeitung als »offenes Diskussions- und Auseinandersetzungsforum, das praktisch allen

Linken zur Verfügung steht und so die verschiedenen Gruppen dazu bringt, wieder miteinander zu reden«. Diesem Konzept einer bürgerlichen Öffentlichkeit mit linkem Pluralismus widersprach »Konrad«: »Die Tageszeitung kann nicht nur ein Forum der Diskussion sein, sondern sie muss auch intervenieren.« Doch das verstand sich ja wohl von selbst. Waren Diskutieren und Intervenieren in einer Zeitung nicht sowieso ein und dasselbe? War die Gründung einer neuen Zeitung nicht per se eine politische Tat, unabhängig von allen Inhalten und aller Theorie? Wäre die Existenz der taz nicht schon Beweis genug für eine Linke, die sich nicht mundtot lassen machen würde und ihren Platz in der Öffentlichkeit der Bundesrepublik beanspruchte?

Als Entstehungszeit der taz gilt der Herbst 1977, in dem der Kampf zwischen der RAF auf der einen, dem Staat und der Öffentlichkeit auf der anderen Seite eskalierte. Die Bundesregierung verhängte in Reaktion auf die Entführung des Arbeitgeberpräsidenten Hanns-Martin Schleyer eine Nachrichtensperre und richtete einen Krisenstab ein, der ohne parlamentarische Kontrolle operierte. Die Medien beschränkten sich in freiwilliger Zensur auf die offiziellen Verlautbarungen. Der Raum für freien Journalismus wurde spürbar enger. Vera Gaserow, eine der wenigen Ur-tazler, die schon journalistische Erfahrungen gesammelt hatten, erzählt, dass sie im Herbst 1977 keine Aufträge mehr bekam. In der *Frankfurter Rundschau* war sie als Autorin nicht mehr erwünscht, weil sie als »Sympathisantin« galt. Auch die Polizei glaubte, bei ihr suchen zu dürfen, und klingelte immer wieder an ihrer Wohnungstür. Bei anderen wurde die Tür gleich eingetreten, ohne zuvor zu klingeln. Dann stürmten 20 Schwerbewaffnete herein, zerwühlten und zerstörten alles, dafür genügte eine Denunziation oder ein luftiger Verdacht. »Wenn die taz nicht entstanden wäre, hätte ich mit dem Schreiben aufhören müssen,« sagt Vera Gaserow. Die taz-Gründung hatte eine existenzielle Dimension, die über das Journalistische und Politische hinausging.

Die allgemeine Hysterie und die boulevardeske Hetze gegen die sogenannten »Sympathisanten« gipfelten darin, dass Volkes Stimme die Wiedereinführung der Todesstrafe durchaus für angemessen hielt. Für die Linken ein Alptraum. Auf der einen Seite glaubten sie, der theoretisch stets befürchtete Rückfall des deutschen Staates in den Faschismus sei gekommen. Auf der anderen Seite schwankten sie zwischen Loyalität und Entsetzen: Entsetzen über die Brutalität der Tat und die borniert Ideologie des Terrorismus; Loyalität, weil es mit Schleyer, der im »Dritten Reich« ein hoher SS-Mann gewesen war, auf der symbolischen Ebene doch irgendwie »den Richtigen erwischt« hatte. Die RAF okkupierte mit Antikapitalismus, Antifaschismus und Staatsfeindlichkeit Teile der linken Ideologie, so dass es unmöglich schien, ihr die Solidarität völlig zu verweigern. Aber sie hatte auch den bewaffneten Kampf, der vielen Linken Anfang der 70er Jahre noch als revolutionäre Hoffnung erschienen sein mag, in eine blutige Sackgasse geführt. Mit dem Deutschen Herbst 1977 begann die Wiedereingliederung der radikalen Linken in die Gesellschaft. »Die verlorenen Kinder des Bürgertums kehrten zaghaft in Bunten und Grünen Listen in die Parlamente und die Republik zurück«, schreibt taz-Redakteur Stefan Reinecke in seinem Buch über Otto Schily und die RAF.[6] Nicht nur das: Auch die taz selbst war ein solches Heimkehrer-Projekt. Der bürgerlichen Öffentlichkeit ein eigenes Medium entgegenzusetzen bedeutete auch, an ihr teilhaben zu wollen.

Die bleierne Atmosphäre des Herbstes 1977 erzeugte den nötigen Druck, um der Idee einer neuen Tageszeitung Auftrieb zu geben. »Anders als die alternativen Tageszeitungen in Frankreich und Italien ist die taz nicht aus einer linken Bewegung, sondern aus einer linken Erstarrung entstanden, und gerade diese Erstarrung war es auch, die im deutschen Herbst 77 den Auslöser für dieses Projekt gab«, schrieb Vera Gaserow 1979.[7] Die ersten Gründungsbemühungen reichen allerdings noch weiter zurück. Der linke Anwalt und RAF-Verteidiger Hans-Christian Ströbele, der in Selbstdarstellungen der taz häufig als »Gründervater« bezeichnet wird, schreibt dazu: »Es stimmt nicht, dass aus den Ereignissen des Herbstes 1977 die taz entstanden ist. Es war lange vorher, im Sommer 1976. Noch davor hatte es die Organisations-Debatte gegeben. Eine ganze Menge Undogmatischer aus der neuen Linken außerhalb der K-Gruppen waren mehrfach zum Palaver zusammengekommen, um ihre eigene Organisierung zu diskutieren. Rausgekommen war aus diesem Klüngel aber nicht viel, nur Selbstdarstellung, bedrucktes Papier (ein kleines Broschürchen), vollgequatschte Tonbänder und 'ne ganze Menge Frust.«[8]

Der Unterschied zwischen einer Zeitung und einer politischen Organisation wurde erst ab Sommer 1976 deutlicher, als sich eine kleine Gruppe um Ströbele und den Buchhändler Max Thomas Mehr regelmäßig in den Räumen des Anwaltkollektivs traf. Ein Journalist vom *Spiegel*, als Referent geladen, machte die Tageszeitungshoffnungen jedoch rasch zunichte: Eine Million Mark müssten dafür mindestens aufgetrieben werden. Also träumte man vorerst ersatzweise von einer Wochenzeitung und begnügte sich mit einer 40-seitigen Probenummer mit dem Titel *Revue*. Sie »enthielt viele Fotos und ein Themenspektrum von ›Rudi Dutschke gründet Bocchiaclub‹ bis ›Breitner nach Grönland‹, also von Politik über Klatsch bis Sport«[9]. Damit schlief das Engagement wieder ein; am Ende kamen nur noch zwei Leute zu den Treffen.

Überall in der Bundesrepublik waren mit den neuen sozialen Bewegungen der 70er Jahre Zeitungen und Zeitschriften, Broschüren und Mitteilungsblätter entstanden, die oft nur wenige Ausgaben überdauerten. Sie sahen sich als Alternative zur bürgerlichen Öffentlichkeit, bekämpften sich aber auch gegenseitig heftig. Der Subkultur-Theoretiker Rolf Schwendter schrieb schon 1970 über eine Gegenmedientagung in Remscheid: »Hunderte von Blättchen, Minivertrieben, Einmanndruckereien, Eintagsfliegenverlagen, Zwergcoops beackern in Isolation und Konkurrenz die Bundesrepublik. Ihre Geldnöte und Schulden, ihre mangelnde Vertrautheit mit dem, was es zu bekämpfen gilt, mit dem kapitalistischen Marktmechanismus, kennzeichnen ihre Praxis. Sie besetzen einander die Redaktionen, sie hauen einander über's Ohr, als ob sie ihr gegenseitiger Hauptgegner wären.«[10]

Die taz erschien aus der Perspektive des alternativen Blättchenwaldes eher als existenzbedrohende Konkurrenz denn als Möglichkeit, die verschiedenen Themen und politischen Vorlieben in einem überregionalen Forum zu bündeln. Als sie im April 1979 gerade einmal damit begonnen hatte, das tägliche Erscheinen zu erproben, berichtete ein Leser von einem Alternativzeitungstreffen in Freiburg. Dort wurde die taz als »das alternative oder linke oder beides Pressemonster« wahrgenommen. Sie sei »kein Traum mehr«, sondern »aufgepfropft«. Man bezweifelte, »ob sie überhaupt sinnvoll« sei, und diskutierte die Frage »was wohl schlimmer sei für die Alternativen, wenn die TAZ Pleite macht, oder wenn sie den Sommer überlebt«.[11] Auch das gehört zur Geschichte der Linken: ein selbstzerstörerischer, masochistischer Zug, das Sich-Einrichten im Abseits und die Skepsis gegenüber allem Gelingenden. Klein-Muckersdorf liegt allemal näher als Berlin.

Alternative Stadtzeitschriften wie der Frankfurter *Pflasterstrand* oder das Münchner *blatt*, wie *Zitty* und *Tip* in West-Berlin bewiesen, dass es ein Interesse an einer Berichterstattung aus alternativen Zusammenhängen gab. Doch das waren Stadtzeitungen, die sich vor allem mit lokalen Themen befassten. Eine überregionale Tageszeitung wäre ein ganz anderes Wagnis. Die Zeitschrift *Radikal* erprobte, wie weit sich politischer Widerstand publizistisch umsetzen ließ. In Hamburg erschien die Zeitschrift *konkret*, doch die war mehr marxistisch als grün-alternativ orientiert. In West-Berlin existierte schon seit 1967 der eher traditionell gewerkschaftlich und sozialistisch ausgerichtete *Extra Dienst*, aus dessen Umkreis nun eine eigene linke Tageszeitung entstehen sollte: *Die Neue* – ein Konkurrenzunternehmen, das der taz den Start erschwerte, das aber auch den Realisierungsdruck erhöhte und damit unfreiwillige Geburtshilfe leistete. *Die Neue* hatte zunächst fast doppelt so viele Abonnenten und mehr Geld als die taz, sie scheiterte aber an ihrer zu engen DKP-Orientierung. Sie erschien vom 3. Mai 1979 bis zum 14. Dezember 1981 als Tageszeitung, schließlich bis zu ihrer Einstellung Ende Oktober 1982 als Wochenzeitung. Als Max Thomas Mehr während der Produktion der ersten taz-Nullnummer telephonisch aus Berlin meldete, er habe 25 Exemplare der *Neuen* auf dem Tisch, doch sie sei langweilig, sorgte das für einen ersten Heiterkeits- und Gute-Laune-Höhepunkt.

In Frankfurt erschien schon seit 1973 wöchentlich der *Informations-Dienst zur Verbreitung unterbliebener Nachrichten* in der zunächst bescheidenen Auflage von 500 Exemplaren: ein Bulletin der Bürgerinitiativen, Internationalisten und politisch Engagierten. Als ein erstes nationales Treffen der Alternativzeitungen im Mai 1976 in

Aachen Bedarf an organisatorischem Zusammenhang und Austausch signalisierte, dachte das *ID*-Kollektiv darüber nach, auf tägliches Erscheinen umzustellen. Doch nur eine Minderheit war dafür, darunter Thomas Hartmann, der später eine wichtige Rolle in der taz spielen sollte. Auch bei einer Diskussionsrunde im Frühjahr 1977, an der ein Redakteur der französischen Zeitung *Libération* teilnahm, war das Ergebnis negativ. So sehr die *Libération* bewundertes Vorbild linker Zeitungsträume war, glaubte man, die französischen Verhältnisse nicht so einfach auf Deutschland übertragen zu können. Zu den dezentralen Strukturen der Ökologie- und Anti-AKW-Bewegung würde eine überregionale Zeitung mit einer Zentralredaktion nicht passen. Solche Bedenken reproduzierten die historischen Unterschiede zwischen dem zentralistischen Nationalstaat Frankreich und dem in Kleinstaaten zersplitterten Deutschland. Unwillkürlich knüpfte die neue Linke an die Zeit der Bauernkriege, an Bundschuh und Florian Geyer, aber auch an den Vormärz an. Zupfgeigenhansl und Hannes Wader gruben die passenden Lieder dazu aus: »Bürgerlied« und »Trotz alledem« – Protestgesänge des Frühbürgertums mit lokalen Widerstandshelden. Alles Zentralistische war dieser Tradition verdächtig: Es roch nach Macht und Bevormundung. Was energiepolitisch richtig war – sich für Windräder und Sonnenkollektoren einzusetzen und gegen Großanlagen wie AKWs zu kämpfen –, das konnte medienpolitisch nicht falsch sein.

Im Oktober 1977, vor dem Hintergrund der Schleyer-Entführung, traten diese Vorbehalte in den Hintergrund. Zum fünften Treffen bundesdeutscher Alternativzeitungen in West-Berlin verfassten die beiden übriggebliebenen Mitglieder der Berliner Gruppe – Ströbele und Max Thomas Mehr – einen Aufruf zur Gründung einer Tageszeitung, die nur zusammen mit den vielen Alternativblättern entstehen könne. Immerhin kamen danach wieder 30 und mehr Leute zu den Treffen, allerdings andere als zuvor, so dass die Debatten noch einmal ganz von vorn beginnen mussten. Entscheidenden Schwung verlieh der sogenannte »Tunix-Kongress« im Januar 1978, zu dem sich rund 10.000 Linksalternative in der West-Berliner Technischen Universität versammelten. Dorthin kamen sie von ihren Weltreisen zurück, verließen die Trommelgruppen und Landkommunen, rück-

Tunix-Kongress, Januar 1978. Links Hans-Christian Ströbele, rechts Max Thomas Mehr

ten in WG-Stärke an und schöpften nach dem bleiernen Herbst wieder ein wenig Mut.

»Tunix« war eine Parole des Aufbruchs. Gemeint waren damit die Ablehnung kapitalistischer Lohnarbeit, die Nichtintegration ins bestehende Wirtschaftssystem und die Neubestimmung von Arbeit – weg vom bloß quantitativen Wirtschaftswachstum, hin zur Verbesserung der Lebensqualität. Die Überlegungen des Philosophen André Gorz standen dafür. Der Tunix-Kongress war theoretischer und emotionaler Ausgangspunkt vieler Alternativprojekte. Zur Berliner Zeitungs-Initiative kamen danach so viele Leute, dass man sich größere Räume suchen musste und in ein Lehrerzentrum in Neukölln umzog.

Auch in Frankfurt diskutierte eine Gruppe undogmatischer Linker während der Buchmesse über die Notwendigkeit einer eigenen Zeitung. »Gründet die extreme Linke eine überregionale Tageszeitung?«, fragte die *Frankfurter Allgemeine* wenig später mit spürbarem Schaudern.[12] Eben dieser *FAZ*, dem Zentralorgan des Bürgertums und des Kapitalismus, galt jedoch die erkennbare Bewunderung der Alternativzeitungsgründer, die sich im Dezember 1977 in Frankfurt trafen.

Trotz gegenseitigen Misstrauens bewegten sich die Frankfurter und die Berliner vorsichtig aufeinander zu. Karl-Heinz Roth von der Theoriezeitschrift *Autonomie* nahm an diesem sogenannten »Nationalen Treffen« teil, aus München kam ein Vertreter der Stadtzeitung *blatt*. Über die Ziele der neuen Tageszeitung herrschte Einigkeit, sie waren allerdings auch allgemein genug formuliert: »a) die Blockierung und Gleichschaltung der bestehenden Medien durchbrechen b) Informations- und Diskussionsforum für eine autonome Linke in der BRD aufbauen c) Bezugspunkt für ein Alltagsleben schaffen, das sich gegen die herrschenden kulturellen Normen neue Lebenszusammenhänge aufzubauen sucht.«[13] Im Protokoll steht als Resümee: »Die Fronten, von denen so viel die Rede ist, haben sich nicht erhärtet. Im Gegenteil. Wir haben uns gegenseitig versichert, dass ›Die Gruppe‹ keineswegs ein einheitliches Konzept hat – weder in Berlin, noch in Frankfurt.«[14]

Linksliberale Organe wie *Spiegel* und *Frankfurter Rundschau* wurden als ungenügend empfunden. Von K-Gruppen-Publikationen grenzte man sich entschieden ab. Die *FAZ* aber galt als qualitativ hochwertige Zeitung, vorbildlich in Informationsgehalt, Kommentarkraft und Übersichtlichkeit. Sie war »eine gute Zeitung«, jedoch mit einer entscheidenden Einschränkung: »Sie ist nicht gut für uns.« Weil sie bloß die Interessen derjenigen bediene, »die im In- und Ausland möglichst rentabel wirtschaften, investieren und spekulieren wollen«, sei sie so funktional wie leblos: »Aber wir wollen leben.«

Kapitalistische Ökonomie und die vitalistische Kategorie »Leben« standen sich diametral entgegen. Ökonomische Vernunft war kalt, zahlenorientiert, unmenschlich. Das erklärt, warum auch in eigener Sache jedes Renditestreben unter Verdacht geriet. Kein Gedanke daran, dass die eigene Zeitung sich als tragfähiges Unternehmen am Markt etablieren musste. Für sich selbst reklamierte man Wärme, Solidarität und Menschlichkeit.[15] Die Alternativbewegung der 70er Jahre entwickelte eine eigene Moral, die den klassischen bürgerlichen Werten entgegengesetzt zu sein schien. An die Stelle von Leistungsdruck, Mühe, Entbehrung und Disziplin rückten Entspanntheit, Lebensfreude, Spontaneität, Ungezwungenheit, Genuss.[16] An die Stelle von Konkurrenz, hierarchischer Struktur und zentraler

Macht traten das persönliche Wir, das unhierarchische Kollektiv und dezentrale Strukturen. »Bürgerliche« Moral galt als »Doppelmoral«, denn sie ließ, vergleichbar der katholischen Sünde, die Übertretung und die Ausnahme zu. Die alternative Moral wirkte dagegen unversöhnlich kalvinistisch. Sie war totalitär und ordnete individuelle Freiheit den Normen alternativen Lebens unter. So heftig staatliche und ökonomische Macht kritisiert wurden, so vorbehaltlos unterwarf man sich den eigenen Zwängen.[17]

Es ist also kein Zufall, dass die Bewunderung und der Ekel, den die bürgerliche *Frankfurter Allgemeine* auslöste, zu einem eigenen Glaubensbekenntnis und einer deutlichen Abgrenzung motivierten. Das klang im Dezember 1977 so: »Wir wollen leben. Die FAZ ist nicht gut für uns, weil wir nicht die Interessen besitzen, auf die sie ausgerichtet ist. Wir wollen uns nicht zur Anpassung pressen lassen, sondern uns zu wehren befähigen. Wir wollen die Machenschaften der staatlichen und betrieblichen Repression aufspüren und auch beim Namen nennen. Wir wollen politische Initiativen gegen die Fabrikausbeutung, Leistungsideologie und Plastikkultur führen. Wir wollen unsere eigenen Lebenszusammenhänge aufbauen und vorantreiben, einen eigenen Lebensrhythmus finden. Wir wollen uns über unsere Probleme und Interessen auseinandersetzen, Informationen sammeln und austauschen, Kontroversen austragen, Impulse weitergeben. Wir wollen den Kaffee am Frühstückstisch genießen und in einer Zeitung auch davon lesen, was uns Spaß macht, wovon wir träumen. Wir wollen die Welt und was in ihr geschieht aus dem Blickwinkel unserer Interessen verfolgen und wahrnehmen lernen: und weil es dafür keine Zeitung gibt, werden wir eine machen.«[18]

Das waren hehre Ziele, die aber weit über das hinausgingen, was eine Zeitungsredaktion zu leisten vermag. Der Alltag sah dann schon bald weit weniger idyllisch aus, als es diese schöne Gründungsutopie beschwor. Man brauchte starke Nerven, viel Energie und Durchhaltewillen, um in diesem Biotop zu bestehen. Beispielhaft für viele andere ist die Enttäuschung eines restlos bedienten und gefrusteten Kollegen im Jahr 1985: »Ich habe echt geglaubt, hier arbeiten auch die dem Zeitungsprojekt entsprechenden Leute. Eben Menschen, die die gesellschaftlichen Strukturen ablehnen, angreifen und Alternativen aufzeigen und versuchen, so zu leben, so zu sein. Mitnichten. Soviel Spießbürger, Integranten [sic!], Karrierebewußte, Rücksichtslose und Ängstliche und damit beißende Psychopathen auf einem Haufen, und das ohne Mammis, ist wirklich ganz schön normal. Nicht anders als in bürgerlichen Zeitungen.«[19] Abschiedsbriefe wie dieser sollten schon bald zu einer unschönen Tradition werden. Wer ging, hinterließ seinen Ärger am Schwarzen Brett oder an anderen gut einsehbaren Orten. Kündigungen wurden zelebriert wie Trennungen nach einer gescheiterten Beziehung. Das war die logische Konsequenz einer Gemeinschaft, die mehr sein wollte als bloß ein Arbeitszusammenhang.

Zunächst aber standen die Ideale noch unverbraucht da. Der Raum, in dem Ideen zwischen Alltagstrott und Aversionen zerschleißen, musste erst geschaffen werden. Als nächster Schritt wurde der Verein »Freunde der alternativen Tageszeitung« gegründet, aus dem sich der juristische Träger des Gesamtunternehmens taz entwickeln sollte. Die Gründung fand am 23. Februar 1978 in der Kreuzberger »Osteria« statt – damals eine Szene-Kneipe, heute ein gepflegtes Ristorante mit weißen Tischdecken und Stoffservietten. Als Büro mieteten die »Freunde« eine Altbauwohnung in der Charlottenburger Suarezstraße. Nun konnte es losgehen.

Im April 1978 machte der »Prospekt: Tageszeitung« eine größere Öffentlichkeit mit den Plänen der Zeitungsgründer bekannt. Die Broschüre diente der Werbung in eigener Sache und dokumentierte den Stand der Überlegungen, der Wünsche und Möglichkeiten. Größte Überraschung: Die Tageszeitung war eine Frau. Mit der genialen Schlagzeile zum Wahlsieg von Angela Merkel im Herbst 2005 müsste man ausrufen: »Es ist ein Mädchen!« Das war umso erstaunlicher, als sich bisher doch vor allem Männer zu Wort gemeldet hatten. Der Kommunarde Fritz Teufel gab in einem Brief aus der Strafvollzugsanstalt Moabit das Geschlecht der Wünsche vor und begrüßte die neue Zeitung als »Frau meiner Träume«: »Die Frau meiner Träume macht alle glücklich. Sie fegt Mauern weg wie nix. Ghettomauern, Knastmauern und das Monstrum vom dreizehnten August. Sie enteignet Springer durch Abspenstigmachen der Leser. Sie wird von Frauen, Kindern, Türken, Indianern, Schülern, Studenten, Gefangenen und anderen Rentnern, von Lohn- und anderen Drogenabhängigen für ihresgleichen gemacht.«

Der »Prospekt« versammelte eine ganze Reihe prominenter Fürsprecher. Der Schriftsteller Carl Amery wurde befragt. Der Psychologe Peter Brückner steuerte einen Text bei. Günter Wallraff äußerte seine Hoffnung auf eine linke Zeitung. Otto Schily schwebte eher ein liberales Blatt mit der Informationsbreite der *Le Monde* vor, denn so etwas gebe es in Deutschland nicht. Der in Ost-Berlin lebende Schriftsteller Klaus Schlesinger, der 1979 aus dem Schriftstellerverband der DDR ausgeschlossen wurde und 1980 nach West-Berlin übersiedelte, erklärte Sympathie und Anteilnahme. Daniel Cohn-Bendit plädierte für eine professionell gemachte Zeitung: »Bei uns gibt es ein Tabu, über Fähigkeiten zu reden. Das sollten wir aufbrechen. Es gibt einfach Leute, die können besser schreiben als andere. Wie bei den Indianern. Die sagen, wenn einer jagen kann, dann soll er führen beim Jagen, dann kriegen die Leute was zu essen.« Tilman Fichter sprach vom »7. Weltwunder«, Amelie und Heinz Brandt erinnerten an die Schwierigkeiten der Finanzierung linker Zeitungen in der Weimarer Republik, und Rudi Dutschke gab sich telephonisch aus Aarhus als Nachfahre Goethes, indem er, wie der Dichterfürst auf dem Totenbett, »mehr Licht« verlangte: »Bei dem miserablen Zustand – verglichen mit der internationalen Situation – der deutschen Öffentlichkeit, wo nichts offen ist und wo kein Licht ist, dass da eine Zeitschrift, eine Tageszeitschrift, überfällig ist, ist keine Frage!«

Der »Prospekt« verdeutlicht, dass es nicht einfach um eine Gründungsinitiative ging, sondern um viel mehr: um die Neuerfindung der Tageszeitung. Das hatte damit zu tun, dass die Beteiligten kaum Erfahrungen aus anderen Medienbetrieben mitbrachten, aber auch damit, dass es für ein linkes Projekt ohne Kapitalbasis in Deutschland kein historisches Vorbild gab. Kreativität war auf allen Ebenen gefragt: bei der technischen Ausrüstung, dem Aufbau eines eigenen Vertriebsnetzes, der juristischen Konstruktion des Unternehmens, der innerbetrieblichen Arbeitsorganisation, der dezentralen Struktur der Redaktion und natürlich in der programmatischen Ausrichtung. Dazu legte der »Prospekt« sechs Thesen vor, gewissermaßen die sechs Gebote der alternativen Gegenöffentlichkeit, an denen die taz sich abzuarbeiten hatte. Sie lauteten: 1.) Objektivität nein danke. 2.) Kein Linienblatt / Offenheit gegenüber Kontroversen. 3.) Quellen und Ecken angeben. 4.) Isolierung aufbrechen / die öffentliche Meinung beeinflussen. 5.) Experimentieren. 6.) Quer zu den Sachzwängen.

Was unter diesen Stichworten formuliert wurde, waren weniger Richtlinien als Richtungsangaben. These Nummer 2 schloss ja von vornherein jede Festlegung aus. Zudem waren die einzelnen Punkte nicht unbedingt miteinander kompatibel. So hieß es unter Punkt 1: »Die Tageszeitung soll kein Meinungsblatt werden. Der Anspruch ist vielmehr, ein umfassendes Nachrichtenblatt zu machen, in dem außer den in bürgerlichen Zeitungen üblichen Nachrichten und Informationen auch solche stehen, die gewöhnlich unterdrückt und verfälscht werden.« Andererseits wollte man die öffentliche Meinung beeinflussen und sich mit subjektiven Stellungnahmen nicht zurückhalten. Die übliche strikte Trennung von Kommentar und Nachricht wurde in Frage gestellt, da man der Objektivität der durch Nachrichten vermittelten Wirklichkeit grundsätzlich misstraute.

Dem »Fetisch Objektivität« stand die »Betroffenenberichterstattung« gegenüber, allerdings auch hier mit einer gehörigen Portion Skepsis. Man nahm die Erfahrungen der Alternativpresse auf und wollte doch darüber hinaus, wollte Alternativblatt sein und »Teil der öffentlichen Meinung in der Bundesrepublik werden«. So umkreisten die sechs Thesen die Konfliktfelder, aus denen die taz sich herausarbeiten musste. Sie zeigen auch, was von Anfang an fehlte: eine theoretische, philosophische Orientierung und – wie Kulturredakteur »Qpferdach« zehn Jahre später in einer kritischen Auseinandersetzung mit den Gründungsthesen schrieb – »ein Wörtchen darüber, dass die tageszeitung selbst ein Kulturprodukt ist«, das Bekenntnis, dass »Kulturseiten in einer Tageszeitung im Gegensatz zu anderen Seiten nicht fehlen dürfen«[20].

Wichtiger als alle Programmatik waren jedoch die Finanzen. Was nutzten alle Überlegungen, wenn das Geld für die nötigen Investitionen fehlte? Mit dem »Prospekt« lief die Abo-Kampagne an. 10.000 Voraus-Abonnements wurden angestrebt und Spenden in Höhe von

1,5 Millionen Mark. Die ersten kleinen Beträge liefen auf das »Sonderkonto Gisela Wülffing« beim Postscheckamt Frankfurt ein. Hier wurden auch die Spenden eingezahlt, die abends auf Veranstaltungen eingesammelt wurden. Das Linksradikale Blasorchester um den Komponisten Heiner Goebbels gab Benefizkonzerte und unterstützte die taz mit Erlösen aus seiner ersten Platte. So ließen sich viele etwas einfallen. Nicht ganz ernst gemeint war der Vorschlag, durch Blutspendeaktionen der Unterstützerkreise liquide zu werden. Die Nürnberger Initiativgruppe entlarvte diese Idee als »Versuch der Counterinsurgency-Maschinerie, die Schlagkraft der revolutionären linksradikalen Massen durch physische Entkräftung entscheidend zu schwächen«. Stattdessen schlugen die Nürnberger vor, eine Partei zu gründen, um auf Wahlkampfkosten-Rückerstattung hoffen zu dürfen.[21] »Staatsknete« hießen solche Fördergelder im Szene-Jargon. Sie wurden für die taz dann in anderem Zusammenhang wichtig.

Die bundesweiten Initiativgruppen trafen sich von nun an im monatlichen Turnus: mal in den Städten, mal in der bayerischen Provinz, wo bei einem Ausritt die Pferde durchgingen. Ansonsten liefen diese Versammlungen weniger chaotisch ab, als das häufig behauptet wird. Immer dabei: Hans-Christian Ströbele, an den sich verschiedene Beteiligte als zuverlässigen Brötchen- und Kuchenspender erinnern oder als Spülmeister vor einem Geschirrgebirge in irgendeiner Jugendherberge. Und nachdem er einmal damit angefangen hatte, machte er dann in den ersten Jahren in der Berliner Redaktion als Brötchenversorger einfach weiter. Weil er als Anwalt – im Unterschied zu den schlecht bezahlten Redakteuren – gut verdiente, besuchte er die Morgenkonferenz mit großen Taschen »handtellergroßer« Schrippen vom Lieblingsbäcker in Tiergarten und schmierte sie eigenhändig mit Honig oder Marmelade oder belegte sie mit Käse – konkretes Engagement.

Nachdem im Juni 1978 eine interne Spielnummer produziert worden war, fehlte dem Mädchen eigentlich nur noch ein Name. Von »Unter dem Pflaster« bis zu »Die Namenlose« reichten die Vorschläge. »die Tageszeitung«, so schlicht wie genial, war naheliegend und doch bloß eine Notlösung. An Phantasie mangelte es nicht, wohl aber an der Einigkeit, mit einem Namen eine Absicht zu bekunden und »einen Mythos vorzugeben«, wie es im »Prospekt« entschuldigend hieß: »Unsere Unsicherheiten im Zeitungsprojekt, die noch nicht beendeten Diskussionen über Professionalismus, über Seriosität oder Obszönität, die eigenen Zweifel über die gewollte Richtung des Blattes sind es, die die Namenssuche so schwer machen. Wir verfügen über endlose Listen von mehr oder weniger lustigen Namen – das herrschende Lebensgefühl der Linken scheint das der Ironie zu sein.« Zudem verhedderte man sich bei der Namenssuche in der deutschen Geschichte. Die französische *Libération* als »Befreiung« ins Deutsche zu übersetzen wäre bloß peinlich gewesen. Und auch das englische Wort »People« kam als deutsches »Volk« nicht in Frage: »Der oder die deutsche Linke, die für das ›deutsche Volk‹ kämpft, ist entweder nur Maoist oder aber geschichtslos, wahrscheinlich beides. Der pseudokämpferische Impetus von Namen wie ran, links, Volks- und Kampfblut disqualifiziert sich selbst, ist Meilen von unserer gebrocheneren Realität entfernt.«

Die Namenswahl lässt jedenfalls mehr Weitblick und größeres Selbstbewusstsein erkennen als der Titel des linken Konkurrenzunternehmens *Die Neue*. Denn neu ist auch eine neue Zeitung nicht allzu lang. Glücklicherweise blieb es beim allumfassenden Namen »die Tageszeitung«, dessen weltanschauliche Neutralität also durchaus als Konsequenz der deutschen Geschichte zu begreifen ist. Vielleicht sprach dafür auch die griffige Abkürzung taz, die zusammen mit dem Logo einer Pantertatze zum eigentlichen Markenzeichen werden sollte.

Dummerweise versäumten es die taz und der Erfinder der »tazze«, Roland Matticzk, sich die Rechte an diesem Zeichen zu sichern. So kam ihnen die Firma Jack Wolfskin zuvor, die das Logo in den 80er Jahren für ihre Produkte eintragen ließ. Einen langwierigen Rechtsstreit verlor die taz im Jahr 2002. Seither darf sie die »tazze« auf ihren Produkten nur noch in Zusammenhang mit dem Zusatz »die tageszeitung« nutzen und auf Textilien gar nicht mehr. Ersatzweise machte der Panter als Wappentier Karriere. Er ziert heute zahlreiche Produkte aus dem taz-Shop, vom T-Shirt bis zum Rucksack.

10.12.1978. Reif für die Insel

Entscheidung für Berlin. Menschenfeindliche Technologie. Gering geschätzte Perfektion. Amnestie! Der Anfang als Ende. Stadt ohne Bürgertum. Alternative Bürgerlichkeit. Die DDR in der Nachbarschaft. Geisterbahnhof der Geschichte. GmbH & Co. KG. Sich selbst einstellen. Avantgardeversuch. Tischmanieren.

Von Hannover aus dauerte die Fahrt über die verschneite Autobahn zehn Stunden. Zwei Berliner, die am Freitag in aller Frühe losgefahren waren, trafen wetterbedingt erst am Samstagnachmittag in Frankfurt ein. Das mag die Distanz zwischen den beiden Städten verdeutlichen, die als Standort der Zentralredaktion in Frage kamen. Es schien, als hätten die Berliner im Selbstversuch den größten Vorteil Frankfurts widerlegen wollen: die zentrale geographische Lage und die leichte Erreichbarkeit für alle Initiativen. Hier, so warben die Mitglieder der Frankfurter Gruppe, könnte der Redaktionsschluss zwei bis drei Stunden später liegen. Für West-Berlin sprach vor allem die staatliche Subventionierung durch die Berlinförderung. Die monatlichen Produktionskosten wären dadurch um 30.000 Mark niedriger, und das, obwohl die Insellage der Stadt eine überregionale Tageszeitung vor große logistische Probleme stellte.

Das Protokoll des »Nationalen Plenums« vom Dezember 1978 verzeichnet heftige, kontroverse Diskussionen, aber auch besänftigend kreisende Hanftüten. Darüber, dass die taz ab 2. April 1979 täglich erscheinen sollte, herrschte Einigkeit unter den 73 versammelten Aktivisten. Umso härter war die Standortfrage umkämpft. Frankfurt oder Berlin? Die kleineren der nun schon 25 Initiativgruppen misstrauten beiden Varianten, weil sie grundsätzlich gegen jede zentralistische Ausrichtung waren. Doch irgendwo musste schließlich auch eine dezentral angelegte Zeitung ein Hauptquartier bekommen. Also versuchten die beiden Konkurrenten, die Skeptiker auf ihre Seite zu ziehen: die militanten Hannoveraner und Hamburger, die mit der RAF sympathisierten, die Kölner, die gegen die

Übermacht der *WAZ* eine brauchbare linke Zeitung ersehnten, die recht professionell auftretenden Stuttgarter oder die ökologischen, im Anti-AKW-Kampf erprobten Freiburger.

Alle Anwesenden hatten eine Stimme, unabhängig davon, wie intensiv und wie lange sie schon in einer Initiative mitarbeiteten und wie groß diese Gruppen waren. Ihr Engagement und ihr politischer Wille qualifizierte sie – oder nur das bloße Dabeisein. Die Reise zum »Nationalen Plenum« musste man selbst finanzieren. Honorar gab es für die Arbeit in den Initiativen grundsätzlich nicht. Vielmehr wurde beschlossen, dass jeder Einzelne 400 Mark auftreiben sollte, um die Finanzierung voranzubringen. Tazler zu sein hatte von Anfang an etwas mit Selbstkasteiung und Askese zu tun und setzte die Bereitschaft voraus, Opfer für die gemeinsame Sache zu bringen. Das sind Tugenden, die normalerweise eher religiös strukturierte Gemeinschaften kennzeichnen.

Die Frankfurter waren ziemlich sicher, den Sieg davonzutragen. Doch ihnen schlug überraschend heftige Kritik entgegen. Sie hätten ein »zynisches Verhältnis zu den Arbeitsgruppen und den regionalen Initiativen und deren Bedeutung« entwickelt, klagte die dezentrale Basis. Außerdem, so ein anderer Vorwurf, beschränke sich der Bewegungsspielraum hier auf das personelle und ideelle Dreieck zwischen *Pflasterstrand*, *ID* und *Autonomie*. Die Frankfurter wehrten sich und bekamen innerhessische Schützenhilfe aus Gießen: Eine Berliner Redaktion würde sich allzu rasch von dem abkoppeln, was in der Bundesrepublik vor sich gehe, und sei sehr viel stärker vom Funktionieren der Regionalredaktionen abhängig. Außerdem würde sich die Frontstadt-Atmosphäre ungünstig auf das Blatt auswirken. Erbittert wurde gestritten, denn mit dem Ort standen schließlich auch die persönlichen Pläne und Zukunftsentwürfe der Beteiligten auf dem Spiel. Es ging um Eigeninteressen, Einflussmöglichkeiten und Erlebnisräume, auch wenn das niemand offiziell zugegeben hätte.

Im »Prospekt: Tageszeitung« waren die Aufgaben für die unvermeidliche Zentrale schon ein halbes Jahr zuvor äußerst restriktiv festgelegt worden: Sie sollte nicht mehr sein als eine Sammel- und Koordinationsstelle, ein Logistikzentrum, das hereinkommende Informationen an die Lokalredaktionen zu verteilen und die Artikel aus den Regionen brav zur Zeitung zusammenzubauen hätte. Kommandiert und geschrieben werden sollte vor Ort und möglichst in direktem Arbeitszusammenhang mit den Bürger- und Protestbewegungen. In einem Konzeptentwurf vom Januar 1979 findet sich dazu der schöne Satz: »Recherchen sind optimal, wenn sie auf der Grundlage möglichst zahlreicher Kontakte durchgeführt werden können.« Die Urangst der taz bestand darin, »abgehoben nichts weiter als Zeitung zu machen«. Entfremdung, Beamtenhaftigkeit und Funktionärstum galt es unbedingt zu verhindern – und doch waren Tendenzen in diese Richtung unvermeidbar.

Unausgesprochen war immer klar, dass diejenigen, die die Zeitung täglich machten, auch darüber bestimmen würden, was darin vorkam und was nicht. Wer sonst? Die Münchner Initiative schlug ein Rotationsmodell vor, um zentralistische Machtballung schon im Ansatz zu verhindern. Demnach hätte die Zentralredaktion alle drei Monate in eine andere Stadt verlegt und vom dortigen Personal übernommen werden müssen. Die ebenfalls diskutierte Idee, alle neuen Redakteure erst einmal in einer Regionalredaktion hospitieren zu lassen, wäre dagegen vergleichsweise milde und sogar praktikabel gewesen. Doch selbst die Bewährung an der Basis wurde nie in die Tat umgesetzt. Und das Erproben der Rotation blieb den »Grünen« vorbehalten.

Die Entscheidung für Berlin fiel am Sonntag, den 10. Dezember 1978, um 13.50 Uhr mit 43:30 Stimmen. Hans-Christian Ströbele hatte eine letzte Brandrede gehalten und noch einmal die finanziellen Vorteile herausgestellt. Bei den Unterlegenen gab es Tränen und am Abend in einem Szenelokal angeblich sogar eine Ohrfeige für einen, der nicht heftig genug gekämpft habe. Einige Frankfurter Aktivisten schrieben von nun an aus Verbitterung keine einzige Zeile mehr für die taz. Die Leute vom *ID* konnten sich auf ihre grundsätzliche Skepsis gegenüber einer täglichen, zentralistischen Zeitung zurückziehen, als hätten diese Einwände nur für Frankfurt nicht gegolten. In der Nullnummer 5 erschien ein fundamentalistischer Wut-Artikel aus dem *ID*-Kreis: Die taz betreibe traditionelle Politik. Versessen auf druckfähige Papierqualität, lasse sie ganze Wälder abholzen und verwende menschenfeindliche Technologie.

Hintergrund für diesen Vorwurf dürfte die Entscheidung für Fotosatz gewesen sein. Die taz war die erste deutsche Zeitung, die ganz auf Bleisatz verzichtete. Wenn so häufig vom Chaos des Alternativbetriebes die Rede ist, dann darf dessen innovative Rolle als technologische Avantgarde nicht vergessen werden. Allerdings ergab sie sich aus der schlichten Notwendigkeit, mit möglichst niedrigen Kosten und geringem Arbeitsaufwand auszukommen. Gewerkschafts-Redakteur Martin Kempe war einer der Wenigen, der gegen das Wegrationalisieren von Arbeitsplätzen argumentierte und also für den Bleisatz eintrat – jenseits der einfachen Rechnung, ob die taz dann überhaupt finanzierbar wäre. Aber zunächst ging es ja nicht um den Abbau, sondern – so oder so – um neu zu schaffende Arbeitsplätze. Mit einer gewissen Genugtuung konnte die taz in ihrer ersten regulären Ausgabe vom 17. April 1979 auf die Lage bei der Konkurrenz hinweisen. »Springer stellt auf Fotosatz um und versucht die Kolleginnen und Kollegen zum ›natürlichen Abgang‹ zu bewegen«, hieß es da lapidar.

Das Editorial der Nullnummer 4, die bereits in Berlin entstand, schlug erst einmal versöhnliche Töne an: »Für eine Zeitung, die großen Wert auf Nachrichten aus der Basis und Berichte von Betroffenen legt, ist die Insel Berlin allerdings denkbar ungünstig. Deshalb planen wir, die Redaktion – sobald das finanziell möglich ist – nach Frankfurt zu verlegen. In der Berliner Redaktion soll dann täglich ein Lokalteil zusammengestellt werden.«[22] Mehr als ein tröstendes Lippenbekenntnis war das nicht. Später war von einem Umzug nie mehr die Rede. Aus der taz wurde eine ganz und gar von Berlin geprägte Zeitung, die sich nicht mehr so einfach in ein anderes Biotop hätte versetzen lassen.

Nur die Frankfurter erinnerten während der großen taz-Krise im Jahr 1983 an die Möglichkeit eines Umzugs, wollten das allerdings nicht als Lokalpatriotismus gewertet wissen, sondern als heroisches Opfer: »Wir können uns weiß der Teufel was Bequemeres vorstellen, als den Laden hier zu haben.«[23] Und der Publizist Erich Kuby schrieb 1988 nach einem Besuch am »Tatort« taz: »Die taz-Redaktion macht aber selbst für den Außenstehenden den Eindruck, sie sei durchsetzt von Auch-Journalisten, die im Infantilismus von Kreuzberger Polit-

kneipen steckengeblieben seien. Dass ausgerechnet dieses Provinz-
nest West-Berlin der Schwimmkasten der taz ist und sie nicht die
Möglichkeit hat, in die BRD, etwa nach Frankfurt, ganz auszuwan-
dern, hat gewiss sehr viel mit ihrem unheilvoll Amateurhaften zu
tun. Dass ihr Standort ihre Chance zu überleben bedeutet, sollte
nicht verhindern, sich seiner als schreckliche Last bewusst zu sein.
Dieses ausgehaltene West-Berlin lässt ganz allgemein Geringschät-
zung von Perfektion zu.«[24]

Kuby bezeichnete Berlin am Ende der 80er Jahre nicht ganz zu
Unrecht als »Ghetto« und »ausgehaltenes Kuriosum, eine Art be-
wohntes Museum für ökonomische und städtebauliche Zustände
der fünfziger und frühen sechziger Jahre«. Sein Blick auf die Stadt,
die zu den deutschen Problemen nichts beizusteuern habe als »kalten
Kaffee oder pures Gift«, ist allerdings nicht frei von Frontstadt-Res-
sentiments. Als 1989 die Mauer fiel, änderte sich die Situation grundlegend. Jetzt siedelte die taz plötzlich im Zentrum der Weltgeschichte,
und es schien so, als hätte sie nur auf diesen Moment gewartet: als
seien die zehn Jahre im mauerumhegten Abseits bloß ein Stadium
der Verpuppung und der Vorbereitung darauf gewesen, dass es eines
Tages endlich losgehen würde und die deutsche Geschichte in Bewegung geriete. Da konnte die taz dann sagen: Wir waren immer schon
da.

1978 aber war Frankfurt die offenere Stadt: liberal, bürgerlich,
geprägt von Handel und Banken, mit dem Flughafen als Tor zur
Welt, der jährlichen Buchmesse, dem Suhrkamp Verlag, den großen
überregionalen Zeitungen *Frankfurter Rundschau* und *Frankfurter
Allgemeine*. Das intellektuelle Milieu war durch die Universität bestimmt, durch das geistige Erbe Max Horkheimers und Theodor W.
Adornos und die Nachwirkungen der Frankfurter Schule, durch Jürgen Habermas und die Theorie des kommunikativen Handelns,
durch die Nähe zu Frankreich, zum französischen Existentialismus
und Strukturalismus. Politisch dominierten die libertären »Spontis«:
anarchisch veranlagte Linke, die ihren Hedonismus keiner Organi-
sationsdisziplin opfern wollten. Eine linke Zeitung betrachteten sie
als intellektuelles Forum, das Denkanstöße zu liefern hatte. Eine
Frankfurter taz wäre vielleicht von Anfang an weniger Alternativ-

blatt gewesen als Tageszeitung für die intellektuelle Republik – so wie sie Otto Schily mit einer deutschen Version der *Le Monde* vorschwebte.

Die Nullnummer 2, die zur Buchmesse 1978 von der Frankfurter Gruppe produziert wurde, belegt das. Sie hatte eher Zeitschriften- als Tageszeitungscharakter und verhandelte unter der Schlagzeile »Amnestie« – der Schriftsteller Peter Paul Zahl schrieb den Aufmacher – ein einziges Schwerpunktthema: die Forderung, die »politischen Gefangenen« freizulassen und damit die Konfrontation zwischen Staat und RAF aufzulösen. Die Amnestie-Nummer wurde in der nächsten Ausgabe heftig kritisiert – wegen des monothematischen Profils und des insiderischen Charakters, aber auch wegen der politischen Stoßrichtung.

Peter Paul Zahl war 1972 nach einem Schusswechsel mit der Polizei verhaftet worden. Er erhielt zunächst vier, 1976 wegen derselben Tat 15 Jahren Gefängnis und saß 1978 in verschärfter Einzelhaft. Im *Pflasterstrand* distanzierte er sich von der taz-Ausgabe. Niemals hätte er über Amnestie geschrieben, wenn er geahnt hätte, wie beschämend die taz zur Isolationshaft schweige. Amnestie habe sie nur für einige wenige Gefangene erwogen, nach dem Motto: »Die Guten ins Töpfchen (Freiheit), die schlechten (die nicht abschwören) ins Kröpfchen des Staatsschutzes, in den Knast.« Dieses doch eher staatstragende Arrangement wollte er nicht mittragen.

Nur wenige aus der Frankfurter Gruppe entschlossen sich, mit nach Berlin zu gehen, darunter allerdings prägende Figuren: Thomas Hartmann, der 1985 als sogenannter »Freigestellter« zum ersten heimlichen Chefredakteur des basisdemokratischen Betriebes wurde; Frank Berberich, später Herausgeber der deutschen Ausgabe von *Lettre International,* und Arno Widmann, der in den 90er Jahren als Chefredakteur von der *Vogue* zur taz zurückkehrte, um von dort als Feuilletonchef zur *Zeit* zu wechseln. Innerhalb der frühen taz blieben sie die »Frankfurter«, die der sogenannten »Volksblattfraktion« gegenüberstanden. In dieser Polarisierung kamen zwei nur schwer miteinander zu vereinbarende Konzepte zum Ausdruck. Im Dezember 1980, als Berberich und Widmann entnervt kündigten, beschrieb die Inlandsredakteurin Vera Gaserow den Gegensatz so: »Auf der einen Seite eine schwerpunktmäßig raisonnierende und in alle Richtungen provozierende, stark kulturelle und feuilletonistisch ausgerichtete Zeitung mit nur bedingter Tagesaktualität. Vom politischen Standpunkt her skeptisch bis ablehnend gegenüber Bezügen zu linker Geschichte und noch existierender Bewegung. Auf der anderen Seite eine taz, die sich eher an dem Charakter einer Erstzeitung und anderen Tageszeitungen misst, die ähnliche Aktualitäten setzt, aber andere Schwerpunkte und Formen, für die – bei aller Kritik – starke Orientierungen und Bezüge zur Ökologie-, Frauen- und Internationalismusbewegung bestehen.«[25] Es war aber klar, dass es sich dabei um einen idealtypischen Gegensatz handelte, vielleicht auch nur um den in jeder Zeitung wirkenden Antagonismus von Politik und Kultur.

Im künstlichen Biotop der Mauerstadt West-Berlin dominierte ein basisnaher politischer Aktionismus. Da war, grob gesagt, weniger Strategie als Handeln gefragt, weniger Theorie als Tat. Die Hausbesetzer-Bewegung, in Frankfurt fast schon passé, hatte ihren Höhepunkt noch vor sich. Für die Zeitungsarbeit interessierten sich nicht Adorniten und Habermasianer, sondern Politologiestudenten, die überlegten, wie es nach der Uni weitergehen könnte. Manche hatten sich schon jahrelang in Mieter- und Stadtteilgruppen zerschlissen. *Last exit* taz – so jedenfalls sah es die Frauenredakteurin Gitti Hentschel in einem Artikel aus dem Jahr 1981: »Ich schloss mich – 1978 – der Taz-Initiative an; ausgeträumt der Traum radikaler Stadtteilarbeit, von Widerstand gegen Sanierungspolitik und größeren Lebenszusammenhängen im Stadtteil. Erst mal.«[26] Da erschien die taz weniger als Anfang denn als Endpunkt einer historischen Etappe. Die Ernüchterten versammelten sich zum letzten Gefecht. Aber dann erlebte Hentschel die Arbeit in der Redaktion doch als »neu, aufregend, spannend« und als andere Art, »politisch Einfluss nehmen zu können durch ein linkes, radikales Blatt«. Diese Sichtweise ist durchaus typisch für die Berliner Gruppe, wo die Zeitung als Mittel begriffen wurde, eigene politische Interessen in anderer Form weiter zu betreiben. Die Redaktion war ein Schmelztiegel, eine große Koalition verschiedener Bewegungen, die lernen mussten, miteinander auszukommen. Die Frankfurter interessierten sich dagegen mehr für die Zeitung als Zeitung.

Vielleicht wurde nie darüber nachgedacht, wie das soziale Milieu einer Stadt den Organismus der Zeitung und die darin zum Ausdruck kommenden Stimmungen beeinflusst. Ob die taz sich in Frankfurt neben der *Frankfurter Rundschau* hätte etablieren, ein eigenständiges Profil entwickeln und eine lokale Basis erobern können, ist mehr als fraglich. West-Berlin galt als merkwürdiger Sonderfall einer Stadt ohne eigenes Bürgertum. Das war auch der Grund, warum es in der einstigen Pressehauptstadt nach 1945 keine überregionale Zeitung mehr gab und warum hier auswärtige Blätter wie die *Süddeutsche Zeitung* oder die *Frankfurter Allgemeine* bis heute mit geradezu beschämend kleinen Auflagen vor sich hin dümpeln.

Springers *Welt* hatte ihren Redaktionssitz damals noch in Hamburg. Der *Tagesspiegel*, der das alte West-Berliner Bürgertum zu repräsentieren glaubte, spielte überregional keine Rolle, weil vom Berliner Bürgertum nach der Vertreibung und Ermordung der Juden, nach Krieg und Teilung der Stadt, nicht mehr viel übrig geblieben war. Die taz war stolz darauf, erste und einzige Überregionale aus Berlin zu sein. Diese Rolle fiel ihr zu, weil sie mit dem grün-alternativen Milieu eine soziale Schicht repräsentierte, die sich zum neuen Bürgertum entwickelte – in Berlin ebenso wie im Westen des geteilten und später wiedervereinigten Landes. Die Grünen als Partei (die in Berlin als »Alternative Liste« antraten) und die taz als Zeitung begleiteten die Herausbildung dieses neuen Bürgertums und damit die kulturelle Modernisierung der Republik.

So war die taz von Anfang an eine bürgerliche Institution, auch wenn sie, bekräftigt von ihren politischen Gegnern, von sich das Gegenteil annahm. Es waren Kinder des Bürgertums, die hier eine Zeitung gründeten. Sie kamen überwiegend aus bürgerlichen Familien, aus der Mittelschicht und aus Akademikerkreisen. Auch die Leserschaft der taz rekrutiert sich aus dem Milieu der Bessergebildeten. Die Geschichte der taz lässt sich auch als eine Geschichte der Einübung bürgerlicher Verhaltensweisen lesen. Um eine Zeitung zu machen, sind Tugenden wie Pünktlichkeit, Disziplin, Organisation, Bildung und Entscheidungsfähigkeit unverzichtbar. In der taz glaubte man lange Zeit, sich dagegen mit Schlamperei, Arroganz, überquellenden Aschenbechern und der Kultivierung des Chaos wappnen zu können. Der antibürgerliche Gestus überdeckte aber bloß, dass es nicht um Gegnerschaft, sondern um die Radikalisierung bürgerlicher Prinzipien ging – zuallererst der Pressefreiheit. Die neue Bürgerlichkeit – von der heute so viel die Rede ist und die dann einen neuen neoliberalen Konservatismus meint – kam damals von links: alternative Bürgerlichkeit. Man bezog sich nicht auf die 50er Jahre, sondern auf republikanische Traditionen von 1848. Die eigene Bürgerlichkeit war aber noch so neu und so ungeheuerlich, dass man sie noch nicht einmal zu benennen wagte.

In Berlin vollzog sich diese Entwicklung wie in einem geschützten Raum. Die Alternativbewegung besetzte die Leerstelle, die das Bürgertum hinterlassen hatte. Die Straßenschlachten mit der Polizei, die man sich in den 80er Jahren lieferte und die in den 90ern nur noch als Ritual abliefen, können nicht darüber hinwegtäuschen, dass aus den Besetzern von einst längst Lehrer und Anwältinnen, Ärzte und Architektinnen geworden sind. Die Alternativszene hat Berlin in den Jahren der Teilung kulturell am Leben gehalten und nach 1989 maßgeblich zur Wiederbelebung der Stadt beigetragen.

Die Entscheidung der taz für Berlin war aber noch aus einem ganz anderen, ebenso wenig reflektierten Grund folgenschwer: Damit rückte die DDR in unmittelbare Nähe und also die Auseinandersetzung mit der deutschen Teilung und mit dem Realsozialismus Osteuropas. Von Frankfurt aus hätten diese Themen gewiss eine geringere Rolle gespielt. Die taz-Redaktion mietete sich in einem Fabrikgebäude in einem abgelegenen Viertel im Bezirk Wedding ein, nur wenige hundert Meter von der Mauer entfernt, wo die Preise eben am niedrigsten waren. Eine extremere Randlage für eine westdeutsche Zeitung konnte es nicht geben. Doch vielleicht entsprach dieser Ort dem Selbstverständnis derer, die hier einzogen, um »Gegenöffentlichkeit« herzustellen. Die Adresse »Wattstraße« klang so, als wolle man nicht mit Worten, sondern mit Starkstrom operieren. Direkt gegenüber war ein Werk der AEG.

Die Nähe zur DDR-Grenze machte sich schon in der Nullnummer 4 bemerkbar, der ersten, die in den neuen Räumen produziert wurde. Frank Schöne wurde in dieser Ausgabe vorgestellt, ein homosexueller Lyriker aus dem Erzgebirge, der fünf Wochen zuvor in die Bun-

Das Redaktionsgebäude in der Wattstraße 11/12 im Wedding

desrepublik abgeschoben worden war und nun einen Bericht über Schwule in der DDR lieferte. Außerdem opferte man eine Doppelseite für Gesprächs-Mitschriften aus Volker Koepps Dokumentarfilm *Wittstock*, der sich mit Lebens- und Arbeitsverhältnissen in der DDR-Provinz befasst. Mit diesem breiten Interesse für die Lebenswelt hinter der Mauer setzte sich die taz sowohl vom DDR-freundlichen Konkurrenzunternehmen *Die Neue* ab als auch von den antikommunistischen Springer-Blättern, die sich für solch differenzierte Töne nicht erwärmen konnten. Allerdings wusste die taz-Redaktion nicht so recht, wo sie die DDR im Blatt einordnen sollte. Als Inland konnte man sie ebenso wenig betrachten wie als Ausland, auch wenn die gefühlte Nähe zu Italien größer gewesen sein mag. Also schrieb man über die betreffenden Seiten: »Aktuelles / Ausland / DDR«.

Viele tazler wohnten in Kreuzberg und fuhren mit der U-Bahn unterm Territorium der DDR hindurch in den Wedding. Die Strecke mit ihren Geisterbahnhöfen im Dämmerlicht, an deren Plakatwänden vergessene Vorkriegsreklame vergilbte, gehörte zu den Berliner Attraktionen der besonderen Art. Grenzposten mit Gewehr patrouil-

46

lierten über die Bahnsteige oder blickten durch die Sehschlitze ihrer Wachhäuschen den vorsichtig vorbeischleichenden Zügen hinterher. Manchmal schauten sie den Passagieren aus der anderen Welt direkt in die Augen, weil sich sonst nichts ereignete. Wenn der Sozialismus in der DDR, wie oft beschrieben wurde, eine Verlangsamung der Geschichte bewirkte, so dass es dem westlichen Blick nach 1989 so vorkam, als wären die 50er Jahre darin tiefgefroren erhalten geblieben, dann war das Erstarren der Zeit hier unten unmittelbar zu spüren und zu sehen.

Die täglichen Fahrten durch diesen Zeitkorridor regten die Phantasie an. taz-Autor Helmut Höge veröffentlichte im November 1981 einen langen Bericht darüber, wie er sich im Café Unter den Linden bei Zwetschgenkuchen und Sahne mit einem Grenzposten vom Alexanderplatz unterhalten habe. Der Gesprächspartner plauderte freimütig über seine Empfindungen und Erlebnisse im Geisterbahnhof und erzählte, dass ein Kollege einmal in voller Uniform einen U-Bahn-Ausflug in den Westen unternommen habe. Ein paar Stunden später sei er zurückgekehrt und habe behauptet, bloß vor Fahrscheinkontrolleuren Angst gehabt zu haben. Eine schöne Geschichte. Doch Höge hatte sie sich ausgedacht, aber so erzählt, dass sie fast plausibel klang. Auch das ist eine Besonderheit der taz: das spielerische Überschreiten der Realität, die Lust am Erfinden absurder Wirklichkeit. Der Fake ist ein subversives Genre, weil er den Glauben an eine objektiv gegebene Realität durchlöchert. Dem klassischen Journalismus ist das eine Todsünde. Doch in der Dichtung ist die Welt manchmal besser zu begreifen als durch ihre bloße Abbildung.

Die taz erlaubte sich solche phantastischen Ausflüge immer wieder und nicht nur am 1. April. Kulturredakteur Mathias Bröckers setzte sich für dieses Genre auch gegen interne Vorbehalte ein. Doch nicht immer blieb die dichterische Freiheit im tolerablen Bereich. Ein Auslandsredakteur der Anfangszeit veröffentlichte regelmäßig eindrucksvolle Reportagen aus Portugal in der Ich-Form, und niemandem schien aufzufallen, dass er Kreuzberg dafür nicht verließ. Nach einiger Zeit stellte sich heraus, dass er die Texte nur geringfügig verändert aus der *Süddeutschen Zeitung* abgeschrieben hatte. Die taz war noch so sehr Nischenblatt, dass diese spezielle Form des Recyclings lange unbemerkt blieb. Noch wurde sie in anderen, »bürgerlichen« Redaktionen kaum gelesen. Und innerhalb der taz kann die Lektüre der *SZ* auch nicht allzu verbreitet gewesen sein. Als die Sache schließlich doch aufflog, musste der Plagiator zwar einen massiven Rüffel der Belegschaft einstecken, behielt aber freundlicherweise seinen Job. So viel Großmut brachte wohl nur ein Alternativbetrieb auf, wenn auch nur deshalb, weil es keine Mechanismen zur Entlassung eines Kollegen gab. Dafür war niemand zuständig. Über die Frage, wie man Leute, die sich selbst einstellen konnten, wieder los werden sollte, hatte noch niemand nachgedacht.

Zunächst galt es, eine geeignete Unternehmensstruktur zu finden und die taz ins Handelsregister einzutragen. Das war nicht so einfach, denn ein Verein darf laut Vereinsrecht nicht unternehmerisch tätig werden. Es mussten also Firmen als GmbH und Co. KGs gegründet werden, die von Treuhändern verwaltet und vertraglich dem »Verein der Freunde der alternativen Tageszeitung« unterstellt wurden. Als Treuhänder fungierten Juristen wie Otto Schily in Berlin oder Ulrich K. Preuß in Frankfurt. Ströbele kam nicht in Frage, weil er zu aktiv am Geschehen teilnahm, während die Treuhänder bloß den Treuhandvertrag unterschrieben, im Handelsregister mit ihrem Namen sichtbar wurden, sich ansonsten aber nicht einmischen sollten. Alle Entscheidungsgewalt hatte der »Verein der Freunde« beziehungsweise der fünfköpfige Vereinsvorstand, der auf den im Halbjahresturnus abgehaltenen »Nationalen Plena« gewählt wurde. Vereinsmitglieder waren ausschließlich die Mitarbeitenden der taz.

Dass nicht nur eine Firma, sondern ein relativ kompliziertes Gebilde entstand, hatte mit Steuervergünstigungen, der Berlinförderung und dem Bemühen, Schuldhaftung im Konkursfall einzugrenzen, zu tun. So wurden ein Verlag in Berlin und einer in Frankfurt gegründet, daneben die »Contrapress Satz und Druck GmbH und Co. Betriebs KG« und die für die Finanzverwaltung zuständige »Compress GmbH«. Weitere kleine Firmen folgten, so dass der *Stern* 1979 schrieb: »Ausgefuchste Kapitalisten hätten keinen besseren Medienkonzern basteln können als die linken TAZler.«[27] Wenn in Zukunft von der taz die Rede ist, dann ist damit im rechtlichen Sinn das ganze

Firmengeflecht gemeint, das sich in der Arbeitspraxis allerdings weniger klar unterscheiden lässt als auf dem Papier.

Die Belegschaft der taz bestand im Januar 1979 aus rund 20 Personen. Bis zum April wurden daraus etwa 50, am Jahresende 1979 über 90. Zunächst waren es jene, die auf der Frankfurter Vollversammlung ihr Interesse signalisiert hatten. Wer Lust hatte, Ausland, Inland oder Kultur zu machen, der war dabei. Ein Handzeichen genügte. Sprachkenntnisse, journalistische Erfahrungen oder theoretische Grundlagen spielten keine Rolle. Eignungstests gab es nicht. Es wäre ja auch keine Instanz vorhanden gewesen, die Bewerbungen hätte prüfen können. Und wer in den ersten Monaten in der Räumen in der Wattstraße auftauchte und hartnäckig genug einen Platz beanspruchte, der gehörte dazu. Denn darum ging es: Um Zugehörigkeit. Um eine Aufgabe. Um einen Lebensentwurf.

Ein sicherer Arbeitsplatz oder gar ein festes Gehalt waren nicht zu erwarten. Das lag bei einem Einheitslohn von 800 Mark denkbar niedrig, und selbst das wäre nicht drin gewesen, wenn sich nicht ein Teil der Belegschaft immer mal wieder arbeitslos gemeldet hätte, um das Lohnbudget mit staatlicher Unterstützung aufzufrischen. Taxifahren war eine weit verbreitete und lukrative Nebentätigkeit. Oder man immatrikulierte sich an der Uni, um Bafög zu beziehen. Ohne »Staatsknete« in unterschiedlichsten Formen hätte es die taz nicht gegeben. Das Verhältnis zum Staat entsprach dem, das manche Bürgerkinder zu ihren Eltern pflegen: Man bekämpft deren Autorität, wendet sich ab, verachtet das konservative Spießertum, lässt sich aber doch noch ein bisschen alimentieren. Warum sollte man einen Staat, der als Gegner erschien, nicht ausnutzen? War das nicht sogar ein Gebot der politischen Vernunft?

Das Zentrum der Räumlichkeiten war ein etwa 50 Meter langer, schnurgerader Flur von bestürzender Hässlichkeit, der im Lauf der Jahre regelrecht zuwucherte. Tristes Neonlicht leuchtete ihn aus. Der Abfall türmte sich in blauen Müllsäcken, überall standen eingetrocknete Kaffeetassen, Teller mit modernden Essensresten, leere Cola- und Bierflaschen, und an den Wänden gilbten Plakate und andere Informationszettel in übereinandergeklebten Schichten. Durch diesen Flur pulsten all die Hektik und das Chaos – die Rohstoffe der

Zeitungsproduktion – und all die seltsamen Besucher aus der seltsamen Welt, von Punkergruppen bis zu ARD-Fernsehteams. Vor allem aber trommelte hier der Buschfunk, das inoffizielle Nachrichtensystem der taz. Nur hier, in der Hauptschlagader des Flures, konnte man komprimiert das Wichtigste in aller Kürze erfahren; wer mit wem, wer nicht mehr, welche Intrigen, Cliquenbildungen, sexuellen und sonstigen Beziehungen. All das nahm Einfluss auf das labile Gesamtnervensystem.

Im Flur begann jede Machtkonzentration, jedes Bündnis. Denn Wissen ist Macht – auch und gerade im sich selbst regulierenden Organismus des Alternativbetriebs. Die häufig benutzte Metapher des »Biotops« klingt allzu freundlich nach Fruchtbarkeit und blühenden Frühlingswiesen. Doch dieses harmonische Bild trifft den

Alltag der taz nicht. Wer in diesem Dschungel überlebte, musste robuste Durchsetzungskräfte entwickeln, um nicht verloren zu gehen. Die taz war ein Sammelbecken der Egoismen. In diesem kollektiven Trainingsgelände dominierten individuelle Überlebenstechniken, die das Menschenbild des Liberalismus bestätigten, wonach das Gemeinwohl sich aus der Summe der Eigeninteressen ergibt. Auch so gesehen funktionierte der Alternativbetrieb als Keimzelle eines neuen Bürgertums.

Die Abo-Entwicklung verlief wenig erfreulich. Notwendige Anschaffungen mussten warten, da »wir die Spendenfreudigkeit unserer Leser und Sympathisanten überschätzt haben«[28], hieß es im Januar 1979. Notgedrungen informierte die Redaktion am 8. März die Leserschaft in gedämpftem Ton, als müsse sie einen Todesfall mitteilen: »Deshalb haben wir uns zähneknirschend entschlossen, erstmal doch Konsumwerbung in die Zeitung zu lassen. Wir würden gerne wissen, wie ihr darüber denkt, ob ihr bereit seid, so etwas vorläufig zu ertragen.« Ende Februar hatten erst 5000 Abonnenten die Zeitung vorbestellt, das würden bis April, wenn die tägliche Produktion beginnen sollte, nicht mehr als 7000 sein. Auf 20.000 aber hatte man gehofft. Die Konkurrenz der *Neuen*, die erfolgreicher um Abonnenten warb, machte sich bemerkbar und damit die Skepsis, ob die Spontis mit ihrer Chaos-Neigung es überhaupt schaffen würden, ihr Blatt zu etablieren. Und wenn sie es schafften: Wie würde es aussehen?

Den wöchentlichen Ausgaben vom März 1979 lässt sich das noch nicht ablesen. Die Leser konnten nicht so genau wissen, was auf sie zukam. Da wurde kräftig experimentiert, so dass jede Nummer ein anderes Profil erhielt. Die taz war auf der Suche nach sich selbst und bat um Geduld: Die Nullnummern seien keine fertigen Produkte, sondern Versuche, »ein Konzept aktueller Gegenöffentlichkeit zu entwickeln«. Immerhin: Man konnte ihr, von Ausgabe zu Ausgabe, beim Lernen zusehen.

Die formal radikalste taz aller Zeiten war die Nullnummer 6 vom 8. März. Mit dieser von Studenten der Hochschule für Gestaltung in Schwäbisch-Gmünd konzipierten Ausgabe wurde die Tageszeitung tatsächlich neu erfunden. Sie hatte ein strenges Layout und kam ohne Schlagzeilen aus. Ausschließlich einspaltige Überschriften gliederten den von Spalte zu Spalte fortlaufenden Text. Die einzelnen Spalten auf den zwölf Seiten wurden von 1.1. bis 12.5. durchgezählt, so dass das Inhaltsverzeichnis an das eines Lehrbuchs erinnerte. Diese Zeitung ließ sich Spalte für Spalte durcharbeiten. Sie duldete keine erkennbare Hierarchie der Nachrichten, keine optische Gewichtung, kein Oben und Unten, sondern nur das gleichförmige Nacheinander der Artikel, als komme der Textstrom direkt aus dem Ticker.

Ein Vorteil bestand darin, die einzelnen Ressorts nicht unbedingt seitenweise aufteilen zu müssen. Je nach Nachrichtenlage konnten sie wie ein neues Kapitel auch mitten auf einer Seite beginnen. Aber die notgedrungen knappen Überschriften und Unterzeilen halfen nicht bei der Orientierung. Es war nur schwer zu erkennen, worum es in dem folgenden Artikel gehen sollte. Auch Fotos störten streng genommen die Reinheit der Form, die schon in der nächsten Ausgabe gelockert und zwei Nummern später ganz aufgegeben wurde. Experiment beendet, gehe zurück auf Los. Und die Leserschaft musste noch einmal vertröstet werden: Der angepeilte Termin für den offiziellen Start, der 2. April, war nicht zu halten, weil man es versäumte hatte, sich rechtzeitig darum zu bemühen, in den Kioskvertrieb aufgenommen zu werden. Jetzt sollte es am 17. April losgehen. Weitere Verzögerungen waren ausgeschlossen, weil *Die Neue* am 3. Mai starten würde und die taz der Konkurrentin auf jeden Fall zuvorkommen wollte.

Der zentrale Protagonist fehlte aber noch. Der Mittelpunkt der Redaktion. Der Mythos im symbolischen Zentrum. Die Legende, um die sich alle versammeln konnten. Das war der Tisch, der eines Tages in all seiner historischen Wucht dastand: 5,50 Meter lang, zum sanften Oval geschwungen. An der breitesten Stelle bot er 1,50 Meter Distanz zum Gegenübersitzenden. Die Platte aus massiver deutscher Eiche, 8 Zentimeter dick. Das sollte reichen, um auch eine auf dem Tisch tanzende Belegschaft tragen zu können.

Der Tisch brachte eine zehnjährige Geschichte mit. 1969 hatte ihn Hans-Christian Ströbele für das »Sozialistische Anwaltskollektiv« auf einem Charlottenburger Trödelmarkt für 800 Mark erworben.

Donnerstag, 8.3.79

Nr. 6, Preis 1 DM

die Tageszeitung

Herausgeber: Freunde der alternativen Tageszeitung e.V., Wattstr. 11/12, 1000 Berlin 65, Telefon: (030) 463 10 75. V/i&dP: Karl Huober; Vertrieb für Nullnummern und Prospekt Tageszeitung durch den Herausgeber. Druck: W. Rumpeltin, Burgdorf.

Longwy or not to be: Die Streiks in Frank reich gehen weiter

Paris /Denain /Longwy, 7. März (afp, Liberation) Die Welle von Streiks und anderen Protestaktionen gegen die vorgesehenen Entlassungen in der französischen Stahlindustrie geht mit unverminderter Heftigkeit weiter. Die Gespräche zwischen den Gewerkschaften und den Stahlbossen sind heute Nachmittag unterbrochen worden.

Nachdem am Dienstag Vormittag etwa 2.000 Stahlarbeiter von USINOR - Denain und Trith - Leger die Autobahn Paris-Brüssel vorübergehend blockiert hatten, sind sie auf der Rückfahrt in der Nähe von St. Amand-les-Eaux von der Gendarmerie gestoppt worden. Die „Ordnungskräfte" öffneten von außen die Fenster der Busse und warfen Tränengasgranaten in das Innere.

Diese Ereignisse haben für große Empörung bei den Arbeitern von Denain gesorgt und sind der Hintergrund für heftige Straßenschlachten zwischen Polizisten und Arbeitern in diesem ostfranzösischen Ort. Sie entwickelten sich heute im Anschluß an eine Gewerkversammlung, bei der die Polizeikräfte von den Arbeitern für die Ereignisse vom Vortag verantwortlich gemacht wurden. Heute mittag begannen Verhandlungen zwischen den Gewerkschaften und der Geschäftsleitung von USINOR, bei denen die Stahlbosse angeboten hatten, daß für die Arbeiter, die entlassen werden würden, anschließend vorübergehende Beschäftigungsmöglichkeiten nach Art der deutschen Arbeitsbeschaffungsmaßnahmen durchgeführt würden.

Als bekannt wurde, daß sich in Denain stark aufgefahrene Polizei und etwa 1.500 Arbeiter eine wahre Straßenschlacht lieferten, haben die Delegierten der kommunistischen CGT die Verhandlungen verlassen. Am heutigen Abend wollen die verschiedenen Gewerkschaften die Lage vereinbaren sich beraten

In dem lothringischen Longwy stoppten am selben Tage mehrere dutzend Stahlarbeiter aus den Niederlanden einrollendes Naturgas für das Heizwerk der USINOR-Fabrik in Mont-St.-Martin. Sie schlossen die Ventile und durchlöcherten die Leitungen, um gegen die Einfuhr von holländischem Gas zu protestieren, während die 350 Arbeiter beschäftigende Kokerei von Mont-St.-Martin Ende des Jahres geschlossen werden soll.

(afp) Anläßlich der Unterzeichnung eines „Unternehmensvertrages" zwischen dem Staat und den Staatsbahnen SNCF kam für 34 Stunden der Schienenverkehr in Frankreich praktisch zum erliegen. Zum ersten mal seit 1953 hatten sich sämtliche sieben Bahngewerkschaften wieder zu einer gemeinsamen Aktion zusammengefunden, da sie verlangen, daß der Personalabbau bei der SNCF befürchten.

Ein in der vergangenen Woche im Postwesen des pariser Großraums begonnener Streik dehnte sich am Mittwoch auf neun Verteilerzentren in Paris selbst und auf acht Zentren in seiner Umgebung aus. Nach Angaben der Postbehörde intervenierte in fünf Fällen die Polizei, da einige Streikende den gesamten Verteilerbetrieb hätten blockieren wollen. Mit dem Streik sollen bessere Arbeitsbedingungen und ein erstes die Aufnahme von Verhandlungen über diesbezügliche Forderungen durchgesetzt werden.

Eine Lösung schien sich hingegen in dem pariser Börsenkonflikt anzubahnen Am Mittwoch sollten die seit zehn Tagen unterbrochenen Verhandlungen weitergehen. Die Börsenangestellten fordern ein zusätzliches Monatsgehalt (15 1/2 Monate oder rund sieben Prozent Gehaltserhöhung) und bessere Arbeitsbedingungen.

Die Zollbeamten im Hafen von Marseille hatten ihrerseits für 24 Stunden ihre Arbeit niedergelegt. Ihr Protest richtet sich in erster Linie gegen „die Aktivitäten von privaten Überwachungsdienst-", die sich rechtlich Wagen- und Personenkontrollen vornahmen

A 4100 CX

Postvertriebsstück
Gebühr bezahlt
Taz Berlin, Postfach 65109
Raum für Postversandadresse

Carstens zog Klage zurück

Köln, 7 März (reuter/taz) Bundestagspräsident Karl Carstens hat am Mittwoch vor dem Kölner Oberlandesgericht seine Klage gegen den früheren SPD-Abgeordneten Metzger zurückgenommen Zu Beginn der Verhandlung sagte Metzger seine Erklärung, Carstens habe vor dem Untersuchungsausschuß die Unwahrheit gesagt, beinhalte nicht den Vorwurf der schuldhaften Falschaussage Einen solchen Vorwurf mache er sich auch nicht zu eigen. Daraufhin zog Carstens seine Klage zurück Nach der nur fünfminütigen Verhandlung wiederholte Metzger vor Journalisten seine Behauptung, daß Carstens über seine Kenntnisse von Waffengeschäften des Bundesnachrichtendienstes vor einem Parlamentarischen Untersuchungsausschuß unrichtig und unvollkommen ausgesagt habe

Wegen dieser Behauptung hatte Carstens 1975 gegen Metzger geklagt, um ihn zur „Unterlassung der Feststellung" zu zwingen. Carstens gewann dann auch in zwei Instanzen. Der Bundesgerichtshof in Karlsruhe hob diese Urteile jedoch auf mit der Begründung, „gewichtige Gründe" sprächen dafür, daß Carstens 1974 vor dem Guillaume-Ausschuß eine „objektive Falschaussage" gemacht habe. (Siehe auch Seite 3I)

Niederländische Sozialdemokraten für Abzug von Atomwaffen

Amsterdam, 7 März (Reuter). Der Vorstand der niederländischen Partei der Arbeit hat zum Abzug aller Atomwaffen aus der Niederlanden aufgerufen, und sich dafür eingesetzt, aus den Vereinigten Staaten beschaffte Waffensysteme wie die Kampfflugzeuge des Typs f-16 und die „Lance"-Raketen nicht nuklear auszurüsten. Ein entsprechender Resolutionsentwurf soll dem Parteitag in Amsterdam Ende April zur Verabschiedung vorgelegt werden. Die Sozialdemokratische Arbeiter-Partei stellt mit 53 von 150 Sitzen die stärkste Parlaments-Fraktion, steht aber in der Opposition zu Christdemokraten und Liberalen.

zwort bei Falken-Funktionärs Thomas Dietrich; er würde schlicht lügen und sagen, die Auswahl sei nur „zufällig" zu Lasten des schwulen Bewerbers getroffen worden.

Dieser Fall liegt mal wieder greusam dar, wie in einem Teil der Linken mit Homosexualität umgegangen wird. Fälkive Verbandsinteressen werden vorgeschoben, um Diskriminierungen zu rechtfertigen, sozialistische Prinzipien wie Solidarität außer Kraft gesetzt, um das reibungslose, konfliktfreie Funktionieren der heiligen Organisation zu garantieren. Um inhaltliche Fragen drückt man sich herum, um die SPD, diesen bürgerlichen Verein, nicht ungehalten zu stimmen. Offiziell sind die FALKEN übrigens gegen Berufsverbote.

Soweit die Presseerklärung der ahb vom 28. Februar,inzwischen haben sich die Wogen etwas geglättet. Der Betroffene ist in einem Brief an den Bundesvorstand der FALKEN klargestellt, daß er nicht an einer Konfrontation, sondern an einer solidarischen Auseinandersetzung innerhalb der Linken interessiert ist. Er hat gebeten, auf einer der nächsten Sitzungen die FALKEN-Bundesausschusses ein Papier zur Homosexuellenproblematik zu verabschieden und damit für die Organisation verbindlich zu machen.

Kontakt: ahb Postfach 11 84, 3300 Braunschweig.

Der taz wäre daran gelegen, von Seiten der FALKEN Stellungnahmen zu dem angesprochenen Problem zu erhalten.

Falken erteilen Berufsverbot für Schwulen

BRAUNSCHWEIG, 7. März (TAZ). DIE ARBEITSGRUPPE HOMOSEXUALITÄT BRAUNSCHWEIG (ahb) schreibe einen Bericht, den wir gekürzt wiedergeben:

Die Sozialistische Jugend Deutschlands - die Falken -, bekannt durch ihre fortschrittliche Einstellung zur Sexualität, stellen einen Pädagogen nicht ein, weil er schwul ist. Bei der Neubesetzung der Stelle eines Jugendgruppenleiters waren zugelernt zwei Bewerber übriggeblieben, ein schwuler und ein Nicht-Schwuler Man entschied sich für den Nicht-Schwulen. Die Falken lieben wissen, man habe sich gegen den Schwulen entschieden, weil der Verband kräftafällig nicht in der Lage sei, sich nun auch noch mit dem Schwulenproblem zu beschäftigen. Außerdem läge noch keine Stellungnahme des Verbands zur Homosexualität vor, folglich wässe man nicht, ob im Konfliktfall Rückendeckung zu erwarten sei. Auch schwule man den Konflikt mit der Muttergartei - SPD - und der Stadt. Mit der Person des Bewerbers habe nichts zu tun. Die Forderung nach einer schriftlichen Begründung der Ablehnung wurde mit der Begründung abgelehnt, man wolle ja gerade erreichen, keine Stellungnahme abgeben zu müssen, und dem Schwulenproblem aus dem Wege gehen zu können. Auf die Frage, was denn geschl würde, falls amtliche Stellen, z.B. das Arbeitsamt, nach Ablehnungsgründen fragen würden, kam die erstaunliche An

Senlorensport

Paris, 6. März (afp). Einer der größten Skandale im Pferdewettrennen wurde in Paris aufgedeckt. Die Polizei nahm 18.Illegale Buchmacher im betagten Alter von 61 bis 81 Jahren fest, die in Rennkreisen bekannt waren und die eine noble Kundschaft von Besitzern erstrangiger Rennställe, Industriellen und Kaufleuten vertraten. Wie wohl, gehtes bei den polizeilichen Untersuchungen um eine Wettsumme von insgesamt 26 Millionen Francs (knapp 12 Millionen Mark), die der Kontrolle der staatlichen Wettbüros und dem Fiskus entzogen wurden Bookmaker - Beruf in Frankreich verbotener Beruf - sollen innerhalb zweier Wochen die Million Francs nachzahlt haben. Zur Verlustabsicherung sollen sie sich untereinander konsultiert haben.

Suarez? Rechtsrutsch!!

Berlin, 7 März (afp /taz). Die Partei des regierenden konservativen Ministerpräsidenten Adolfo Suarez (UCD) kann auf die Unterstützung der rechten Demokratischen Koalition (CD) rechnen und hat Idamit eine regierungsfähige Mehrheit. Die UCD halte bei den Cortes-Wahlen am 1. März 167, die CD 9 der insgesamt 350 Sitze errungen. Die neofranquistische CD hatte bei den letzten Wahlen im Juni 1977 unter dem Namen Volksallianz (AP) 16 Sitze erhalten.

Es wird vermutet, daß es Suarez gelungen ist, den Vorsitzenden der CD und früheren Franco-Minister Fraga Iribarne als Botschafter nach Washington zu verpflichten und die anderen Ex-Minister Areilza und Osorio für ein Bündnis mit der UCD zu gewinnen. Damit wird die neue Regierung einen noch weiter rechtsorientierten Kurs als die vorige einschlagen.

Wahlkampf in Rheinland-Pfalz

Mainz, 7 März (reuter /taz). Während in der Landeshauptstadt Mainz ein Häufslein unverzagter Linksradikaler einen Wahlboykott organisiert, läuft die Wahlmittelpropaganda der Parteien auf Hochtouren. „Unser besser Wahlhelfer ist Helmut Kohl", ist von der SPD zu hören. Der zweitbeste ist sicher Kanzler Schmidt. Die Tollpatschigkeiten des CDU-Chefs konfrontiert man mit den „Macher" an der Regierungsspitze. Nach 32 Jahren schwarzer Staatsgewalt hoffen die SPDler, diesmal mehr als 40 % zu kriegen, was ihnen aber bei der rechten Landes-FDP wenig nützen wird. Die koitiert, wenn überhaupt möglich, mit der CDU. Auch wenn sies peinlich verschweigt.

Wer den Boykott unterstützen will, schickt seine Wahlbenachrichtigung an das AK „Urnen auf den Friedhof", c/o Regionalblatt, Westendstr. 1, 62 Wiesbaden.

Titelblatt der Nullnummer 6 vom 8. März 1979

Konferenz am Tisch der Kommune 1, 1989

Wertmäßig symbolisierte er also exakt einen taz-Monatslohn. An diesem Tisch hatten Ströbele und seine Kollegen Horst Mahler, Klaus Eschen und Ulrich K. Preuß ihre Prozess-Strategien entwickelt und mit linksradikalen Mandanten diskutiert. »Hier wurden die juristischen Wunden der großen APO-Demonstrationen geleckt, und kein Landfriedensprozess, kein Aufstand gegen die Klassenjustiz, der 1969 nicht an den Kanten dieses Tisches strategisch und politisch vorbereitet wurde«, schrieb Vera Gaserow, als der Tisch 20 und die taz zehn Jahre alt wurde.

Vom Anwaltskollektiv ging der Tisch zu treuen Händen in die Kommune 2 und von dort weiter zur Kommune 1 in der Moabiter Stephanstraße 60, wo Rainer Langhans, Fritz Teufel, Dieter Kunzelmann und andere Platz nahmen, um ihr Privatleben zum Politikum zu machen. Die weiteren Stationen sind unter Historikern umstritten. Genannt werden, je nach Überlieferung, die proletarisch-intellektuelle Arbeiterorganisation PL/PI, das »Sozialistische Zentrum«, sowie »Rote Hilfe« und »Schwarze Hilfe«, Vorläufer autonomer Gruppen. Bei Tisch wurden »die großen Demonstrationen der sieb-

54

ziger Jahre geplant«, schreibt Vera Gaserow, »die Aktionen nach dem Tod von Georg von Rauch, von Ulrike Meinhof, von Holger Meins. Auf ihm ließ sich in nächtlichen Sitzungen aber auch hemmungslos mit Klebestiften schmieren und mit Scheren ritzen, was sich dann Layout des ›Info-Bugs‹ nannte – eines von der Staatsgewalt mit Scharfblick beäugten Spontiblattes.« Der Tisch hatte also auch seine Medien-Vorgeschichte. Nun stand er in der Redaktion der taz, nicht als ihr Eigentum, sondern gewissermaßen als Dauerleihgabe und zum Zeichen dafür, dass die taz sich als legitime Erbin der Studentenbewegung fühlen durfte. Elf Jahre lang blieb der Tisch das Zentralorgan der Redaktion. Den Umzug vom Wedding in die Kreuzberger Kochstraße im Jahr 1989 machte er mit, auch wenn er vielen, die an ihm saßen, nur noch als sperriges Möbelstück erschien, von dem man die Essensreste abkratzen musste, bevor man seine Papiere darauf ablegen konnte.

Das Ende der APO-Reliquie kam überraschend und unerwartet. Am 28. August 1990 meldete die taz den Verlust: »Jetzt isser weg. Am Sonntag abend war es soweit. Etwa 20 junge Leute, manche angetan mit den Kennzeichen der Anarchie, dem großen A, verschafften sich Einlass in die am Sonntag nur mit wenigen tazlerInnen besetzte Zentrale, just zu dem Zeitpunkt, als die Redaktion und die Technik ihre Stoßzeit hatten, und nahmen das große Ungetüm in Windeseile auseinander. Schnell und ruhig wurden die Einzelstücke über einen den Innenhof begrenzenden Bauzaun gehievt, über eine Baustelle getragen und (vermutlich) in einem Transporter verstaut. Die verdutzten tazlerInnen kamen zu spät und guckten in die Röhre. Die in erster Wut erfolgten Rufe nach einem Gegenrollkommando oder gar der Ordnungsmacht verhallten ungehört. Schließlich würde dies gegen den Tischgeist verstoßen.«

In Verdacht gerieten die westdeutschen Hausbesetzer aus der Mainzer Straße im Ostteil der Stadt. Recherchierende tazler bekamen dort manche Andeutung zu hören, stießen auf sehr viel Heiterkeit, aber auf keinen Aufklärungswillen. Offenbar waren die Besetzer der Meinung, die taz habe den Tisch nicht länger verdient. Ströbele, offizieller Repräsentant des Tisch-Vermächtnisses, akzeptierte das Unvermeidliche in einem offenen Brief an die Entführer: »Wenn Ihr tat-

Der Tisch nach der Entführung durch Hausbesetzer in der Mainzer Straße, Berlin
Friedrichshain, 1990

sächlich eine nützliche Verwendung für diesen Tisch habt; wenn Ihr
ihn nicht verheizen oder verkloppen wollt, sondern den Etappen, die
seine Tradition prägen, eine neue anfügen wollt, so sei er Euch hier-
mit zu treuen Händen überlassen. Die Geschichte ist weitergegan-
gen. Es ist nicht ohne Logik, wenn dieser Tisch für Gruppen nützlich
ist, die ihren Beitrag dazu leisten, dass die jetzige Entwicklung in
Deutschland nicht nur von oben oder von den allseits aktiven Verei-
nigungsgewinnlern beherrscht wird.«

Die neuen Eigner zeigten wenig Sinn für solche Empfehlungen.
Die Tradition interessierte sie nicht, es sei denn, sie wärmt. Der Tisch
tauchte nie wieder auf. Vermutlich wurde er mangels besserer Ver-
wendungsmöglichkeiten 1993 in einer WG bei Potsdam zu Brenn-
holz verarbeitet. So lautet jedenfalls die offizielle Variante der Geschichte. Ins Reich der Legenden gehört dagegen eine Meldung aus
der taz vom 19. November 1990. Demnach stand der Tisch nach der
polizeilichen Räumung der Mainzer Straße Nummer 5 leicht ver-
dreckt, aber unbeschädigt in einem der Zimmer, konnte gerettet und
zurück in die taz gebracht werden.

17.4.1979. Der betroffene Clown

Selbstporträt mit Wurfgeschoss. Depressiver Grundton. Schreib-
hemmungen. Eigentumsvorbehalt. Gegenöffentlichkeit. Produktion von
Wahrheit. Gegen distanzierenden Profijournalismus. Leserbriefe.
Kritisches Vereinsblatt. Wir über uns. Besetzung und Entführung.
Das Ende der Initiativen. Tortenwerfen.

Ein Clown mit Mütze, Halstuch, karierter Hose und Hosenträgern
über der nackten Brust tanzt auf einem Fass. Oder steht er auf einem
Marmorsockel wie ein Denkmal, das gerade zum Leben erwacht? In
der zum Wurf ausholenden Hand hält er einen Backstein mit der
Aufschrift »taz«. Selbstporträt mit Wurfgeschoss: Ist die Gegenöffentlichkeit eine publizistische Spaß-Guerilla? Hat man sich politischen Widerstand als Zirkusnummer zur Publikumsbelustigung
vorzustellen? Aber auf wen zielt dann der Stein? Ist das schon der
große Wurf?

Der Clown schmückte die Titelseite der taz vom 17. April 1979,
dem Dienstag nach Ostern. »Ab heute täglich« war neben ihm zu
lesen. Täglich bedeutete zunächst montags bis freitags. Am Samstag
kehrte die Redaktion zum »Plenum« ein, ehe am Sonntag die nächste
Wochenproduktion begann. Michael Sontheimer, Redakteur der
ersten Stunde, erinnerte sich 15 Jahre danach an diesen Beginn: »Es
war in der Wattstraße im tristen Berliner Wedding. Wir, die wir einen
Tag später damit beginnen wollten, fünfmal die Woche eine Zeitung
zu produzieren, hatten es leider nicht geschafft, eine unserer zehn
Nullnummern innerhalb eines Tages herzustellen. Einen Tag vor
dem Start sollte deshalb der Ernstfall simuliert werden. Doch in dem
Raum, in dem mehr als zehn Schreibtische standen und theoretisch
drei Ressorts arbeiten sollten, fand ich mich allein mit einem einzigen weiteren Redakteur in spe, mit Max Thomas Mehr. Das Wet-
ter war wunderschön, und unsere lieben Kolleginnen und Kollegen
hatten es offensichtlich vorgezogen, sich im Grünen zu entspannen.
›Glaubst du, dass man mit diesem Haufen eine Tageszeitung machen

kann?‹ Max antwortete: ›Ich weiß nicht‹. Wir waren einigermaßen verzagt.«[29]

Ein gewisser depressiver Grundton gehört zur taz von Anfang an dazu, eine demonstrative Mutlosigkeit, die in seltsamem Kontrast zur gleichfalls kultivierten Aufgedrehtheit steht. Redakteurin Vera Gaserow zog in der ersten Ausgabe ein ernüchtertes Resümee, das so klang, als rede sie über eine seit Jahren abgenutzte Geschichte. Selbstbewusstes Auftreten sieht jedenfalls anders aus als dieses prophylaktische Bekenntnis zum Scheitern. Einen »Grund zum Feiern« mochte sie nicht erkennen. Sie beklagte den enormen Kraftaufwand, die komplizierte Entscheidungsfindung im Kollektiv und »die Schwierigkeit (Unmöglichkeit?) in einem Großprojekt unter Zeitdruck alternativ zu arbeiten«. Sie sprach Versagensängste und mangelnde Unterstützung von außen an und gab das »zunächst vorsichtige Eingeständnis in unsere eigene allzu häufige Unfähigkeit, eine wirklich *andere* Zeitung zu machen und nicht eine blasse Kopie bürgerlichliberaler Blätter«. Die »Frau meiner Träume« hatte sich da schon in den »Mann meiner Alpträume« verwandelt – ein haariges, egoistisches, störrisches Wesen. Dabei war es doch wirklich ein Wunder, dass es die taz trotz miserabler finanzieller Bedingungen und den weit hinter den Erwartungen zurückliegenden 7000 Abos bis an den Start geschafft hatte. Für Ströbele wäre es ein Erfolg gewesen, sechs Wochen durchzuhalten, um zu beweisen, dass eine linke Tageszeitung prinzipiell möglich ist. Ab jetzt war sie in der Welt. Und was damals niemand zu hoffen wagte: Sie blieb auf Dauer.

Der 17. April war der Tag der Wahrheit für alle Mitarbeiter. Jahrelang hatten die Gruppen quer durch die Republik über »Strukturen« geredet und darüber gestritten, wie die Zeitung zu organisieren wäre. Da hatten Volksredner und Theorieakrobaten ihre Auftritte. Das änderte sich nun schlagartig. Jetzt waren Schreiber gefragt, Blattmacher und Praktiker. Die revolutionär gestimmten Marburger, die sich von den Frankfurter »Laberköpfen« abgrenzten, brauchten für den ersten Artikel nach eigenem Bekunden zwei Jahre. Von 25 Leuten waren schließlich nur noch drei übrig, zwei von ihnen litten unter Schreibhemmungen.[30] In Hamburg fanden sich nur noch zwei von 30 Leuten ein. Schreiben, naja, schwierig. Wer sich sicherheitshalber darauf zurückzog, eine Kurzmeldung zu verfassen, wollte auch die noch diskutieren.[31] Ähnlich sah es in anderen Städten aus. Und als die Redaktion ihre Arbeit schließlich doch beendet hatte, wäre die erste Ausgabe fast noch abgestürzt. Der Mitarbeiter, der die belichteten Seiten zur Druckerei in Bad Vilbel bringen sollte, hatte in der Aufregung ganz vergessen, sich nach der Adresse zu erkundigen. Jetzt wusste er nicht, wo er die Vorlagen abliefern sollte.[32]

Bei allem, was sich gegen die frühe taz sagen lässt, wie eine »blasse Kopie bürgerlichliberaler Blätter« sah sie nicht aus. Blass war sie allenfalls durch die miserable Druckqualität. Sie bestand aus nur zwölf Zeitungsseiten ohne Rubrizierung in einzelne Ressorts. Sie war grauwertig, unübersichtlich, mit winzigen, eingetrübten, kaum erkennbaren Fotos. Auf Seite eins wurden ein Erdbeben in Jugoslawien und eine neue Verhaftungswelle im Iran gemeldet, wo Khomeinis Revolutionskommitees mit den Mitgliedern des Schah-Regimes abrechneten. In der DDR verhängte die SED verschärften Hausarrest gegen den Regimekritiker Robert Havemann. »Havemann wird ausgehungert«, schrieb die taz. Wichtig scheint der Redaktion auch der vorn platzierte »Eigentumsvorbehalt« gewesen zu sein: Die Zeitung müsse Gefangenen persönlich ausgehändigt werden, andernfalls sei sie dem Absender zurückzusenden. Allen nichtinhaftierten Abonnenten – und das war wohl doch die Mehrheit – wurde damit signalisiert, wo die taz sich selbst und ihre Leserschaft vermutete: auf Seiten der Freiheit, in Opposition zum freiheitsberaubenden Staat und in Solidarität mit den nicht näher spezifizierten »Gefangenen«.

Eine Seite bestand ganz schmucklos aus Meldungen. Sie dokumentieren in ihrer asketischen Wucht den Glauben daran, mit Nachrichten und Informationsfülle die Welt nicht nur abzubilden, sondern neu zusammenzusetzen und operativ erfassbar zu machen. Aufklärung begann mit Information und war auch eine Frage der Quantität. Das Stichwort dazu lautete »Nachrichtensicherheit«. Damit war gemeint, dass in der taz alles stehen sollte, was auch »bürgerliche Blätter« brachten. Sie wollte umfassend konkurrenzfähig sein. Doch wie das auf zwölf Seiten hätte gelingen können, die ja auch all das enthalten sollten, was andernorts nicht zur Sprache kam, blieb ihr Geheimnis. Allerdings war den Machern sehr wohl bewusst, dass auch sogenannte »Nachrichten« nur an der Oberfläche der Wirklichkeit herumkratzen. Eine ironische Meldung, die auf den Lebensbereich hinweist, der in Zeitungen eben nicht vorkommt, belegt das: »Berlin, 17.4. (taz). Gestern nachmittag führte Opa Krause (83) zwei Stunden lang seinen Hund, einen Langhaardackel, spazieren. Das tut er jeden Tag.«

Nachrichten leben zudem von ihrer Aktualität. Nichts verbraucht sich so rasch wie die Neuigkeit. In dieser Hinsicht war die taz nie wirklich konkurrenzfähig, lag der Redaktionsschluss doch schon am frühen Nachmittag. Die Filmvorlagen für den Druck mussten per Flugzeug von Berlin-Tegel nach Hannover und nach Frankfurt gebracht werden, von dort in die Druckerei. Für die Fahrt zum Flughafen war an jedem Tag ein anderer Redakteur eingeteilt. »Natürlich waren wir immer zu spät dran«, erzählt Mathias Bröckers. »Aber wenigstens konnten wir aushandeln, dass die taz die Strafzettel bezahlte, weil wir in der Seestraße ziemlich oft in eine Radarkontrolle gerieten.«

Auch der Vertrieb war schwierig. Teilweise übernahmen ihn Mitglieder der lokalen Initiativgruppen in Selbstorganisation und im eigenen Auto. Außerhalb der Großstädte lieferte die Post mit ein- bis zweitägiger Verspätung. Aktualität wuchs sich gerade deshalb, weil sie nicht geleistet werden konnte, zu einem wahren Glaubensartikel aus – oder aber sie wurde so betont missachtet, dass gar nicht erst der Verdacht aufkommen konnte, eine Tageszeitung könnte aktuell sein müssen. Symptomatisch dafür die Notiz, die einen Bericht vom Treffen der grünen und bunten Listen in Vlotho einleitete: »Durch Krankheit des taz-Redakteurs kommt die Berichterstattung aus Vlotho erst jetzt.«[33]

Frauenspezifische Themen waren in der ersten Ausgabe auf einer Seite gebündelt, obwohl es keine Frauenseite geben sollte. Die Frauenredaktion erklärte in eigener Sache, »die Flinte noch nicht ins Korn zu werfen« – was nach der ersten Ausgabe ja auch ein bisschen früh gewesen wäre. Es gab eine Reportage über die Guerilla im nicaraguanischen Estelí, einen Brief von Peter Paul Zahl aus dem Gefängnis, vor allem aber auf zwei Seiten Mitteilungen in eigener Sache. Weil es nicht gelang, jenseits »nichtssagend allgemeiner« Selbstdarstellungen

die Tageszeitung

Dienstag, 17. 4. 79
Nr. 11 / 16. Woche Jahrgang 2
Preis 1 DM

taz

ab heute täglich

Redaktionen

1 Berlin 65, Wattstr. 11/12
☎ (030) 463 10 75/6/7/8/9
3 Hannover, Rambergstr. 17
☎ (0511) 31 70 05/6
5 Köln 30, Glasstr. 80
☎ (0221) 52 05 79
6 Frankfurt, Hamburger Allee 45
☎ (0611) 77 89 41 (Büro)
70 56 59/69 (Redaktion)
7 Stuttgart, Faukerstr. 71/1
☎ (0711) 61 75 59

Eigentumsvorbehalt

Nach diesem Eigentumsvorbehalt ist die Zeitschrift solange Eigentum des Absenders, bis sie dem Gefangenen persönlich ausgehändigt worden ist. „Zur-Habe-Nahme" ist keine persönliche Aushändigung im Sinne des Vorbehalts. Wird die Zeitschrift dem Gefangenen nicht persönlich ausgehändigt, ist sie dem Absender mit dem Grund der Nichtaushändigung zurückzusenden.

A 4100 AX

Postvertriebsstück
Gebühr bezahlt
taz Berlin, Postfach 65 100

Rudolf Etzene, Am Tögelbof 11, 4400 Bielefeld (1 / Tageszeitungsblätter, Allensatz. 32, 4630 Bochum / Adolphstr. 52, 5300 Bonn I, (02231) 63 40 50 / Beate Post, Vorstr. 93, 2800 Bremen 31, (0421) 21 25 62 / Angela Setter, Müllerstr. 13, 6100 Darmstadt (06151) 71 39 64 / Blätterstübe GmbH, Große Hornstr. 62, 4600 Dortmund (0231) 10 32 06 / Toni Rutien, Aachener Str. 121, 4000 Düsseldorf-Bilk / Stadtzeitung, Zietzentr. 40, 7800 Freiburg (0761) 70 02 70 / Uschi Erkunik, Kreißfeldstr. 1, 6300 Lahn/Gießen (0641) 74 84 2 / Tageszeitungsblätter, Bahnenfelder Str. 64/8, Hamburg (040) 390 30 30 / Karl-Heinz Vosgerau, Hospatie 1a, 6900 Heidelberg (06221) 14 30 1 / Carlton-El-Shum Weili, Adlerstr. 28, 7500 Karlsruhe (0721) 60 60 13 / Ossian Bergund, Felderr. 143, 2300 Kiel (0431) 33 53 14 / Zur schwarzen Coll, c/o Einar, Isarsgasse 20, 7700 Konstanz (07531) 26 56 8 / Martin Hoffmann, Untere Dorfstr. 19, 7850 Winterscuhl / Buchladen Sudarplatz, Wenzelstr. 1, 6200 Wiesbaden (06121) 40 23 56 / Bauer Store Buchladen, Am Grün 29, 3550 Marburg (06421) 24 78 7 / Der andere Buchladen, 4600 Mannheim M 2 N / Tageszeitungsblätter, Künstestr. 1, 8000 München 90 (089) 69 11 497 u. 53 56 39 (RED.) / Hfa, schon wieder eins, der Satteri / Tageszeitungsblätter, Hamburger (040) 390 30 30 / Ökostr. Buchtläden, Zakobstr. 26, 8500 Nürnberg (0911) 22 24 25 / Reiner Körnken, Joh.-Justus-Weg 92a, 3900 Oldenburg (0441) 65 23 4 / Hornmann P. Zitler, Karlischstr. 17, 8400 Regensburg / Politischer Buchladen, Beth 4 Paul, Johannstr. 3, 5600 Saarbrücken (0681) 31 17 1 / Norbert Reiler, Römelsstr. 8, 7400 Tübingen (07071) 26 40 3 / Der andere Buchladen, Thomas Bürmann, Neue Hostatt, 6, 5600 Wuppertal

Seit Gründung der „BILD"-Zeitung 1952, vor mehr als 25 Jahren, hat es in dieser Republik keine überregionale, parteiunabhängige Tageszeitungsgründung gegeben: Im Gegenteil, viele sind eingegangen. Wer kann da heute noch von Pressefreiheit reden? Wir werden versuchen, ein Blatt gegen jede freiwillige Zensur und Nachrichtensperre zu machen. Kein Linienblatt, aber eine linke, radikale, auch satirische Zeitung – täglich! Den unterschiedlichsten Leuten soll darin Platz geben werden, gegen traditionellen, distanzierenden Profijournalismus zu schreiben. Ein Versuch, den Gebrauchswert des Mediums Tageszeitung zu verändern – Lesern das Blatt zur Verfügung zu stellen! Eine Hoffnung, die Presselandschaft in Bewegung zu versetzen.

Erdbeben in Jugoslawien

Belgrad, 15.4. (afp)Das Erdbeben vom Sonntag, das an der Adria-Küste Jugoslawiens starke Schäden anrichtete und über 100 Opfer forderte, hat auch in Albanien mehrere Todesopfer zur Folge gehabt.

Michael Lockley berichtete aus einem der betroffenen Orte an der jugoslawischen Küste: Hercegnovi

Gespenstig flackern ringsum die Bucht von Kotor kleine Lagerfeuer. Tausende von Menschen ziehen es nach den verheerenden Erdbeben des Ostersonntags vor, die Nacht in Decken gehüllt im Freien zu verbringen. Verängstigt hocken sie in den Gärten, zersägen ihre Bäume, um das wärmespendende Feuer in der Frühlingsnacht am Leben zu erhalten.

Weite Teile des südjugoslawischen Katastrophengebiets waren am Sonntagabend ohne Strom, ohne Wasser. Die Telefonverbindungen waren meist zusammengebrochen. In der Zentralvermittlung von Hercegnovi waren die Arbeitsplätze verwaist: Das Personal mochte aus Furcht vor angekündigten Nachbeben nicht in das Dienstgebäude zurückkehren.

Ein kleines Nachbeben läßt Zelenika unweit von Hercegnovi erzittern. Dort ist ein Teilstück der Küstenstraße ins Meer abgerutscht. Ein zweistöckiges Haus wurde mitgerissen. „Es ist wie ein Wunder, daß die drei Leute, die drin waren, noch aus der Tür kamen, als das Haus vor meinen Augen in die Tiefe krachte", berichtet Pero Sacic. Der angegrante Nachbar Marko Trunic habe seine invalide Frau und seine 30 Jahre alte Tochter gerade noch herauszerren können. Sacics Haus blieb stehen, hat aber etliche Risse.

Viele malerische Häuser, uralte Kirchen und Türme blieb ist sich zusammen, wurden buchstäblich ins Meer gekippt. Die modernen Bauten widerstanden den Erdstößen. Zuweilen fehlt ein Stück Dach. Viel größer ist der Schaden nicht. Riesige Flutwellen schäumten durch die kleine Bucht. Das Epizentrum des Bebens lag vor der Küste. Viele Häuser, ganze Hotels wurden in die See gerissen, Hafenanlagen wurden weggespült. In der Werft von Bijela walzten die Wassermassen einen Teil des Docks platt.

Auf 15 Kilometern Länge brach die Küste an einem Stück in Meer ab. Zahlreiche Häuser versanken. Hin und wieder ragt aus die Spitze einer hohen Fichte aus den Fluten, die einen in die Adria gespülten Garten überdecken. Die Küstenstraße um die Bucht von Kotor ist unpassierbar. Zivile Helfer und Militär kommen nur mühsam durch.

Bürgermeister Seforovic verfügt nur über zwei eilends aufgeschlagene Großzelte. Sie können 100 Menschen aufnehmen. Aber in seinem Zuständigkeitsbereich schätzt er die Zahl derer, die nicht in ihre Häuser zurückkönnen oder -wollen auf knapp 20000. Gleichwohl glaubt Seforovic gut dran zu sein. Weiter im Süden sei alles noch viel schlimmer. Schließlich habe in manchem Gebiet ... noch nicht einmal ein halbes Dutzend Tote und „nur" etwa 100 Verletzte gegeben.

Neue Verhaftungswelle im Iran

Teheran, 16.4. (afp). In Iran sind sechs neue Verhaftungen durch Revolutionskomitees vorgenommen worden, wurde am Montag von unterrichteter Seite in Teheran gemeldet. Danach handelt es sich um den Ex-Minister für Wohnungsbau, Parviz Avinikavini. Die ehemaligen Abgeordneten Moxsem Ghoreichi und Assadollah Ilkhani, zwei Armeeführer der Stadt Hamadan, Generalleutnant Ali Fathi Amin und Oberstleutnant Seyyed Mahmoud pour Hacemi sowie den einstigen Sektionschef des Teheraner Zentralgefängnisses, Oberst Mahboudi.

Die genauen Umstände der Festnahmen waren nicht bekannt.Der für die islamischen Revolutionsgerichte zuständige Generalstaatsanwalt Mehdi Hadavi hatte am Samstag zum Aktions-rechte der „Khomeini-Komitees" dahingehend eingeschränkt, daß künftig nur noch mit ausdrücklicher Bewilligung der Regierung Festnahmen und Hausdurchsuchungen durchgeführt werden dürfen.

Generalstaatsanwalt Hadavi machte am Montag deutlich, daß die Verfolgung der „Verbrecher und Komplizen des alten Regimes" weitergehen wird. In einer Rundfunkerklärung betonte er, jede Behilfe zum Entkommen solcher Personen aus der Regierungsepoche des Schah werde mit „größter Strenge" geahndet. Derartige Helferschaften müßten mit ihrer Verurteilung zum Tode rechnen. Eine Liste „aller" Personen, nach denen die „Revolutionsjustiz" noch fahnde, solle demnächst veröffentlicht werden, hieß es.

Havemann wird ausgehungert

Berlin, 16.4. (taz). Der Hausarrest des SED-Kritikers ist am Donnerstag drastisch verschärft worden und auf die gesamte Familie, darunter auch die 5-jährige Tochter, ausgedehnt worden. Neben der seit langem bestehenden Straßensperre, wurde der Eingang zu seinem Grundstück in Berlin-Grünheide durch eine Wagenburg unpassierbar gemacht. Wie der mit Havemann befreundete Schriftsteller Jürgen Fuchs uns mitteilte, hielt die Blockade auch noch am Ostermontag an. Die Versor-gung mit Lebensmitteln ist zur Zeit nicht mehr möglich. Anlaß für diese Maßnahmen ist vermutlich ein von ihm veröffentlichter Beitrag im Spiegel, in dem er Kritik an seinem Buch „Ein deutscher Kommunist" zurückgewiesen hat. Das ZK der SED hatte den verschärften Hausarrest vermutlich gemeinsam mit den neuen Beschränkungen journalistischer Arbeit für Westkorrespondenten auf seiner letzten Sitzung vor Ostern beschlossen.

Inhalt

Titelblatt vom 17. April 1979

etwas Konsensfähiges zu formulieren, kamen verschiedene Mitarbeiter mit ihren Ansichten zu Wort. Das Individuelle triumphierte über das Programmatische. Das Wichtigste in der ersten taz war dennoch die taz selbst. Der Clown beherrschte die Szene.

Auf dem Sockel des Clown-Denkmals stand das Wichtigste in Kürze: »Seit Gründung der ›BILD‹-Zeitung 1952, vor mehr als 25 Jahren, hat es in dieser Republik keine überregionale, parteiunabhängige Tageszeitungsgründung gegeben: Im Gegenteil, viele sind eingegangen. Wer kann da heute noch von Pressefreiheit reden? Wir werden versuchen, ein Blatt gegen jede freiwillige Zensur und Nachrichtensperre zu publizieren. Kein Linienblatt, aber eine linke, radikale, auch satirische Zeitung – täglich! Den unterschiedlichsten Leuten soll darin Platz gegeben werden, gegen traditionellen, distanzierenden Profijournalismus zu schreiben. Ein Versuch, den Gebrauchswert des Mediums Tageszeitung zu verändern – Lesern das Blatt zur Verfügung zu stellen! Eine Hoffnung, die Presselandschaft in Bewegung zu versetzen.«[34]

Die Demokratisierung der Öffentlichkeit war ein wichtiges, vielleicht das wichtigste politische Ziel. »Lesern das Blatt zur Verfügung zu stellen« ist eine revolutionäre Parole, die den marxistischen Grundsatz, Produktionsmittel zu vergesellschaften, auf ein immaterielles Gut anwandte: auf die Sprache, das Schreiben, die Ausdrucksfähigkeit. Das bedeutete, nicht einfach nur über Menschen zu berichten und sie damit zu Objekten zu machen, sondern sie selbst als Subjekte zu Wort kommen zu lassen. Das Konzept knüpfte an Brechts Radiotheorie an. Brecht hatte darüber nachgedacht, wie der Rundfunk von einem »Distributionsapparat« in einen »Kommunikationsapparat« zu verwandeln wäre. Ihm ging es darum, »den Zuhörer nicht nur hören, sondern auch sprechen zu machen und ihn nicht zu isolieren, sondern ihn in Beziehung zu setzen. Der Rundfunk müsste demnach aus dem Lieferantentum herausgehen und den Hörer als Lieferanten organisieren.«[35] Man muss nur Rundfunk durch Zeitung, Hören durch Lesen und Sprechen durch Schreiben ersetzen, dann hat man das taz-Konzept der Gegenöffentlichkeit und dessen, was bald abwertend »Betroffenheitsjournalismus« genannt wurde. Konsequent zu Ende gedacht steckt in dieser Utopie die Abschaffung des Journalismus als Beruf. Wenn jeder und jede »Empfänger« und »Sender« zugleich ist, dann braucht es keine Spezialisten mehr, sondern nur noch technische Dienstleister, die den nötigen Apparat unterhalten.

Solche Konzepte lassen sich heute im Internet verwirklichen. Als Bezeichnung für Internet-Foren, auf denen Leser eigene Artikel publizieren können, hat sich interessanterweise der Begriff »Bürgerjournalismus« etabliert.[36] Zu finden sind dort vor allem Meinungsartikel und Debattenbeiträge. Investigativer Journalismus ist kaum zu erwarten. Plattformen wie die »Readers Edition« der *Netzeitung* dienen eher der Bindung von Lesern als der Entwicklung einer neuen Form von Journalismus. Sie sind immer ein zusätzliches Angebot und keineswegs dazu geeignet, den Berufsjournalismus zu ersetzen. Als Pool der Themenfindung können sie sehr wohl funktionieren. Als Konzept für eine Tageszeitung, die nicht jegliches Profil einbüßen will, taugt der »Bürgerjournalismus« nicht.

Und doch sind die Übereinstimmungen einer Institution wie *Wikipedia* mit den Utopien der frühen taz verblüffend. Als »egalitaristisch und basisdemokratisch« bezeichnet *Wikipedia*-Gründer Jimmy Wales das offene, teilweise von anonymen Autoren verfasste Internet-Lexikon. Doch die Gemeinschaft der Enzyklopädisten sei zugleich auch elitär. »Wir definieren *Wikipedia* als eine Gesellschaft verantwortungsvoller Individuen. Wichtig sind soziale Regeln und Normen und ein respektvoller Umgang miteinander. Die Herausbildung einer solchen Gemeinschaft ist ein kontinuierlicher Prozess – aber wir gehen vom Guten im Menschen aus.« Deshalb gilt in *Wikipedia* so weit nur irgend möglich »das Prinzip Offenheit«.[37] Soziale Kontrolle und ständige Kommunikation sind die einzigen wirksamen Schutzmechanismen gegen fehlerhafte Informationen, Eitelkeiten und Blabla.

Eine solche Kontrollinstanz, eine Methode der Relativierung und basisdemokratischer Kritik waren in der taz die »Säzzerbemerkungen«. Als ihr Erfinder gilt Georg Schmitz, einer der wenigen, der von Anfang an und bis heute bei der taz arbeitet, auch wenn es den Beruf des Texterfassers gar nicht mehr gibt, weil das Computerzeitalter ihn überflüssig gemacht hat. Die Kommentare der Setzer, die sich anarchoid als »Sätzer« oder »Säzzer« bezeichneten, entwickelten sich rasch zu einem besonderen Markenzeichen der taz. Mit Lust und Häme zerhackten sie sorgfältigste Kommentare mit ihren in eckigen Klammern eingefügten Bemerkungen. Sie kommentierten Politikeräußerungen mit der Einfügung »Wer's glaubt, wird selig« und gaben sich überhaupt ganz und gar respektlos gegenüber Autoren und anderen Autoritäten dieser Welt. Die Setzerbemerkungen symbolisierten auch die Macht der Handarbeiter gegenüber den Kopfmenschen, der Technik gegenüber der Redaktion. Sie waren der Einspruch des Empfindens gegen Kitsch und Geschwurbel, gewissermaßen die Gefühlsinstanz der Zeitung, neigten gelegentlich aber auch zur Hypertrophie und zu eigener Geschwätzigkeit. Denn im Zweifelsfall hatten immer die »Säzzer« das letzte Wort. [Sag ich doch!]

Die Qualität einer Zeitung bemisst sich allerdings nicht so sehr an der Intensität der Mitsprachemöglichkeiten, auch nicht an der Menge authentischer, basisnaher Informationen, sondern an dem, was sie für verzichtbar hält, wie sie Nachrichten verdichtet und in Beziehung zueinander setzt. Sie ist schließlich keine Enzyklopädie. Eine Zeitungsredaktion muss nicht nur redigieren, sondern auch auswählen und komprimieren – und sei es nur aus Platzgründen. Sie definiert, was sie für wichtig und berichtenswert hält, und schließt mit jeder Definition naturgemäß anderes aus. Es können beim besten Willen niemals alle Betroffenen aller möglichen Betroffenheitsgebiete zu Wort kommen. In der taz folgte darauf immer wieder rasch der Vorwurf der Zensur. Er traf sie im Kern ihres widersprüchlichen Selbstverständnisses.

»Gegenöffentlichkeit« war, wie der Name schon sagt, gegen etwas gerichtet. Sie verhielt sich wie ein Negativbild zur »etablierten« Öffentlichkeit, die als Herrschaftsinstrument der bürgerlichen Klasse erlebt wurde. Bei Oskar Negt und Alexander Kluge in ihrem epochalen Werk *Öffentlichkeit und Erfahrung* aus dem Jahr 1972 hieß der Gegenbegriff noch »proletarische Öffentlichkeit«. Ende der 70er Jahre hatte das Proletariat als revolutionärer Hoffnungsträger ausgedient. Die Alternativkultur war eine bürgerliche Protestbewegung, der die Geschichte nicht mehr als eine Geschichte von Klassenkämpfen erschien. Emanzipation war zu einer individuellen Angelegenheit geworden, zur Sache der Frauen, der Schwulen, der Dritten Welt, der vielfältigen Minderheiten, die gegen Machtausübung aller Art rebellierten. »Gegenöffentlichkeit« bedeutete, all diesen Positionen Raum zu geben, die in der »bürgerlichen« Öffentlichkeit nicht oder nur marginal zu Wort kamen. Es bedeutete, dieses Forum der Stimmen zu organisieren und dadurch gesellschaftliche Prozesse auszulösen. »Gegenöffentlichkeit« war etwas, das im Jargon der Zeit »hergestellt« werden musste.[38] Es ist ein emphatischer Begriff, der den Glauben an die Macht des Arguments enthält: Wer die Welt beschreibt, verändert sie auch schon.

Wie dieser »Produktionsvorgang« von »Wahrheit« gedacht wurde, beschrieb Arno Widmann in einem programmatischen Artikel, der zwar in der »Wir«-Form gehalten war, aber doch nicht mehr sein konnte als ein subjektives Bekenntnis. »›Die‹ Wahrheit gibt es für uns nicht mehr, und die vielen Wahrheiten, die uns die Realitäten erschließen, liegen nicht auf der Straße und warten darauf, entdeckt zu werden, sondern sie müssen bewusst provoziert/produziert werden. Die Herstellung von Wahrheiten und das Bewusstmachen dieser Produktion, das ist die Aufgabe einer den Umsturz der bestehenden Verhältnisse anstrebenden Tageszeitung. Sie ist eben kein Stück Papier, auf das geschrieben wird, was ist, sondern sie stellt ihre Wahrheiten allererst her. Je durchsichtiger und klarer dabei der Produktionsvorgang, desto besser die Zeitung.«[39]

Der Größenwahn ist die Kehrseite der Melancholie. War die taz für die einen schon gescheitert, bevor sie begonnen hatte, täglich zu erscheinen, so zielte sie für die anderen auf nichts Geringeres als den »Umsturz der bestehenden Verhältnisse«. Als veränderbar und als Ziel von Putschversuchen erwies sich in der Folge aber vor allem die taz selbst. Arno Widmann sprach provokativ von einem »Hetzblatt«. Es gehe darum, verschiedene Positionen, Meinungen, Interessen und Wünsche, aber auch Liebe und Hass aufeinander zu hetzen und so aufeinander reagieren zu lassen, dass dabei Erkenntnisvorgänge freigesetzt würden. »Die Inszenierung solcher Schaukämpfe ist eine wesentliche Aufgabe der taz.« Ähnlich sah es in der nächsten Ausgabe Frank Berberich, der Subjekte »in der Gesamtheit ihrer Gefühle« als »Orte der Politik« ausmachte. Er zielte auf einen »linken

Pluralismus«, der auch »Ohren haben« sollte »für Melodien, die jenseits der Linken gespielt werden«. Als Beispiele nannte er den »Club of Rome«, Ökologiethemen, Berichte über Regimekritiker im Sozialismus oder über Schwulenunterdrückung, die in der Öffentlichkeit der »neuen Linken« bagatellisiert würden.[40]

Diese Positionsbestimmungen richteten sich vor allem gegen den verbreiteten Dogmatismus der 70er Jahre mit all den kirchenhaft geschlossenen Wahrheitsgebäuden diverser Polit-Sekten. Die historische Aufgabe der taz bestand darin, die Splitter dieser zerfallenden Gewissheiten einzusammeln und neu zu gruppieren. Innerhalb der Redaktion mussten Vertreter unterschiedlicher Weltsichten und Wichtigkeitshierarchien lernen, sich zu ertragen und gewähren zu lassen, ja, zu begreifen, dass gerade die Vielfalt der Positionen für neue Bewegung sorgt. Die Zeitung – personell als Redaktion und ideell als Textkörper – war der adäquate Ausdruck der Zeitstimmung im Übergang zu den 80er Jahren, so wie die sich gegeneinander abgrenzenden K-Gruppen Ausdruck der 70er Jahre waren. Eine Zeitung ist potentiell ein demokratisches Medium der Politik. Die taz hat es nicht neu erfunden, sondern in dieser Bedeutung radikalisiert. Diese Offenheit schloss in der Serie der Selbstreflexionen auch ein hochgradig verkitschtes Manifest der Empfindsamkeit ein, das mit dem Vornamen »Johannes« unterzeichnet war und sich ganz entschieden für das Lächeln, für Frieden und Zärtlichkeit, für das Gute und gegen das Böse aussprach.[41] Auch die Räucherstäbchen-, Strickpullover- und Oberarmtätschelfraktion war integraler Bestandteil der taz. Allerdings musste »Johannes« einige sarkastische Leserbriefe ertragen.

Die Leserinnen und Leser durften sich mit Fug und Recht zum erweiterten Mitarbeiterstab rechnen. Sie sollten teilnehmen und sich einmischen. »Betroffenheit« kennt keine Grenzen. Erstaunlich jedoch, mit welcher Härte die Leserschaft von Anfang an auf die taz einprügelte, als sei diese Zeitung ihr größter Feind. Das war häufig keine konstruktive Kritik, die das Entstehen förderte, sondern vernichtende Häme, orchestriert mit der ständig wiederholten Drohung, das Abo zu kündigen. Vielleicht nahmen die Leser das Hetzblatt-Konzept zu wörtlich. Die taz wollte »linken Pluralismus, Kontroversen und Provokationen«, musste aber erfahren, dass »die Massen der Leserbriefschreiber nach ihrem ganz individuellen Zentralorgan lechzen«. Resigniert klingt das Resümee im Herbst 1980 auf dem Faltblatt für eine Spendenaktion: »Vielleicht ist der Gedanke einer einzigen Zeitung für eine völlig heterogene Leserschaft zu neu, zu sehr noch Idee statt entwickelter Praxis, als dass er den Leuten in den Redaktionen nicht selbst hätte fraglich werden können.«

Der Leserbriefteil der taz ist ein Spiegelbild der politischen Zustände und der Gefühlslagen im linksalternativen Milieu der Gesellschaft, ihrer Eitelkeiten, ihrer Verletzlichkeiten, ihres Scharfsinns und ihrer Verblendungen. Peter Schneider bezeichnete ihn einmal als »weitaus spannendsten im deutschen Blätterwald, eine Art Wetterkarte über die jeweils aktuelle Mischung zwischen deutschem Tiefgang und deutscher Barbarei«.[42] Hier lässt sich beobachten, wie Meinungsbildung funktioniert und wie Öffentlichkeit sich in teils absurden, teils klugen Wortmeldungen herausbildet, wenn sie Raum bekommt, um sich zu entfalten.

Leserbriefe standen in den ersten Jahren auf der Seite 3, dem wichtigsten Platz nach der Titelseite. Sie erschienen darüber hinaus gelegentlich auch als Artikel im redaktionellen Teil. Da findet sich beispielsweise ein Hinweis auf Vera Kamenkos *Unter uns war Krieg*. Die Kurzbesprechung beginnt mit dem Satz: »Zunächst war ich sehr betroffen von dem Buch – dann wollte ich, dass es Pflichtlektüre für alle Männer wird.« Unterzeichnet war der Text mit: »Eine Wiesbadener Frau«. In der zweiten Woche platzierte die Redaktion den Brief eines Lesers sogar auf Seite eins, der schwärmerisch Patti Smith und ihrem Auftritt im »Rockpalast« huldigte. Zwei Tage zuvor war an derselben Stelle ein Konzertbericht erschienen. Der Brief sorgte für eine erste kleine Empörungswelle, vor allem unter den Leserinnen: »Chauvinismus nein danke! Leute, was fällt euch eigentlich ein, einen Artikel mit derart frauenfeindlichen Begriffen und Inhalten abzudrucken? Meint ihr, wir lassen uns von euch verarschen? Ich lasse meine Brüste nicht von jedem verrückt gewordenen Chauvi ›Titten‹ nennen!«

Wie Joseph Beuys, für den jeder Mensch ein Künstler war, erklärte die taz jeden Menschen zum Journalisten – ohne zu ahnen, was es bedeutete, den »unterschiedlichsten Leuten« Tür und Tor zu öffnen. Die freundliche Einladung an Jedermann war so gut gemeint wie hochgradig naiv. Zugrunde lagen Erfahrungen des Frankfurter *Informations-Dienstes*, der Erklärungen aller Art – bis hin zu Kommandoerklärungen der RAF – unkommentiert verbreitete, denn jede Form von Zensur war tabu. Wenn das Private politisch ist, wie ein Schlagwort aus der Studentenbewegung lautete, dann musste das Private auch öffentlich werden können. Schon der »Prospekt: Tageszeitung« hatte deshalb die Parole ausgegeben, »Betroffene selbst zu Wort und Bild kommen« zu lassen: »Die Artikel sollen nicht ausschließlich von festen Redakteuren und professionellen Schreibern erstellt werden, sondern es wird auch ›Betroffenenberichte‹ im redaktionellen Teil geben. Wir gehen davon aus, dass die festen Mitarbeiter und Mitarbeiterinnen der Zeitung zu einem wesentlichen Teil die Aufgabe übernehmen, den Kontakt mit zahlreichen Korrespondenten und autonomen Gruppen aufrechtzuerhalten bzw. herzustellen.«[43]

Wer sich so den unterschiedlichsten Privatinteressen auslieferte, musste sich nicht wundern, wenn die »Kontakte« zu »autonomen Gruppen« bald eine recht unerfreuliche Form annahmen. Jede alternative Kleingruppe durfte durchaus zu Recht annehmen, die taz gehöre ihr und habe Verlautbarungen aller Art unverzüglich abzudrucken. Da dauerte es nicht lange, bis das Versprechen, »Betroffenheit« abzubilden, wie eine Drohung klang, weil es zu einem Synonym für Borniertheit, Dilettantismus und Selbstbezüglichkeit wurde. Weil die Redaktion »Betroffenheit« und »Profijournalismus« einander gegenüberstellte, hatte sie sich diese Fehlentwicklung selbst zuzuschreiben. Hätte sie etwas vorsichtiger subjektives Schreiben und Objektivitätspflicht des Berichtens oder, noch vorsichtiger, Erfahrung und Erkenntnis eingefordert, wäre die Front zwischen Bewegungsvertretern und Journalismusfraktion weniger massiv geworden. Das galt keineswegs nur für das Verhältnis zwischen Redaktion und den verschiedenen politischen Milieus. Die Front verlief quer durch die Redaktion, ja vielleicht sogar durch jeden einzelnen Redakteur.

Schon der »Prospekt« formulierte die Schwierigkeit, das Gegensätzliche zusammenzubringen: »Auch als Instrument der ›Bewegung‹, auch als Träger von Betroffenenberichten soll die Zeitung nicht einfach in Selbstdarstellungen aufgehen. Zur Bewegung gehört auch, was ihr fehlt. Dazu gehört auch eine bestimmte Art von journalistischem Professionalismus, den wir (...) zumeist erst erlernen müssen.«[44] Es war eine Frage der Balance und der richtigen Dosierung. Jeder Redakteur sollte nach Möglichkeit in irgendeiner Bürgerinitiative oder sonstigen Gruppierung mitarbeiten, um nicht zum abgehobenen Profi zu degenerieren. Zugleich dominierte jedoch die Sehnsucht, ernstzunehmender Teil einer breiten Öffentlichkeit zu werden und nicht nur als Befindlichkeitsbarometer der Szene zu fungieren. Bei den Grünen stellte sich innerhalb der Politik das Professionalisierungsproblem ganz ähnlich. Auch sie hatten ihre Wurzeln in Bürgerinitiativen und versuchten, das Berufspolitikertum durch Rotation und Basisverpflichtungen zu verhindern. Sie wollten den professionellen Politiker, wie er in den anderen, »etablierten Parteien« dominierte, in ihren Reihen durch den engagierten Bürger ersetzen und mussten in langjährigen, zähen Auseinandersetzungen einsehen, dass kein Weg an der Professionalisierung vorbeiführte.

Zu welch absurden Haltungen dieser Konflikt führen konnte, zeigt ein internes Diskussionspapier der »Rosa Zelle Tageszeitung«, die sich sarkastisch ROZTAZ nannte. Diese Gruppe forderte nach ein paar Monaten eine eigene Lesben- und Schwulenseite, um sich von »bürgerlichen Medien« abzusetzen. »In der taz wollen wir eine positive Berichterstattung über uns, die auch ins Auge fällt«, hieß es da ohne Rücksicht auf journalistische Standards: »Am besten über uns können wir selbst schreiben! Wir wollen nicht darauf vertrauen, dass andere unsere Interessen mitvertreten, deshalb brauchen wir ein eigenes Ressort.«[45] Ähnliches konnte mit gleichem Recht jede Interessengemeinschaft für sich verlangen. Und genau so sahen es Hausbesetzer, RAF-Sympathisanten, Frauengruppen, Friedensbewegte und Lateinamerikakomitees auch, wenn sie sich immer wieder über die mangelhafte Solidarität der taz beklagten. Für sie alle war die Tageszeitung nicht mehr als ein Mitteilungsblatt der Alternativszene, in dem, wie auch unter Hasenzüchtern und in Schützenvereinen üblich, die jeweils eigene Sache möglichst »positiv« dargestellt werden soll. Wieviel Sympathie musste die taz ihrer Klientel entgegenbringen?

Wieviel Kritik war erlaubt? Was bedeutete politische Solidarität? Was journalistische Autonomie? Der Vorsatz, Minderheiten eine Stimme zu geben, gehört zwingend zum Konzept der Gegenöffentlichkeit. Kritischen Journalismus auch in eigener Sache zu betreiben ist aber nicht minder unverzichtbar. Die taz versuchte den Widerspruch zu lösen, indem sie ein kritisches Vereinsblatt machte. Nichts anderes ist die frühe taz. Und das war nun wirklich etwas Neues in der Mediengeschichte.

Es ist also nicht überraschend, dass die Redaktion am 13. Juni 1979 handfesten Besuch von »Betroffenen« erhielt. Eine Gruppe von RAF-Sympathisanten stürmte die Inlandsredaktion, besetzte Telefone und Fernschreiber und hisste vor den Fenstern ein Transparent mit der Aufschrift »Taz besetzt, wir fordern Informationen über den Hungerstreik«. Aus den telefonisch in Kenntnis gesetzten Regionalbüros und Initiativgruppen, die den Berlinern sowieso nicht trauten, erhielten sie Zustimmung und schriftliche Solidarität per Fax. In der Redaktion, so erfuhren die Leser am nächsten Tag, roch es intensiv nach Bananen, die sich die Besetzer als Proviant mitgebracht hatten. Zum festen Bestand der taz-Mythologie gehört auch der draußen vorbeipatrouillierende Polizist, der die Frage stellte: »Sie sind besetzt? Wie darf ich das verstehen?« Das fragten die Redakteure sich auch.

Die Auseinandersetzung zog sich bis tief in die Nacht hinein. Schließlich gab die Redaktion den Forderungen der Besetzer nach und publizierte eine in revolutionärer Kleinschreibung gehaltene Erklärung, in der die taz dafür kritisiert wurde, »bis jetzt nichts über die inhalte und hintergründe« des Hungerstreiks der RAF-Gefangenen gebracht zu haben. Abgedruckt werden sollten zudem »die hungerstreikerklärung der gefangenen der raf in berlin, die hungerstreikerklärung der gefangenen der bewegung 2. juni in berlin, die hungerstreikerklärung von günter sonnenberg, die hungerstreikerklärung der gefangenen aus butzbach, aus dem brief eines gefangenen, warum sie keinen normalvollzug fordern, sondern zusammenlegung, die erklärung von solidaritätsaktionen zum hungerstreik: erklärung zur aktion gegen spd-büros in berlin, erklärung zur aktion gegen das fdp-landesbüro in berlin, erklärung zur aktion gegen ein spd-büro in wuppertal.«[46] Das war dann doch eine ganze Menge Holz. Sieben dieser Erklärungen erschienen am nächsten Tag in winziger Schrift, kaum zu lesen, abschreckend aber noch mehr durch die »ewig wiederkehrenden Sprechblasen dieser Texte«, wie es in einem distanzierenden Artikel der Redaktion auf Seite eins hieß. Die taz machte sichtbar, dass sie den Gebrauchswert dieser Texte nicht sehr hoch einstufte, und beugte dem Eindruck vor, es könnte sich hier um einen Präzedenzfall handeln. Sie verstand sich weiterhin als Teil der Bewegung, wollte sich aber nicht in Geiselhaft nehmen lassen.

Etwa zur gleichen Zeit kam Wolfgang Grundmann von der Reproabteilung ins Inlandsressort. In der Anfangszeit war es noch leicht möglich, von technischer zu redaktioneller Tätigkeit zu wechseln. Jeder suchte sich selbst den passenden Platz im Betrieb gemäß den eigenen Bedürfnissen. Mit Grundmann, einem ehemaligen RAF-Mitglied, der vier Jahre und acht Monate Haft hinter sich hatte, war ein »Betroffener« für den Bereich innere Sicherheit, Terrorismus, Verfassungsschutz zuständig. Er war durchaus überzeugt davon, »dass die hungerstreikenden RAF-Gefangenen unsere Solidarität brauchen, genauso wie die Kindsmörderin oder der eingelochte Taschendieb«, suchte aber auch die kritische Auseinandersetzung. Grundmann berichtet, immer wieder massiv von außen unter Druck gesetzt worden zu sein: »Im Zusammenhang mit einem Hungerstreik der RAF waren einmal die Muttern an den Rädern meines Autos lockergedreht. Und ein andermal kriegte ich von irgendwelchen Leuten, damals hießen sie Antifas, einen heißen Becher Kakao übern Kopf. Denen hatte meine Prozessberichterstattung im Prozess gegen die Entführer des CDU-Politikers Peter Lorenz nicht gepasst, und überhaupt sei ich ein reaktionärer Arsch. Die agierten halt nach der Methode: Entweder du bist Freund oder Feind, dazwischen gibt's nichts mehr.«[47] Grundmann merkte sehr bald, dass das Konzept der Betroffenheit nicht weit trug: »Bei meiner Arbeit in der taz musste ich sehr schnell einsehen, dass mein Wissensstand nicht ausreichte und dass ich selbst noch zu wenig nachgedacht hatte, zu sehr meiner eigenen Geschichte verhaftet war.«

Ähnliche Probleme bekam die Redaktion mit Berliner Mieter- und Sanierungsgruppen und mit Hausbesetzern, die regelmäßig ihre

Flugblätter und andere Pamphlete in der taz abgedruckt wissen wollten. Bald lernte man, Besetzungen mit Fassung zu ertragen. Nur selten gelang es, das Unheil rechtzeitig abzuwenden, so im Juni 1982,
als entsprechende Gerüchte über eine bevorstehende Besetzung mit
einem »Tag der offenen Tür« gekontert wurden. »Berliner Gruppen
rennen uns die Bude ein«, resümierte Redakteurin Gitti Hentschel.
»Die Westdeutschen sind zum Glück weiter weg. Alle fordern, dass
wir unseren Anspruch einlösen, keine Meldung zu unterdrücken.«
Doch die obligaten »Selbstbeweihräucherungen und Schönfärbe-
reien« aus den verschiedenen Fraktionen der Szene nervten bald nur
noch: »Das ewig gleiche Lamentieren über Repression. Wenig positive Ansätze, und wenn, dann gleich mit so viel Übertreibung, dass
nach den Berichten morgen zumindest in einem Stadtteil die Revolution ausbrechen müsste.«[48]

Subtiler gingen die »Entführer« vor, die der perplexen Belegschaft
und den verdutzten Lesern am 16. Juli 1979 mit einer fetten Schlagzeile meldeten: »Bewegung Freitag der 13. entlarvt bisherige taz als
Fälschung.« Ein großes Titelfoto zeigte ein paar vermummte Gestalten, die sich nach dem Vorbild der RAF inszenierten und die taz zur
»Gefangenen« ihrer Bewegung erklärten. Sie hatten die Zeitung
komplett gekapert. Auf dem Weg zum Flughafen hatten Unbekannte
die belichteten Filme für die aktuelle Ausgabe ausgetauscht. Wo der
Fahrer steckte, wusste am nächsten Morgen niemand. Schlimmer
noch als der Akt der Piraterie war die Erkenntnis, dass die gefälschten
Seiten auf den eigenen Satzmaschinen hergestellt worden sein mussten, dass also Teile der Belegschaft einen kleinen Putsch angezettelt
hatten. Doch warum und gegen was?

Der gefälschten Ausgabe war das nicht ohne weiteres abzulesen.
Sie sah ansprechend aus, sogar besser als die normale taz, doch die
inhaltliche Stoßrichtung blieb undeutlich. Unter der Überschrift
»Wie die taz platzt« wurde mehr Experimentierlust eingeklagt: »Wie
will mensch eine Zeitung machen, die eine Collage sein soll, wenn er
für den Bereich Fotografie, Grafik 3(!) Leute einstellt und für den
Bereich Schrift 30!« Auch der Zentralismus, der sich aus der Zen-
tralredaktions-Struktur ergebe, wurde kritisiert. Dadurch gelinge es
nicht, die Vielfalt der linken Bewegungen abzubilden. Im Grunde

die Tageszeitung

Preis 1 DM

Postvertriebsstück Gebühr bezahlt taz Berlin, Postfach 65 109 A 4100 BX

Montag 16.7.79 Nr.74/ 29. Woche 2.Jahrgang

Bewegung Freitag der 13.

entlarvt bisherige TAZ als Fälschung!

Wie aus ersehnlich wutunterlaufenen Greisen verlautete, wurde am Freitag
die TAZ entführt. Als zwei Tage später immer noch keine Lösegeldforderung
gestellt war, statt dessen eine Zeitung gedruckt wurde, tauchte der Verdacht
eines schrecklichen Betruges auf. Nur der Bewegung „Freitag der 13.„ ist es
zu verdanken, daß sich das wahre Ausmaß dieses Schwindels herausstellte:

Seit dem 17.4.79 erscheint täglich eine gefälschte

Tageszeitung!!! Wie konnte es DAZU kommen?   Antworten bitte an
Zentralredaktion Tageszeitung 1000 Berlin 65 Wattstr. 11

Titelblatt vom 16. Juli 1979

plädierten die »Entführer« dafür, die taz abzuschaffen und stattdessen wieder auf die regionale Alternativpresse zu vertrauen. Sie stimmten den altbekannten Protestsong gegen die Macht der Zentrale und den damit verbundenen »Profijournalismus« an. Das war drei Monate nach dem Beginn der täglichen taz der vielleicht schon letzte Versuch, Basisnähe und Subjektivismus gegen die sogenannte »Pseudoobjektivität« der Zeitungsmacher zu verteidigen.

Auch im Konflikt zwischen der Berliner Zentrale und den Initiativgruppen vor Ort ging es sowohl um Macht und die Frage, wer darüber entscheidet, was ins Blatt kommt, als auch um das richtige Verhältnis von Distanz und Nähe zur eigenen Klientel. Das Marburger Verfahren, nachts an den Hausbesetzungen teilzunehmen, über die man dann tagsüber berichtete, konnte einer ernstzunehmenden Zeitung sicher nicht als Modell dienen. Aber was sollte aus den rund 30 Initiativgruppen aus der Gründungszeit werden? Wofür standen sie jenseits des Anspruchs, Basisnähe und regionale Verankerung zu symbolisieren? Die Mitarbeiter der Initiativen hatten viel unbezahlte Arbeit in die taz gesteckt und hofften darauf, sich zu richtigen Regionalredaktionen zu entwickeln, wie sie zunächst in Hamburg, Hannover, Frankfurt, Köln und Stuttgart eingerichtet wurden. »Daneben«, so hieß es zu diesem Thema lapidar, »sind die Initiativen die Träger unserer Zeitung.«[49] In München wurden zwei Stellen mit dem taz-üblichen Lohn von 800 Mark honoriert, die sich aber fünf bis zehn Leute teilten.

All diese Gruppen werkelten jenseits der Tagesanforderungen, und je tiefer sie in ihren eigenen, lokalen Wichtigkeiten steckten, umso weniger ausgeprägt war ihr Blick auf das Ganze und die Notwendigkeiten der Produktion. Die Initiativen fühlten sich als Handlanger missbraucht, zu Handverkäufern degradiert und, natürlich, immerzu zensiert. So beklagten sich »Mitglieder der Afrikagruppe der TAZ in Bremen« schon in der dritten taz-Ausgabe vom 19. April 1979 über einen »selbstherrlichen« Redakteur, der eigenmächtig den Schluss eines Artikels geändert habe. Wie in der »bürgerlichen Presse« würden auch in der taz »wirkliche Zusammenhänge in isolierte Einzelmeldungen« aufgelöst. »Das funktioniert praktisch so, dass Journalisten meist über Ereignisse berichten müssen, die sie weder aus dem eigenen Lebenszusammenhang, noch durch gründliche Studien kennen. Deswegen sollen doch in der TAZ nach Möglichkeit die Betroffenen selbst zu Wort kommen, bzw. Leute, die wirklich etwas von den Sachen verstehen, über die sie berichten. Jener TAZ-Redakteur, der die Agenturmeldung über Mosambik abschrieb, hat aber überhaupt nicht in der Bremer Afrikagruppe nachgefragt, obwohl dort ein Mosambik-Spezialist mitarbeitet.«

Was die Redakteure in Berlin von den journalistischen Angeboten aus den Initiativen hielten – nämlich gar nichts –, belegt das Protokoll eines Telephonats zwischen Charly Ammansberger aus München und dem Inlandsredakteur Götz Aly, geführt im Juni 1982:

Charly: Ich bräuchte 250 Zeilen für eine Reportage über die CSU-Demo für Montag.

Götz: Für was 'ne CSU-Demo am Montag?

Charly: Die Demo war heute; für die Montagsausgabe. Und zwar die Freiheit-, Frieden-, Freunde-Demo.

Götz: Da ist doch schon der Klaus Wolschner da!

Charly: So, den hab' ich aber nicht gesehen.

Götz: Ja, der ist auf der Demo in Köln.

Charly: Die CSU demonstriert aber in Bayern. Kann ich jetzt die 250 Zeilen für die Reportage haben?

Götz: Das hättste aber auch früher anmelden können. Das Ereignis war doch absehbar.

Charly: Ja, aber es war nicht klar, ob es 'ne Reportage wert ist.

Götz: Das ist wohl 'ne Reportage wert. Mach mal!

Charly: Kann ich also die 250 Zeilen haben?

Götz: Nein, das ist zu lang.

Charly: Wieviel dann?

Götz: Ich bin kein Händler.

Charly: Du benimmst dich aber wie einer! Ich möchte jetzt eine Zusage, wieviel Zeilen ich haben kann, weil ich nicht mehr für den Papierkorb produziere.

Götz: Dann schreibste eben nix!

Charly: Du bist'n Arschloch!

Götz: Außerdem hab ich gehört, dass ihr mit 'ner Anzeige noch so ein paar Idioten wie euch sucht, die sich im Büro den Arsch breit sitzen. Na, macht schön euren Bürodienst. Ich hab mir's von Kilian erzählen lassen. *(Götz legt auf)*[50]

Im November 1979 kamen die an den Rand gedrängten Initiativgruppen in Nürnberg zu einem »Oppositionstreffen« zusammen. Mit einem ganzen Bündel von Forderungen versuchten sie, die strukturelle Macht der Zentrale einzudämmen. Doch den Untergang der Initiativen – und mit ihnen: des Betroffenheitsjournalismus – konnten sie nicht mehr aufhalten. Nach und nach lösten die Gruppen sich auf oder stellten stillschweigend ihre Arbeit ein. Die Kölner Initiative verabschiedete sich im Juli 1980 mit einem bitteren Artikel: »Wir betrachten den ersten Versuch, in der BRD eine linke Tageszeitung zu machen, als gescheitert und ziehen unsere Unterstützung für das Projekt zurück.« Die taz habe sich zu einer »Beschäftigten-Zeitung« entwickelt, bei der »der Basisanspruch allenfalls noch als verkaufsstrategische Ideologie gepflegt wird. Nachdem die Initiativen die ursprüngliche Akkumulation geleistet haben, wo Kapital fehlte, haben sie ihre Schuldigkeit getan. Ihr Absterben wird von der Profi-Fraktion als Wegfallen einer lästigen Kontrollinstanz mit Genugtuung hingenommen bzw. durch Entzug der Zusammenarbeit beschleunigt.«[51]

Das alternative Konzept, die Zeitung als einen dezentralen Organismus zu verstehen, scheiterte schon im Ansatz. Stattdessen reproduzierte die taz sehr schnell die Strukturen »bürgerlicher« Zeitungen mit Regionalbüros und einem Korrespondentennetz, allerdings mit viel geringeren Ressourcen. Ein Dilemma der taz wurde sichtbar: Je stärker sie sich professionalisierte, umso weniger war sie konkurrenzfähig. Der Ehrgeiz, »Erstzeitung« zu werden, also so umfassend zu informieren, dass taz-Leser keine andere Zeitung mehr benötigten, ersetzte die Ausgangsidee, in der lokalen Alternativszene zu wurzeln und als ihr organischer Bestandteil zu wachsen. Diese Konzeption hätte das Paradox vollbringen müssen, Regionalismus zum universalen Prinzip zu erheben. Die lokale Verankerung sollte flächendeckend sein. Das konnte nicht gelingen. Und so bestand die Aufgabe nun darin, einen neuen Bezug zur »Basis« herzustellen. Die Antwort darauf war die Gründung von Regionalteilen – zunächst ab November 1980 in Berlin, ab Oktober 1981 in Hamburg – dort, wo die taz ihre größte Leserschaft besaß.

Und was wurde aus dem Clown? Nach zehn Jahren kehrte er noch einmal zurück. Als Gratulant zierte er das Cover eines Jubiläums-Sonderheftes. Den Ziegelstein hatte er weggelegt. Stattdessen hielt er eine Geburtstagstorte in der erhobenen Hand, bereit, sie wem auch immer ins Gesicht zu werfen, wie das in Slapstick-Nummern üblich ist. Er hatte sich also vom Straßenkämpfer zum Schausteller gewandelt.

12.9.1980. Der Aufstand der Frauen

Gernot Gailer. Unordnung und frühes Leid. Den Gestank riechbar
machen. Machtfragen. Weibliches Schreiben. Linke Moral. Die Quote.
Tabus und Tabubrechertum. Das große Binnen-I. PorNo und Sexismus-
Kommission. Mann mit Hexenschuss. Frauenland ist abgebrannt.

Die Lage war ernst, doch die Sprüche blieben munter. Einer, der häufig zu hören war, ging so: »Der Widerspruch zwischen Theorie und
Praxis in diesem Projekt ist gelöst. Zugunsten des Widerspruchs.«
Über Haupt- und Nebenwidersprüche und ihre Rangfolge musste da
nicht mehr einzeln gestritten werden.

»Wir streiken«, erklärten die taz-Frauen am 7. November 1980.
Zwei Tage zuvor waren auf der Diskussionsseite ziemlich derbe Karikaturen über die Sado-Maso-Welt mit Dominas und gequälten
Männern platziert worden. Ein Mitarbeiter der Aboverwaltung, der
die stiefmütterlich behandelte Seite betreute, hatte die Bilder zur ge-
zielten Provokation der Frauen ins Blatt genommen. Damit schürte
er noch einmal die gerade abklingende Aufregung um einen porno-
grafischen Artikel, der am 12. September unter dem Pseudonym
»Gernot Gailer« und dem Titel »Eine Traumfrau zieht sich aus« erschienen war.

Die taz hatte ihren ersten großen Skandal, und es ging dabei ausgerechnet um Fragen der Moral und um das Verhältnis zur Sexualität. Oder genauer gesagt: um das Verhältnis zwischen linkem, anti-
autoritärem, individualistischem Selbstverständnis und normativen
Werten, die unbedingt zu gelten hatten. Emanzipation war nicht nur
eine Sache der Selbstbefreiung der Frauen, sondern auch der Disziplin
und der Erziehung der Männer. Die taz erlebte ihren internen Kari-
katurenstreit, lange bevor ein paar Mohammed-Karikaturen in einer
dänischen Tageszeitung die Auseinandersetzung zwischen fundamen-
talistischem Islam und xenophobem Christentum anheizten. Um
moralischen Fundamentalismus ging es aber auch damals schon.

Die erstaunliche Streik-Erklärung der empörten taz-Frauen füllte die Titelseite. »Wir streiken nicht gegen eine Geschäftsleitung oder gegen Chefs und auch nicht gegen *die* Männer«, hieß es da. »Wir streiken, um das Chaos in der taz, unter dem wir alle und die Leser leiden, in einer kleinen Gruppe außerhalb des täglichen Produktionsstresses zu verändern. Unsere Erklärung ist daher zunächst fragmentarisch und kann noch keine klaren Forderungen enthalten.« Ein Streik also gegen Unordnung und frühes Leid. Gegen wen sollte man in einem Alternativbetrieb auch streiken, wo Arbeitgeber und Arbeitnehmer identisch sind? Die gewerkschaftsübliche Lohnerhöhung oder die 38,5-Stunden-Woche standen nicht zur Debatte – obwohl das bei der taz redliche Ziele sein konnten. Drängender waren die ungelösten immateriellen Probleme: die quälende Arbeitsatmosphäre, die im Kollektiv verläppernde Verantwortlichkeit, die verbreitete Selbstherrlichkeit, die fehlenden Regeln und die im Inneren des linken Projektes abhanden gekommene Solidarität. Spötter behaupteten, die Frauen streikten dafür, endlich richtige Chefs oder Chefinnen zu bekommen, die der Schlamperei ein Ende machen würden. Das Unbehagen an der Freiheit war so groß wie die empfundene »Verwahrlosung«, die Redakteur Kuno Kruse beklagte.[52]

Die Frauen sahen sich »einig mit vielen Männern in der taz«. Dennoch war es kein Zufall, dass sie besonders unter der »verfahrenen Organisation der Produktion, der Unlust, Unverbindlichkeit und Unzuverlässigkeit« litten. Sie funktionierten als soziale Sensoren und erfüllten damit noch im Streik die klassische Rolle der Frauen. Sie beklagten die »dümmlichen, frauenverarschenden Sprüche« auf der Kleinanzeigenseite, die »Männerwitze auf dem Flur, die Stammtischrunden alle Ehre machen würden«, und ganz allgemein den »schweren Stand«, den Frauen in der taz von Anfang an gehabt hätten. »Die Frauenredaktion hat im letzten Jahr mühsam versucht, Vorbehalte gegenüber der taz abzubauen und langsam darauf hinzuarbeiten, dass Frauen in dieser Zeitung überhaupt in Erscheinung treten. Unsere Artikel wurden von den Männern weder zensiert, noch rausgeschmissen, aber immer wieder haben einige Männer versucht, uns mit nicht abgesprochenen Beiträgen zu provozieren. Wir mussten häufig auf ihren Müll reagieren und Diskussionen eingehen, die wir jetzt und so nicht wollten. Sie haben versucht, uns damit auch die Basis für eine Arbeit zu entziehen.«[53]

Ähnlich wie die taz-Frauen sahen das auch Berliner Frauenprojekte und Redakteurinnen der feministischen Zeitschrift *Courage*, die zum Boykott der taz aufriefen und ihr einen Besuch abstatteten. Sie sprühten »Pornotaz« an die Wände und verspritzten Buttersäure in den Redaktionsräumen, um »den Gestank, der in der taz herrscht, riechbar zu machen«.[54] Das fanden dann auch die taz-Frauen nicht so toll. Der Widerspruch zwischen dem Dogma der Basisnähe und dem Credo journalistischer Distanz war im Bereich der Frauenbewegung besonders scharf. Der Kampf der Zeitung um Autonomie und Unabhängigkeit von ihrem tragenden Milieu wurde exemplarisch in diesem Feld ausgefochten, was die tazlerinnen in einen Loyalitätskonflikt stürzte. Was war wichtiger: die feministischen Ideale oder die schwierige Realität der Redaktionsarbeit? »Wenn Frauen aus der Frauenbewegung zum Boykott der taz aufrufen, weil ein sogenannter Porno in der taz erscheint, dann sollte ich mir überlegen, auf welchem Gleis die Frauenbewegung fährt und ob ich da mitfahren will«, schrieb »Lisa« aus dem Layout, die den Streik zwar mittrug, die Boykottaktion der Feministinnen aber kritisierte.[55]

Diese Konflikte waren deshalb besonders heftig, weil sie sich nicht irgendwo außerhalb der taz betrachten ließen. Sie betrafen die inneren Verhältnisse, das Zusammenarbeiten von Männern und Frauen, die eigenen Konkurrenzen und Liebesbeziehungen. Die Frauenfrage in der Gesellschaft stellte sich als Machtfrage in der Redaktion. Nicht zuletzt an der internen Emanzipationsfähigkeit würde sich entscheiden, ob die taz tatsächlich ein alternatives »Projekt« oder nur eine linksorientierte Zeitung sein würde. Als Fritz Teufels »Frau meiner Träume« war sie zwar weiblich, aber eben auch eine männliche Imagination. Wenn Gernot Gailer nun phantasierte: »Eine Traumfrau zieht sich aus« – wie weit weg war das von dieser Gründungsvision?

Die Lage schien einigermaßen paradox: Die Frauen waren stark und schwach zugleich. Sie fühlten sich als mundtot gemachte Minderheit, die sich gegen »männliche Vielschwätzer« zu wehren hatte. Zaudernd und mit dem Gestus der Vergeblichkeit betraten sie die publizistische Bühne, immer ein wenig hilflos und demonstrativ schutzbedürftig. Und doch war die Frauenbewegung in der taz präsenter als alle anderen gesellschaftlichen Großströmungen – ob Ökologie-, Hausbesetzer- oder Friedensbewegung. Das Verhältnis von Frauen und Männern ging alle an. Beim Thema Sexualität konnte niemand professionell auf Distanz gehen.

Nur sechs Redakteurinnen standen in der Gründungsmannschaft 26 Redakteuren gegenüber. Im Inlands- und im Auslandsressort arbeiteten ausschließlich Männer, im Bereich Soziales dagegen drei Frauen und »ein lieber Typ«, wie die Frauen das streichelnd formulierten. Ihre Position im Betrieb und ihr Arbeitsbereich entsprachen also durchaus den gesellschaftlichen Machtverhältnissen. Alternativ war daran nichts. Dabei hatten Frauen in der Gründungsphase noch eine größere Rolle gespielt. Aber nur wenige aus den taz-Initiativen waren bereit, nach Berlin zu ziehen und ihre sozialen Bindungen für die Redaktionsarbeit aufzugeben. Männern fiel es leichter, sich ganz und gar auf die neue Arbeit zu werfen. Zwei ehemalige Frankfurter schliefen sogar in den Redaktionsräumen, solange sie in Berlin noch keine Wohnung hatten. Bei der taz zu sein bedeutete, die Aufhebung der Trennung zwischen Arbeit und Privatem nicht nur zu akzeptieren, sondern voranzutreiben. Es war eine Lebensweise und nicht nur ein Job. Und es war eine politische Entscheidung. Die taz ging ja nicht aus Journalistenkreisen, sondern aus Debattierclubs hervor. »Sie war ein Männerprojekt, weil Männer diese Art von Politik generell dominieren«, sagt die taz-Gründerin Ute Scheub. »Die wenigen Frauen haben sich dann um Frauenpolitik gestritten.«

Schon in der Anfangszeit traf sich wöchentlich eine »Frauengruppe«. Von den fünf Frauen, die dort zunächst mitmachten, bekam nur eine den üblichen Einheitslohn von 800 Mark. Der Rest verdiente das nötige Geld in anderen Zusammenhängen oder lebte von Bafög. Sie versuchten, von außen Einfluss zu nehmen, klagten aber darüber, wie schwer es sei, sich »einzubringen«. Es erging ihnen nicht anders als allen Initiativgruppen. Die Vorstellung, dass frau »mal eine Woche in ein Ressort reingeht, da mitmacht, die Leute und deren Arbeit kennenlernt«, um anschließend konzeptionell mitzubestimmen, war nicht besonders realitätsnah und mit den Anforderungen aktueller journalistischer Arbeit nicht vereinbar – zumal der Frauen-Bereich thematisch nicht so genau eingrenzbar ist. Jedes Thema lässt sich auch aus Frauenperspektive darstellen. Also hätte die Frauengruppe Kompetenzen für alle Ressorts entwickeln müssen und nebenbei dann noch die inneren Strukturen der taz in Frage zu stellen gehabt. Kein Wunder, wenn daraus ein Gefühl permanenter Überforderung entstand.

Dabei hatten die Frauen alle Möglichkeiten, sich in der taz auszubreiten und ihre Themen unterzubringen. Wenn ihnen das nicht gelang, hatte das auch mit eigenem Unvermögen zu tun. Was sie als männliche Arroganz wahrnahmen, lässt sich auch als spezifischer Dilettantismus in der praktischen Produktion begreifen, der nicht nur frauenbewegten Frauen anhaftete, sondern allen bewegungsnahen Initiativgruppen. Ziemlich hilflos klingt jedenfalls der erste Erfahrungsbericht, den die taz-Frauen als Botschaft nach draußen funkten: »Wir bekamen einen Bericht über eine Frau aus dem Knast, in dem ihr Leben, ihre Situation geschildert wurden. Wir Frauen haben den Artikel mit den Verfasserinnen durchgesprochen, die ihn daraufhin umgeändert haben. Als er dann endgültig fertig war, waren in der Redaktion schon alle Seiten verplant. Die beiden Frauen, die den Bericht in der Redaktionskonferenz einbringen wollten, trauten es sich dann einfach nicht mehr zu, ihn durchzusetzen, und versuchten es daher auch gar nicht. Die anderen Artikel erschienen nun interessanter und schwergewichtiger. Dies mangelnde Selbstvertrauen von Frauen ist eine Seite vorgegebener Machtstrukturen.«[56]

Unsicherheit und Gekränktheitsbereitschaft mischten sich mit Aggressivität und Anklagepenetranz. Männer, die nicht in die Rubrik »lieber Typ« passten, wurden wahlweise als »typische Macker« einsortiert oder etwas harmloser mit einer »individuellen Macke« ausgestattet. Zwischen »Softi« und »Chauvi« blieb nur ein schmaler Zwischenraum. Die männliche Belegschaft nahm sich solche Vorwürfe sehr zu Herzen. In zerknirschtem Tonfall versuchte sich »ein Teil der Männer der Taz-Redaktion« immer wieder in der obligaten Disziplin Selbstkritik: »Wie auf dem politischen Terrain spiegeln sich auch in der Sexualitätsdebatte in unserem Projekt die unterschiedlichsten Männlichkeitskisten wider. Ob Chauvi, Softi usw., die Realitäten draußen ergießen sich auch auf die taz-Seiten. Die kaputte Realität unserer eigenen linken, alternativen Szene tagtäglich in der ›eigenen‹ Zeitung wiederzufinden, hat den Bogen für viele Frauen überspannt.«[57]

Es ist leicht, solche ritualisierten Abläufe lächerlich zu finden. Schwieriger ist es, in diesem Gefühlsgemenge die Wirklichkeit hinter den zelebrierten Mythen und Phantasmen der Geschlechterverhältnisse zu erfassen. Im Februar 1979 wurde während eines Festes der taz-Initiative Hannover eine Frau vergewaltigt. Das jedenfalls behauptete ein anonymer Bericht in der taz. Demnach vergewaltigten »vier türkische Männer auf dem Männerklo eine 16jährige Teilnehmerin der Veranstaltung«. Obwohl dort großer Andrang geherrscht habe, sei niemand dem Mädchen zu Hilfe gekommen. Auch nachdem die Tat bekannt gemacht worden sei, habe das kaum Reaktionen ausgelöst, das Fest sei einfach fortgesetzt worden.[58] Der Bericht wurde in der folgenden Ausgabe als »Bild-Zeitungsstil« und »sensationsgeladen« zurückgewiesen. Doch der Verdacht, dass die Männer eine Gewalttat herunterspielten, blieb.

Bei einer der nächsten Veranstaltungen zogen Frauen vom Frauenzentrum Hannover singend durch den Raum, um gegen die mangelnde Aufklärungsbereitschaft zu demonstrieren. Damit lösten sie eher gemischte Reaktionen aus, Pfiffe und Buhrufe, was sie zu einem finalen Bannspruch provozierte. »Seit Samstag den 24.3.79 ist die TAZ-Initiative für uns gestorben. An diesem Tag fielen die frauenfreundlichen Masken und die chauvinistischen Gesichter boten sich offen der Menge dar!« Es folgte ein Satz, der als kategorischer Imperativ das Verhältnis von Frauen und Männern zum Misstrauensverhältnis erklärte: »Wir Frauen können überhaupt nicht wachsam genug sein, auch das Verhalten ›linker Männer‹ zu überprüfen und ihnen gegenüber offensiv aufzutreten.«[59]

Nach diesem Selbstverständnis hätten sich die Frauen in der taz als eine Art revolutionärer Wächterrat verstehen müssen, allzeit bereit und immer in Alarmstimmung. Die Probe aufs Exempel folgte drei Monate später, als ein Rechtsanwalt aus der Kanzlei Otto Schilys vor Gericht einen Mann verteidigte, der wegen Vergewaltigung und Körperverletzung angeklagt war. Fünfzig Berliner Frauen statteten der

Kanzlei daraufhin »im Rahmen einer feministischen Stadtrundfahrt« einen »Besuch« ab. Sie waren zutiefst davon überzeugt, dass linke Anwälte keine Vergewaltiger verteidigen dürften. Ihre Erklärung brachten sie nebst Foto (»RA Becker – Befangener der Bewegung 12. Juni«) zur taz. Die Redakteurinnen schafften es, den Text gegen die Einwände männlicher Kollegen und trotz einer Intervention Otto Schilys zu dokumentieren. »Die Männer tun empört, dass wir nun auch das Foto abdrucken wollen«, informierte Gitti Hentschel die Leserinnen. »Gestern haben sie es begrinst, heute ist es eine Diffamierung.«[60]

Die Frauen waren stark genug, den Abdruck durchzusetzen. Und es war wohl dieses Gefühl der Stärke, aus dem heraus sie eine eigene Frauenseite zunächst ablehnten. Sie wollten kein geschütztes Ghetto, sondern umfassende Präsenz: »An der Zeitung im Ganzen und jedem Einzelnen soll zu merken sein, dass es uns gibt.«[61] Eine Frauenseite schien ihnen »nur formal ein Ausdruck der Autonomie« zu sein, denn sie verhindere »eine allgemeine, frauenbewusste Berichterstattung«[62]. Wichtiger sei es, eine eigene Sprache zu entwickeln, »typisch weibliche Schreibweisen, Darstellungsformen, Inhalte zu bestimmen. Es gibt darüber keine konkreten Vorstellungen, geschweige denn Einigkeit.«[63]

Auffallend sind die immerwährende Unsicherheit der Frauen und ihre demonstrative Suche. Das Bescheidwissen war ja eine Männerdomäne. Also kultivierten sie den Gestus des Zauderns. Wenn sie nicht so leicht zu Rande kamen mit den Arbeitserfordernissen, erschien das als weibliche Besonderheit. »Für mich, und ich denke, auch für andere Frauen, war das eine wichtige Erfahrung«, resümierte Gisela Wülffing nach zehn Jahren taz. »Wir hatten alle Freiheiten, wir hätten uns also austoben können, aber in diesem Freiraum, den wir uns selber geschaffen hatten, hatte ich die Erfahrung machen dürfen, dass die Begrenzungen auch in einem, in einer selbst liegen. Da fing der Frageprozess an: Was hindert mich jetzt daran, mich so und so auszudrücken?«[64]

In der deutschsprachigen Literatur der 70er Jahre hatte Karin Struck mit ihren Romanen *Klassenliebe* und *Die Mutter*, mehr noch Verena Stefans *Häutungen* den Mythos femininer Empfindsamkeit genährt. Journalistisch entsprach diesen literarischen Versuchen die Betonung weiblicher Subjektivität. Da wurde gerne und häufig »ich« gesagt und mit den eigenen Gefühlen, mit »Wut« und »Trauer« argumentiert. Symptomatisch dafür ist die erste Buchbesprechung in der taz, die sich nicht zufällig *Kein Ort. Nirgends* von Christa Wolf widmete. »Obwohl es ein sehr anstrengendes Buch ist, in dem ihre poetische Bildersprache zurücktritt, lohnt es sich, Zeit und Ruhe für das Buch zu nehmen«, empfahlen die beiden Rezensentinnen, die ihren Text in der Wir-Form abfassten und mitteilten: »Wir empfanden das unterschiedlich.« Anstelle einer Kritik lieferten sie einen Erfahrungsbericht ihrer Lektüre und führten eine Haltung vor: Wichtiger, als sich auf eine Position festzulegen, war das weibliche Miteinander im Gespräch und das Mitteilen von Gefühlszuständen.[65]

Weibliches Schreiben war gleichbedeutend mit einem Bekenntnis zum Subjektivismus, wie es Gisela Wülffing formulierte: »Es wurde ein wichtiger gesellschaftlicher Aspekt, dass ich mich erstens als Frau bekenne und mich nicht als geschlechtsloses linksradikales Wesen bewege. Und das bedeutet auch: Politik in erster Person heißt Parteilichkeit während des Schreibens für andere. Und schließlich: Frauenthemen gleichgewichtig zu anderen in die Zeitung nehmen.«[66] Empfindsamkeit und Solidarität standen gegen die als »Pseudo« empfundene kühle Objektivität der (männlichen) Nachrichtenwelt. Der taz-typische Antagonismus von Betroffenheit und sogenanntem Profijournalismus verwandelte sich in den Gegensatz von »weiblichem« und dann häufig mit dem Attribut »abgefuckt« versehenem »männlichen« Schreiben. Die Problematik des Geschlechterverhältnisses überlagerte den konzeptionellen Grundkonflikt zwischen einem alternativen Bewegungsblatt und einer linken Tageszeitung für die Republik.

In diesem Spannungsfeld stand auch ein Romanauszug, der im Juli 1979 auf der Titelseite abgedruckt wurde: »Eva. Ein Roman aus Berlins Gegenwart.« Der feministische Kitsch gipfelte in der Handlungsanweisung: »Wo wir einer Frau begegnen, welche leidet, da wollen wir versuchen, sie zu trösten, sie zu heilen und zu erretten, indem wir sie anfeuern, Rache zu nehmen an den Männern.«[67] Fünf Tage später meldeten sich die taz-Frauen an selber Stelle zu Wort.

Der Text sei skandalöserweise von einem Mann ins Blatt gerückt worden, ohne Rücksprache zu halten: »Die nervöse Bereitschaft der Männer, in Frauen rachedurstige Männerhasserinnen neu zu entdecken, soll wohl deren eigene Frauenverachtung verschleiern, so wie sie uns täglich entgegentritt.«[68]

Das Muster der Empörung und der Vorwurf »ohne Rücksprache« wiederholten sich von da an – ob beim Gernot-Gailer-Text oder bei den Comics, die den Streik auslösten. Wenn es um Beiträge zu Frauenthemen ging, dann wollten die Frauen um Genehmigung gefragt werden. Doch das war in der taz nicht vorgesehen. Die Einzelressorts konnten auf ihren Seiten machen, was sie wollten, und empfanden Einmischungsversuche kontrollierender Frauen als autoritäre Bevormundung. Verantwortlich war jeder Einzelne nur sich selbst und dann erst der Kritik des Kollektivs. Kritik hatte aber keine verhindernde, sondern nur eine mahnende Funktion. Deshalb zielten die Frauen mit ihrem Streik auf die »Strukturen« der taz. Sie wollten Verantwortlichkeiten festlegen und Ansätze einer Hierarchie einführen.

Nicht nur deshalb ist Gernot Gailers »Traumfrau« einer der folgenreichsten Artikel der taz-Geschichte. Im August hatten Redakteurinnen die »unkontrollierte« Publikation des Textes verhindert, am 12. September erschien er in gekürzter Fassung und versehen mit dem mildernden Hinweis, es handle sich um einen Vorabdruck aus der Zeitschrift *Ästhetik und Kommunikation*. Hinter dem sprechenden, auf Lust und einen Notstand verweisenden Pseudonym (»gern in Not«) verbarg sich der ehemalige Kulturredakteur Eberhard Kreitmeyer. Der Text wurde intern als besonderer Coup der »Avantgardefraktion« um Arno Widmann betrachtet. Dieser Teil der Redaktion sah die vornehmste Aufgabe der Zeitung darin, »Tabus« zu brechen und »Denkverbote« zu übertreten.

Der Text begann mit einer pornographischen Szene, in der ein Ich-Erzähler einer Frau im Kommandoton Anweisungen erteilt und sie, indem er sie sexuell unterwirft, in »lechzende Bereitschaft« verwandelt. Der folgende, eher theoretische Teil gipfelte in der Forderung: »Nieder mit der Frauenbewegung. Für mehr Peepshows.« Die eigentlich Unterdrückten seien doch »wir«, »wir Männer«, aber auch »die Linken« mit ihrer Angst vor der Sexualität. Der Text nahm für sich in Anspruch, verdrängtes, undomestiziertes Begehren zur Sprache zu bringen und damit befreiend zu wirken. Das Gros der Leser(innen)schaft sah das anders. Eine Flut empörter Briefe erreichte die Redaktion. Über kein Thema zuvor war so erbittert gestritten worden. »Ich finde den Artikel eine Unverschämtheit und werde fristlos kündigen, wenn das nochmal passiert«, schrieb ein Wolfgang aus Saarbrücken. Eine mit Agnes K. zeichnende Schreiberin meinte, so etwas grenze an Faschismus. »Der Frauenkörper ist unantastbar und heilig! Und wer den heiligen, schönen Körper so in den Dreck zieht, ist in meinen Augen ein perverses Schwein.« »Wieso veröffentlicht eine linke, alternative Zeitung solchen Dreck?«, fragte Leserin Andrea. »Pluralismus? Oder weil es philosophisch, wissenschaftlich getarnt ist? Hört auf mit der Frauenverachtung! Schluss mit dem Sexismus in der taz!« Schließlich riefen 150 Frauen aus 15 verschiedenen Städten alle Frauen dazu auf, ihr Abo zu kündigen und forderten: »Chauvis raus aus der taz!!!!!!!«

Aber es gab auch verständnisvollere Reaktionen und die taktische Mahnung, nicht in die »Falle der Provokation« hineinzutappen. Es wäre doch wohl ein »Treppenwitz der Alternativgeschichte«, schrieb ein Leser aus Berlin, wenn die taz ausgerechnet an einer Pornographiedebatte zugrunde gehen sollte. Er brachte den Konflikt auf den moralischen Punkt: »Die Gesetze der sozialen Kontrolle, in der bürgerlichen Gesellschaft bekämpft, funktionieren nirgendwo härter als in der um Emanzipation ringenden Szene. Abweichendes Verhalten wird mit Buttersäure bestraft, die Tabuschranken mit größtem Eifer zementiert. Nichts ist schlimmer als der Verrat an den Idealen. Und im Gegensatz zur gnädigen katholischen Kirche wird in der Szene keine Absolution erteilt. Zensieren, streiken, bekämpfen, was anders ist und sich nicht fügen will, heißt die Parole für alle Beteiligten.«[69]

Wo feste Normen und internalisierte soziale Kontrolle dominieren, gedeiht als Reaktion darauf der Typus des Tabubrechers. Er tritt gerne als heroischer Einzelkämpfer auf. Der schlechte Geschmack ist seine Waffe, Selbstgerechtigkeit seine Voraussetzung. Differenzierungskunst ist nicht gefragt, wenn es um gezielte Provokationen geht. Der Tabubrecher funktioniert als ideologischer Abrissarbeiter, der mit Spott und Ironie die Mauern der Weltanschauungsgewissheiten zertrümmert. Das Biotop der taz hat diesen Typus immer gut gedeihen lassen. Er war Teil ihrer Programmatik, denn die taz ist als Gegenprogramm zu all den geschlossenen linken Weltbildern der 70er Jahre entstanden. Sie war ein offener Organismus, ein aus vielen festen Bestandteilen montiertes Gebilde. An den Nahtstellen setzt der Tabubrecher seine Spitzen an. An der allmählich abnehmenden Wirksamkeit seiner Provokationen durch die 80er und bis in die 90er Jahre hinein lässt sich der Verschleiß linker Ideologien ablesen. Je weniger die taz Erregungen zu inszenieren vermochte, umso erfolgreicher war sie in ihrer Funktion, die verschiedenen Weltanschauungen zur friedlichen Koexistenz zu verführen. Die alten Gewissheiten der Sub-Milieus, die immer schon nur in der Mehrzahl zu haben waren und sich gegenseitig relativierten, lösten sich allmählich auf. Wenn parallel dazu in den 90er Jahren der Druck der Political Correctness zunahm, ist das ein Indiz dafür, dass Positionen verteidigt wurden, die diskursiv nicht länger haltbar waren.

»Gernot Gailer« ist der Archetyp der daran gekoppelten Figur des Tabubrechers. Wiglaf Droste, Ende der 80er Jahre taz-Redakteur, später Kolumnist, wurde ihr prominentester Vertreter. Die Kunstfigur Gernot Gailer hat es geschafft, die inneren Verhältnisse der taz in Bewegung zu bringen. Das war bitter notwendig in der ökonomisch bedrohlichen Situation im Herbst 1980. Die wirtschaftliche Krise war – wie immer in der Geschichte der taz – das entscheidende Druckmittel, damit das unorganisierte Kollektiv überhaupt damit anfing, über strukturelle Veränderungen nachzudenken. Reformen gab es in der taz immer erst dann, wenn das Überleben auf dem Spiel stand.

Der Frauenstreik dauerte etwa eine Woche. Die 18 Frauen aus Redaktion und Technik erlaubten sich den Luxus einer täglichen Gesprächsrunde außerhalb der Tagesproduktion. Sie nahmen sich die Zeit, die im üblichen Alltagsstress nicht zur Verfügung stand, um über die Grundlagen ihrer Arbeit nachzudenken. »Frauen sind derzeit die einzig wirksame Kraft im Unternehmen«, erklärten sie mit gewachsenem Selbstbewusstsein.[70] Das war der erste, nicht zu unterschätzende Effekt des Streiks. Entscheidend für die Zeitung waren aber die internen Veränderungen: die Einführung der Frauenquote und der Entschluss, nun doch, trotz aller Bedenken, eine Frauenseite anzustreben. Am 3. Februar 1981 erschien sie zum ersten Mal.

Das entscheidende Samstagsplenum hatten die Frauen gut vorbereitet. Die Stimmung war aggressiv. Die Männer, bleich und angespannt, hatten die Produktion eine Woche lang alleine bestreiten müssen und waren entsprechend genervt. Die Frauen ahnten, dass sie bald zu hören bekommen würden, sie seien doch bloß prüde. Für diesen Fall hatten sie eine Aktion verabredet. Bei besagtem Stichwort zogen sie ihre Pullover aus und saßen mit entblößten Brüsten um den Redaktionstisch. Verblüffte Stille. Dann leises Kichern. Thomas Hartmann reagierte am schnellsten. Er verließ kurz den Raum, kam in einem 70er-Jahre-Pelzmäntelchen zurück. Nach Exhibitionistenart klappte er es auf und war darunter nackt. Lautes, befreiendes Gelächter. Der Bann war gebrochen. Jetzt konnte geredet werden.

Zum ersten Mal erhielt die taz nun so etwas wie eine interne Struktur, um das tägliche Chaos zu mildern. Eine aus zwei Redakteuren und einem Vertreter der Technik bestehende »Gesamtleitung« wurde installiert, um Konferenzen vorzubereiten und die inhaltliche und organisatorische Planung zu koordinieren. Zudem machte man sich die Mühe, endlich einmal zu definieren, wer überhaupt Mitarbeiter war, nämlich »wer die seinem Arbeitsbereich entsprechenden Qualifikationen erfüllt, bereit ist, sich an Gemeinschaftsverpflichtungen zu beteiligen (z.B. Teilnahme an Arbeitsbesprechungen, Plenum, Putzen, Seitenverantwortlicher usw.) und sich verbindlich an Beschlüsse der Taz-Gremien hält und die gemeinsamen Bedingungen anerkennt (z.B. Arbeitszeit und Urlaubsregelung, Einheitslohn usw.)«.[71] Man sollte meinen, dass das Selbstverständlichkeiten sind, aber so war es eben nicht.

An diesem Tag wurde auch der historische Quotenbeschluss gefasst, der von der taz aus die Republik eroberte. Die Grünen übernahmen ihn, die SPD schaute sich etwas davon ab. Mit großer Mehrheit wurde beschlossen: »Bis 52% der taz-Mitarbeitenden in jedem Bereich und in jeder Redaktion des Projektes ›die tageszeitung‹ Frauen sind, wird jede freiwerdende Stelle zunächst einen Monat lang nur für eine Frau ausgeschrieben, wenn eine geeignete qualifizierte Frau nicht gefunden und eingestellt wird, dann wird die Stelle für einen Mann und für eine Frau ausgeschrieben. Bei gleicher Qualifikation wird dann die Frau eingestellt.«

Die »Quote«, immer umstritten, hatte langfristig durchaus Erfolg. Die Kräfteverhältnisse verschoben sich, allerdings langsamer als erhofft. Frauen wollten nicht eingestellt werden, um die Quote zu erfüllen, sondern weil man sie für qualifiziert halten sollte. Qualifizierte Männer fühlten sich benachteiligt. Häufig kam die Quote gar nicht zur Anwendung – so zum Beispiel, als 1983 das neu eingerichtete Bonner Parlamentsbüro der taz mit drei Männern besetzt wurde. Frauenredakteurin Gitti Hentschel bemängelte kurz darauf: »Der Frauenbeschluss ist faktisch zur Argumentationshilfe verkommen für Leute, die bestimmte männliche Bewerber aus irgendwelchen, vielleicht auch politischen Gründen, nicht wollen. Sonst existiert er weder in den Köpfen, noch wird er angewandt.«[72] Aus Protest blieb die Frauenseite am 29. März 1983 weiß.

Die Dauerkrise der taz hatte sich 1983 weiter zugespitzt. Die Einsicht, dass auch in einem tendenziell anarchischen Kollektiv nicht jeder machen kann, was er will (oder eben bei Bedarf auch mal »keinen Bock« zu haben), hatte sich theoretisch durchgesetzt. Doch wie war sie in die Praxis umzusetzen? Bei einem »Nationalen Plenum« in der Berliner UFA-Fabrik verkeilten sich die gegensätzlichen Positionen – Befürworter der Chefredakteursvariante auf der einen, Vertreter der Basisfraktion auf der anderen Seite – bis zur völligen Blockade. Martin Kilian, der als US-Korrespondent den Streit mit einiger Distanz betrachtete, war fassungslos darüber, wie leichtfertig das Projekt gefährdet werde. Die Linken in den USA wären froh darüber, eine landesweite Tageszeitung zu haben. In dieser Lage provozierte die Ökologie-Redakteurin Ute Scheub mit dem eher albern gemeinten Vorschlag, alle Männer mit sofortiger Wirkung zu entlassen. Das wäre radikal, das würde das Profil der taz schärfen. Die allgemeine Verzweiflung war jedoch so groß, dass die Männer dem satirischen Vorschlag kurzerhand zustimmten. Für eine Nacht herrschte in der taz ein Feminat. Sogar die *Tagesschau* meldete das Ereignis. Die Männer gingen nach Hause, die Frauen blieben zurück mit der Macht. »Am nächsten Tag sind wir dann zu Kreuze gekrochen«, sagt Ute Scheub, der diese Episode eher peinlich war.

Die linguistische Schwester der Quote war das große Binnen-I, das die Zugehörigkeit von Frauen in der Menge der BürgerInnen, ProfessorInnen oder VeganerInnen ins Bewusstsein rücken sollte. Die taz hat es zwar nicht erfunden, sorgte aber für die rasante Verbreitung in Deutschland – bis in amtliche Formulare hinein. Das Binnen-I kam 1986 aus der Schweiz über die Züricher *Wochenzeitung* (*WoZ*) zur taz. Die Immigration wurde selbstredend ohne offiziellen Beschluss vollzogen. Angeblich war es sogar ein Mann, der sich, gemeinsam mit den SetzerInnen, dafür stark machte, um die umständliche Schreibweise »Bürger/innen« zu vereinfachen. Doch das steile I blieb umstritten. Es grenzte in seiner politisch korrekten Anwendung ans Lächerliche, machte durch inflatorischen Gebrauch Texte unlesbar, wurde ungerechterweise nur dann benutzt, wenn Frauen als FreundInnen oder GewinnerInnen vorkamen, aber nicht bei MörderInnen oder VersagerInnen, und es hörte sich gesprochen so an, als wären nur Frauen gemeint, sorgte also nicht für sprachlichen Gleichklang, sondern für weibliche Dominanz. Zweifellos hatten auch die SprachkritikerInnen recht, die das Binnen-I als ein Missverständnis bezeichneten, das auf der Verwechslung von Sexus und Genus beruhe. Aber es ging dabei ja nicht um Grammatik, sondern um Ideologie.

Und dennoch: Dass Politiker heute nicht mehr darum herum kommen, von Bürgerinnen und Bürgern zu reden, dass Frauen nicht mehr ungenannt bleiben, wenn sie mitgemeint sind, ist dieser ästhetisch wenig gelungenen, jedoch das patriarchale Bewusstsein nachhaltig durchlüftenden Schreibweise zu danken. Das emanzipatorisch aufgerichtete I besaß transitorische Notwendigkeit. Heute wird es kaum noch benutzt, auch in der taz kommt es nur noch selten zur Anwendung. Die Frauen sind nun drin in der Sprache und bedürfen solcher Krücken nicht mehr. Deshalb muss auch das klein geschriebene »man«, das nichts mit Mann zu tun hat, nicht länger durch ein kleines »frau« ersetzt werden, wie das jahrelang in feministisch korrekten Texten exerziert wurde.

Doch die Skandale, die Stichworte und die Proteste blieben sich gleich, diesseits von Quote und Binnen-I. Im März 1982 war es der Berlin-Redakteur Michael Sontheimer, der mit einem Artikel über Peepshows, die er als »Kurzvergnügen moderner Männlichkeit« be-

Die von militanten Feministinnen verwüstete Berlin-Redaktion mit dem Schreibtisch von Michael Sontheimer, März 1982

zeichnete, Anstoß erregte – innerhalb und außerhalb der Redaktion. Dass er über den Verlust von Arbeitsplätzen nachdachte, als der Berliner Senat beschloss, Peepshows zu verbieten, verstieß gegen die ordentliche linke Moral. Inakzeptabel war auch Sontheimers Hinweis auf »gesellschaftliche Gewohnheiten« nach dem Muster: »Was verboten ist, macht gerade scharf.« Nächtliche Besucherinnen verwüsteten die Räume des Berlin-Teils, sprühten »Sontheimer – Schwanz ab«, »Grüße von der Kurzvergnügten« oder »Geh doch zum Playboy, du Wichser« an die Wand und demolierten Sontheimers Schreibtisch. Die Zerstörungen waren so groß, dass der Berlin-Teil am nächsten Tag nicht erscheinen konnte. Der *Spiegel* schrieb ein Jahr später über diese Geschichte: »Die taz-Redakteurinnen verteidigten dann in der Redaktionskonferenz die Randale so rabiat, ›Frau für Frau‹, dass die *Frankfurter Rundschau* nach ihrem ›verbalen Waffenschein‹ fragte. Sontheimer resignierte vor dem Dauerproblem des ›Konformismuszwangs‹ und zog sich aus der Redaktion zurück.« [73]

1988 löste ein Artikel von Helmut Höge mit der Überschrift »Der Fotofix-Fick« eine neuerliche Leserbriefflut aus. Der Autor ließ eine

Frau von ihren lustvollen Erlebnissen in einem Fotoautomaten erzählen. Die Illustration zeigte dazu eine in einer Vagina verschwindende Chiquita-Banane neben einem Vers, in dem sich »böse« auf »Möse« reimt und dem Bekenntnis des Medienredakteurs Wiglaf Droste, dass ihm Pornographie »echt am Arsch vorbei« gehe. Die Provokation bestand vor allem darin, dass diese Seite – die von Höge betreute »letzte Seite« des Berlin-Teils – als Beitrag zum Internationalen Frauentag am 8. März geplant war.

Das funktionierte prächtig. Wieder streikte die Mehrheit der Frauen gegen diesen »entwürdigenden Humor« – damit allerdings auch gegen die Kulturredakteurinnen Sabine Vogel und Gabriele Riedle, die Höges Seite unterstützten und die nun in einer Mitteilung an die Leserschaft namentlich genannt an den öffentlichen Pranger gestellt wurden. Keineswegs standen sich trennscharf »Frauen« und »Männer« gegenüber. Nun ging es um Fragen des Geschmacks und der »Political Correctness«, die sich darin entschieden, ob jemand bereit war, die Höge-Seite »widerlich« zu finden. Es war die Zeit der »PorNo«-Kampagne von Alice Schwarzer und der Zeitschrift *Emma*. Die taz fragte, was Pornographie eigentlich sei und ob es eine eigene linke, weibliche Pornographie geben könne. Darüber könne man sich stundenlang streiten, antwortete Elfriede Jelinek im Gespräch mit Gabriele Riedle. Jelinek sah in der inkriminierte Seite eine »Reaktion total verunsicherter und aggressiver Männer auf die Frauenbewegung, die sie anders nicht totkriegen können«. Auf jeden Fall sei sie »idiotisch, empörend und sexistisch auf eine Weise, die man in der taz einfach nicht durchgehen lassen kann. Ich grenze die Pornographie ein auf gewalttätige Darstellungen, die die Frauen auf solch eine Weise zeigen, dass sie selbst dazu auffordern, herabgewürdigt zu werden. Das Bild mit der Banane ist aber nicht einmal pornographisch, sondern nur abstoßend.«[74]

Am 10. und am 11. März 1988 erschienen dünne Notausgaben mit weißen Seiten und den Forderungen der streikenden Frauen, die alle angenommen wurden, so dass sie am 12. März die Arbeit wieder aufnahmen. Eine Sexismus-AG wurde eingerichtet, die sich allen Ernstes vornahm, das aktuelle Blatt Tag für Tag nach sexistisch Bedenklichem zu durchforschen. Die Fundstücke der Lektüre sollten dann, so stellte man sich das vor, regelmäßig in einem farblich unterlegten Kasten auf der Mitte von Seite 1 ausgestellt werden. Höge und Droste erhielten eine Woche Zwangsurlaub, und das taz-Plenum verpflichtete sich zur »Strukturdiskussion«. taz-Männer dokumentierten ganzseitig die Ratlosigkeit einer schrecklich opportunistischen Diskussionsrunde. Verzweifelt mühten sie sich ab, das, was sie nicht schlimm gefunden hatten, schlimm zu finden. Das Ritual von Kritik und Selbstkritik kam zur Anwendung, Geständnis- und Bekenntniskultur in Reinform: »Ich finde das von dir unheimlich selbstgerecht. Das ist wieder typisch männlich.« – »Ich glaube, du hast dich da ganz schön gedrückt jetzt. Ich möchte mal von dir hören, wie stehst du persönlich dazu.« – »Ich möchte mal einfach sagen: offenbar seid ihr ebenso körperlos wie ich, alle, ganz offenbar.« – »Ich kann eigentlich ganz wunderbar so mit meinem Ego leben, wo ich so selber das Gefühl habe, na, da sind so'n paar ganz ganz verquere Sachen ... aber das kommt nicht zum Tragen im täglichen Gebrauch.«[75] Wiglaf Droste kommentierte das Geschehen so: »Im Zuge des dreitägigen taz-Streiks wurde auch eine Männergruppe gegründet, deren Mitglieder einer wie der andere die These stützten, dass es nichts Frauenfeindlicheres gibt als einen langweiligen Mann, der sich auch noch anbiedert.«[76]

Kulturredakteur Mathias Bröckers lag nach dem Frauenstreik geradezu symbolisch mit einem Hexenschuss im Bett und nutzte die Zeit für ein internes Diskussionspapier. Die geplante Sexismus-Kommission bezeichnete er als »Degenerationserscheinung«, die überhaupt nur erträglich wäre, wenn inkriminierte Texte in der Zeitung öffentlich gemacht würden – vielleicht versehen mit dem Zusatz: »Die taz-Sexismus-Kommission warnt: Dieser Beitrag schädigt Eure geistige Gesundheit.« Satirisch überspitzt brachte Bröckers das Problem auf den Punkt: »Die Aufgabe einer kritischen, radikalen Zeitung ist es nicht, sich sauber journalistisch in die jeweilige Prozession einzureihen, die taz ist keine Kirchenzeitung der feministischen und sozialistischen Glaubensgemeinschaften. Worum es also in Zukunft zu gehen hat, sind nicht weniger, sondern mehr Regelverstöße, Grenzverletzungen, Gotteslästerungen und Ketzereien, d.h. systematische Donquijotterien gegen Gebetsmühlen aller Art.« Er wandte sich gegen jegliche Ismen und die Begriffe, mit denen Stimmung erzeugt wurde: Begriffe wie »zynisch«, »menschenverachtend«, »roh«, »diffamierend«. »Sexismus«, schrieb Bröckers, »ist eine rhetorische Keule wie Faschismus, Schweinesystem und ähnliche Brocken, was nicht heißt, dass sie nicht auch konkret erlebt werden können, aber in der Diskussion erschlagen sie erstmal alles.«[77]

Die Frauenseite, die nach dem ersten Streik im Februar 1981 eingeführt wurde, war ein Produkt der 80er Jahre, dem Bewegungsjahrzehnt. Geliebt wurde sie nicht – auch nicht von ihren Macherinnen, die sich eher aus der Not heraus darauf einließen. Ein Refugium für Frauenthemen zu benötigen war ein Eingeständnis der Schwäche. Die Reportagen über Frauenalltag aus aller Welt, Gewalt gegen Frauen, Dokumentationen aus der Arbeitswelt oder theoretische Beiträge hätten ja ebensogut auf den Inlands-, Auslands-, Wirtschafts- oder Kulturseiten stehen können. Nur weil das so selten gelang, war die Seite mit dem paradiesisch anmutenden Titel »Frauenland« nötig. Gitti Hentschel, die erste in einer Reihe zunehmend frustrierter Frauenredakteurinnen, begründete ihre Demissionierung 1983 mit negativen Erfahrungen und miserablen Arbeitsbedingungen. Sie hatte es satt, als Betriebsfeministin der Redaktion behandelt zu werden und ständig gegen die Abwehrhaltung der Kollegen ankämpfen zu müssen. Sie klagte darüber, dass ihre Seite als Schuttabladeplatz für schlechte Texte diene: Gute frauenspezifische Beiträge behielten die Ressorts für sich, was sie unbrauchbar fanden, gaben sie ans Frauenressort weiter.

1990 schlug das Pendel im ewigen Pro und Contra auf die andere Seite aus: Die Frauenseite wurde aufgegeben – nicht weil es an Frauenthemen keinen Bedarf mehr gegeben hätte, sondern weil die taz sich endgültig nicht mehr als Bewegungszeitung definierte. Die Zäsur von 1989 spielte eine de-ideologisierende Rolle, die nicht nur den Sozialismus betraf, sondern alle Ismen, auch den Feminismus. Frauenpolitik wurde in den 90ern pragmatischer, so wie auch Ökologiethemen sich von der Protestbewegung zur Politik verschoben. Es waren die Frauenredakteurinnen selbst, die für diesen Schritt – raus aus dem eigenen Schrebergarten – plädierten. In der Folge aber fielen ihre Themen zumeist ganz unter den Tisch. »Die Frauenberichterstattung hat sich von ihrer gutgemeinten Erledigung einstweilen nicht erholt«, schrieb vier Jahre später die Chefredakteurin Elke Schmitter und kündigte eine neue, einmal wöchentlich erscheinende Frauenseite an. Der Verzicht darauf, der Sprung aus dem »feministischen Abseits, hinein in den wilden patriarchalen Alltag«, hatte sich als Fehler erwiesen. »Als gäbe es da draußen einen Stier, der sich an den Hörnern packen ließe – nachdem elf Jahre taz gezeigt haben: Der Stier hat gar keine Hörner. Es gilt nicht, Widerstand zu überwinden, sondern: bewusstlosen Alltag, freundliches Desinteresse, sprachlose Abwehr.«[78]

Dabei blieb es. So unverzichtbar eine Frauenredaktion auch war, so gestraft waren die Redakteurinnen, die diesen undankbaren Job in den 90er Jahren übernahmen. Die Frauenredaktion bestand aus einer Stelle, die dem Inlandsressort zugeordnet war. Ein eigenes Budget für die wöchentliche Seite gab es nicht. Damit war der Ärger vorprogrammiert: Frauenthemen wurden als Kostenfaktor wahrgenommen, und die Redakteurinnen mussten nicht nur um den Platz in der Zeitung kämpfen, sondern auch um die Finanzierung der Texte. Die ökonomische Unklarheit drückte exakt die programmatische Halbherzigkeit aus. Die Frauenredakteurinnen hatten ein Symbol zu verwalten, auf das die taz vielleicht auch aus Marketinggründen nicht verzichten wollte, das aber die Autonomie der Ressorts und die Redaktionsabläufe störte. Es war ein Stück Tradition, eine Erinnerung an die taz als alternative Bewegungszeitung. Doch die moralische Wächterfunktion, die an das Frauenressort gekoppelt war, passte nicht mehr zum journalistischen Unternehmen »die tageszeitung«. Die nachrückende jüngere Generation hatte mit den alten feministischen Kämpfen nichts mehr zu tun. »Feminismus« – das klang auf einmal nur noch verbiestert. Die jüngeren Frauen hatten ganz selbstverständlich ein anderes Selbstbewusstsein als ihre Vorkämpferinnen und wollten sich nicht mehr auf Frauenthemen einschränken lassen.

Die Pornographie-Debatte kehrte noch einmal als Farce zurück. Das ist wohl der natürliche Lauf der Dinge. Diesmal ging es nicht einmal um einen redaktionellen Beitrag, sondern um eine Anzeige. Die Satirezeitschrift *Titanic* warb mit dem Titelbild ihrer aktuellen

Ausgabe zur Bundespräsidentenwahl. Es zeigte zwei pralle weibliche Brüste und die Schlagzeile: »2 gute Gründe für Hildegard Hamm-Brücher«. Auch darauf gab es die obligaten Abokündigungsdrohungen, aber auch Leserbriefe, die sich gegen diese pawlowschen Reflexe zur Wehr setzten. Unter den »drei guten Gründen, (beinahe) das taz-Abo zu kündigen«, standen für einen Leser aus Berlin die »fundamental bis fundamentalistisch vernagelten Leserbriefe« an erster Stelle.

Das gewandelte Selbstverständnis lässt sich auch an der Position der taz zur Neuauflage der PorNo-Kampagne im Jahr 1998 ablesen, als Alice Schwarzer ein Allparteien-Frauen-Bündnis für ein Verbot von Pornographie schmiedete. Nicht nur die Produktion, sondern auch der Konsum von Pornos sollte demnach unter Strafe gestellt werden. taz-Redakteurin Carola Rönneburg hatte dafür nur Hohn und Spott übrig. Ihr Artikel war der taz wichtig genug, um im Journal zum 20. Jubiläum noch einmal abgedruckt zu werden. Der redaktionelle Kommentar dazu lautete: »Im Zwiespalt zwischen der Freiheit, sich alles anzusehen, und dem Anspruch von Frauen, dass diskriminierende Bilder zu unterbleiben haben, hat offensichtlich der Drang nach Freiheit gesiegt.«[79]

3.11.1980. Lokal denken – global handeln

Sieg oder Tod. Waffen für El Salvador und ein Lokalteil für Berlin.
Avantgarde der Abnabelung. Die fehlende Mitte. Abwasch und
Aschenbecher. Alternativer Antiintellektualismus. 4,7 Millionen Mark.
Die ermordete Kommandantin. Vom Internationalismus zur
Globalisierung. Von der Sandino-Dröhnung zum tazpresso.

Der Aufruf füllte die ganze Titelseite: »Waffen für El Salvador«,
stand da in schülerhafter Schreibschrift, als gehe es um etwas harm-
los Kindliches. Der Krieg in Mittelamerika, so war zu erfahren, sei in
eine neue Phase getreten, denn die Militärregierung El Salvadors
habe »mit ihren Truppen und den von den USA bezahlten, ausgerüs-
teten und befehligten Söldnerkommandos eine großangelegte militärische Offensive zur Ausrottung der Opposition eingeleitet«. Die
Guerilla könne dagegen nicht bestehen, weil es ihr an Waffen fehle.
Die Parole »Sieg oder Tod« sei »blutiger Ernst«. Deshalb müsse die
bundesdeutsche Linke Position beziehen, indem sie das Selbstbe-
stimmungsrecht eines Volkes unterstütze.

Ganz sicher war die taz sich ihrer Sache aber nicht: »Wenn wir
nach langer und kontroverser Diskussion diesen Aufruf an euch
richten, so ist uns die politische Problematik bewusst. Die Entwicklung, die Widersprüche, auch das Scheitern oder die Perversion von
Befreiungsbewegungen und Revolutionen, die in den letzten Jahr-
zehnten unsere Solidarität gefordert haben, muss die Linke sehr kritisch diskutieren. Aber: Wer in Deutschland im Warmen sitzt und
sagt: ›Wer gibt mir die Garantie, dass die salvadorianische Revolution nicht ebenso in bürokratischem Sozialismus oder in weiterem
Blutvergießen endet wie andere zuvor?‹, muss sich den Vorwurf gefallen lassen, das Recht der Völker auf Selbstbestimmung zu miss-
achten.« Der Aufruf, »für das Überleben und den Sieg eines Volkes«
zu spenden, war mit »Die Mehrheit in der Tageszeitung« unterschrieben. Die Minderheit, fast ebenso stark, hielt sich zurück.

Die Waffen-Sammlung war nicht der einzige Knüller an diesem

3. November 1980. Als weitere Neuerung wurde auf Seite 1 ein Berlin-Teil angekündigt, der nach ein paar vorangegangenen Nullnummern von nun an täglich erscheinen sollte. Er kam erst einmal für drei Monate auf Probe und umfasste zunächst vier, später acht Seiten. 2000 zusätzliche Abonnements in Berlin waren das strategische Ziel. Die erste Titelgeschichte galt mit den Hausbesetzungen dem beherrschenden Stadt-Thema der Zeit. In der Kreuzberger Cuvrystraße war ein altes Fabrikgebäude, das »Kerngehäuse«, besetzt worden. Voller Stolz meldete die taz: »Unser Kreuzberger Lokalredakteur war bei der friedlichen Inbetriebnahme dabei.«

Überregionale Tageszeitungen müssen, um profitabel zu sein, ein regionales, lokales Standbein haben. Das lehrten die Beispiele der *Frankfurter Allgemeinen* und der *Süddeutschen Zeitung*. Und das galt auch für die taz. Doch die lokalen Initiativen der Gründerzeit hatten sich erschöpft. Es war nicht gelungen, sie sinnvoll in die redaktionelle Tagesarbeit einzubinden. Die entstandene Struktur mit einer Zentrale in Berlin und Regionalbüros in den größeren Städten entsprach mehr oder weniger den etablierten Zeitungen. Übrig geblieben war darüber hinaus das Misstrauen gegen den Zentralismus und damit gegen Berlin, ein Misstrauen, das sich nun auch gegen den neuen Berlin-Teil richtete.

Die taz repräsentierte keine bestimmte Region und keine einzelne Stadt, sondern die ganze, weit verstreute grün-alternative Bewegung. Sie war als dezentraler Organismus, als überregionale Zeitung der Regionen konzipiert, die »von unten«, »vor Ort« geschrieben werden sollte. Die Herausforderung bestand darin, einer von der Idee her dezentral operierenden Zeitung dennoch eine feste regionale Verankerung zu geben. Die Formel für diese Quadratur des Kreises lautete: Regionalisierung überall. Der Berlin-Teil war nur ein Anfang dieser Bestrebungen und nur als Teil einer universalen Regionalisierungstendenz akzeptabel. Ein knappes Jahr später folgte ein Hamburger Regionalteil für den Norden, 1986 ein eigener Bremen-Teil. Doch ökonomisch blieben diese Investitionen hinter den Erwartungen zurück. Sie kamen kaum einmal aus den roten Zahlen heraus und blieben auf Zuschüsse aus Berlin angewiesen. Ein Versuch mit einer wöchentlichen Regionalbeilage aus Nürnberg für

Franken scheiterte. Weitere Regionalteile aus Stuttgart, München oder Frankfurt unterblieben zugunsten der Erweiterung und Verbesserung des überregionalen Teils. Nur in Nordrhein-Westfalen sollte es, wenn auch unter Schwierigkeiten, noch einmal gelingen, einen weiteren Regionalteil zu etablieren. Aus der 1997 gestarteten taz ruhr, der einmal monatlich erscheinenden Münster-Beilage und der 2000 gegründeten taz-Köln wurde im Dezember 2003 der tägliche Regionalteil taz NRW – doch dessen Überleben ist ungewiss. Auch Bremen und Hamburg wurden 2005 zur taz Nord zusammengelegt. Länder wie Baden-Württemberg, wo die Grünen traditionell viele Anhänger haben, brachten es dagegen bis heute zu keinem eigenen Regionalteil.

Für die Berlin-Seiten sprachen 1980 zunächst zwei Gründe: Das die taz tragende Milieu war in der Mauerstadt besonders stark, der Kiosk-Verkauf am höchsten. Neben dem bürgerlich behäbigen *Tagesspiegel*, dem provinziell sozialdemokratischen *Spandauer Volksblatt* und der geballten Springer-Presse gab es keine Konkurrenz von links außer der SED-finanzierten Parteizeitung *Die Wahrheit*, und die zählte nicht. Auch *Die Neue* spielte keine Rolle mehr. Außerdem musste hier, da der technische Apparat bereits funktionierte, nicht allzu viel investiert werden. Trotzdem betrachtete die Redaktion das Projekt mit Skepsis. Das »Nationale Plenum« im August wollte über die Berlin-Erweiterung noch nicht einmal abstimmen. Erst eine nachträgliche schriftliche Stimmabgabe sorgte im September für eine Mehrheit, die von den Unterlegenen als »Putsch« bezeichnet wurde. Johann Legner, erster »Rathausreporter« der taz, heute stellvertretender Chefredakteur der *Lausitzer Rundschau*, sah die Verhältnisse im Rückblick, 25 Jahre später, so: »Damals gab es nur wenige Leute, die einen realen Bezug zur Stadt hatten. Es gab die Exilanten aus Frankfurt, die hassten Berlin, und es gab die Neuberliner, die das nicht interessierte. Die wenigen, die Berlin toll fanden, die haben sich dann zusammengetan. So entstand der Berlin-Teil.«[80]

Das ist, immer wieder, das Schöne an der taz. Es reicht aus, etwas toll zu finden, um es dann auch zu machen. Es müssen sich nur ein paar Entschlossene finden, dann ist (fast) alles möglich. Die Gruppe um Legner, den vom Ökologie- ins Berlin-Ressort wechselnden

Michael Sontheimer, Benny Härlin und Benedict Maria Mülder sah sich als eine Art Avantgarde der Zeitung: weniger ideologisiert, weil unmittelbar auf die gesellschaftliche Realität bezogen. Allerdings waren sie in der geteilten Stadt der Sonderfall einer Lokalredaktion, die zugleich auch für Außenpolitik zuständig war. »Das journalistische Konzept war eher seriös«, erinnert sich Sontheimer. »Wir wollten einen weiteren Schritt in Richtung Professionalisierung tun. Bis dahin waren die Artikel ein Einheitsbrei aus kommentierenden Berichten. Im Berlin-Teil haben wir erstmals Kommentar und Bericht getrennt. Auch Glossenspalten und Reportagen haben wir eingeführt. Durch den späteren Redaktionsschluss konnten wir wesentlich aktueller sein als die überregionale Ausgabe. Wir waren die Avantgarde im Abnabelungsprozess der taz vom linksradikalen Milieu.«[81]

Der Abnabelungsprozess begann allerdings schon vor der Einführung der Berlin-Seiten. Am 13. Oktober 1980 erschien auf der Inlandsseite ein Bericht über eine Hausbesetzer-Demonstration in Berlin, der nicht ins übliche Wahrnehmungsraster – gute Demonstranten, böse Polizei – passte. Der Reporter der taz schilderte, wie wahllos Ladenfenster zertrümmert und dabei auch kleinere Geschäfte getroffen wurden. Die Polizei habe sich dagegen zurückgehalten und nicht zu Gewalteinsätzen provozieren lassen. Die Demonstranten hielten diese Darstellung für eine Unverschämtheit. Sie antworten mit der »Erklärung des Besetzerrates K 36 und des Komitees Freiheit für Manfred Wetzel« und mit einer massiven Drohung gegen die taz: Wenn sie schon für »kriegsgeil« erklärt würden, dann mache es ja auch nichts aus, »wenn wir uns mal die taz vornehmen«.

Die militanten Vertreter der autonomen Szene der 80er Jahre machten vor der taz nicht Halt. So sehr die Hausbesetzer die taz zunächst als ihr Sprachrohr betrachteten, so sehr sahen sie in ihr den Hauptfeind, wenn die eigene Wahrnehmungsweise nicht möglichst maßstabsgerecht 1:1 im Blatt auftauchte. Die Parole »taz lügt« war bald auf Kreuzberger Hauswänden zu lesen. Wenn die taz sich weigerte, die mehrseitigen Erklärungen der diversen Besetzerräte wortwörtlich abzudrucken, gehörte sie schon zu den Zensoren und Konterrevolutionären. Schließlich lautete ein Motto der Redaktion: Nur im Wortlaut wird das Wort laut. Berlin-Redakteur Gerd Nowakowski, heute Ressortchef beim *Tagesspiegel*, bekam die Folgen dieses Irrglaubens am heftigsten zu spüren. Wegen seiner kritischen Berichterstattung über die autonome Szene wurde er mehrfach angegriffen. Auf seine Wohnung wurde ein Brandanschlag verübt. Einmal bekam er scharfe Munition zugeschickt, als »Warnung«, und an der Wand gegenüber des taz-Gebäudes im Wedding stand jahrelang: »Nowakowski, deine Angst ist berechtigt.« Nowakowski beklagte, dass die taz sich nicht in der Lage sah, Anzeige gegen Unbekannt zu erstatten. Die Solidaritätszwänge und das ungeschriebene moralische Gesetz, sich nicht an die »Bullen« wenden zu dürfen, waren stärker. Nach Steinwürfen auf sein fahrendes Auto ging er schließlich selbst zur Polizei – und handelte sich damit erneut Kritik ein.[82]

Über einen ähnlichen Fall berichtete der *Spiegel* in einem großen Artikel über die taz. Demnach lauerten im Sommer 1982 »Linksaktivisten dem Lokalredakteur Johann Legner auf und warfen ihm, weil er zu seinem Glück nicht nach Hause kam, nur die Fensterscheiben ein. Legner hatte in einem taz-Beitrag den hinter linkem ›Antizionismus‹ bisweilen sichtbaren Antisemitismus kritisiert. Mitglieder der politischen Redaktion rechtfertigten hernach die Strafaktion der ›Antiimps‹ gegen den ›bewusstlosen Zionismus‹ des Kollegen. ›Ich habe allmählich die Schnauze voll von solchen linksradikalen Umgangsformen‹, sagt einer der taz-Leute, der darüber klagt, dass sich die Redakteure zeitweise nur noch anbrüllen oder aber anschweigen. Die nichthierarchische Redaktionsordnung ließ Auseinandersetzungen denn auch häufig unbewältigt weiterschwelen.«[83]

Die Berlin-Seiten sollten kein normaler Lokalteil sein. Sie versuchten, die Stadt als Raum für gelebte Utopien zu beschreiben. Den Hausbesetzern beispielsweise ging es ja nicht nur um Wohnraum und den Erhalt der Stadt, sondern um selbstbestimmtes Leben, um Freiräume, die gegen den Staat und »Bullenterror« erkämpft werden mussten. Die taz berichtete über ökologische Renovierung, über Mieterstreiks, Kinderläden, Selbsthilfeprojekte, Kampagnen gegen Springer, kulturelle Initiativen wie die Kulturbrauerei in Moabit oder die UFA-Fabrik in Tempelhof. Die Kulturseiten brachten anfangs vor allem Konzertkritiken, in erster Linie Jazz.

Zur Institution entwickelte sich die »Wiese«, eine Seite mit Klein-
anzeigen, und mehr noch ihre Berliner Entsprechung, die »Lokal-
prärie«. Hier wurde alles verhandelt und gehandelt, was die Szene
ausmachte: Mitfahrgelegenheiten nach »Wessiland«, alte Küchen-
schränke, Hilferufe (»Werd bald Vater und brauch dringend Baby-
klamotten«), Italienischunterricht, WG-Zimmer für »Schwule und
eventuell auch andere« (»Habe endlich die Wohnung. Suche nun die
Menschen mit denen ich zusammenleben will. Mit viel Zärtlichkeit
und Miteinander. Gemeinsam geht es besser«), Arbeitsstellen für
alternative Zahnarzthelferinnen oder Sozialpädagogen, Veranstal-
tungshinweise, HiFi-Anlagen von Boxen-Gross oder Bücher aus der
ökologischen Buchhandlung »Freunde der Erde«. Todesfälle wurden
hier angezeigt, Demonstrationen angekündigt, und Rechtsanwälte
suchten nach Zeugen: »Wer zufällig in der Zeit von Freitagabend bis
Dienstagfrüh Polizeifunk gehört hat oder jemanden kennt, der/die
gehört hat, möchte sich bitte umgehend melden. Weitersagen. Weitersagen.« Auf der »Wiese« durfte man sich als Teil einer größeren
Familie mit kleineren Sorgen fühlen. Da fand statt, was später, in In-
ternet-Zeiten, »Vernetzung« heißen würde. »Wir können gut mit
Holz umgehen. Wenn ihr uns braucht, ruft an.«

Global denken, lokal handeln. Oder war es umgekehrt? Jedenfalls
war es mehr als ein Zufall, wenn internationale Solidarität und regionale Zugehörigkeit geradezu programmatisch am selben Tag im
Blatt demonstriert wurden. Die taz brauchte, um erfolgreich zu sein,
beides: Überbau und Basis, Transzendenz und Bodenhaftung, die
Ideologie der internationalen Solidarität und die Realität der Berliner »Scene«. Die Schwierigkeiten, die sich im Nahkampf der fortgesetzten Auseinandersetzung mit den autonomen Bewegungen erga-
ben, ließen sich im Krieg der Ferne überschreiten. Solidarität ist
leichter zu leisten, wenn sie nicht in der Nachbarschaft geschehen
muss. Die Kämpfer der FMLN lasen keine taz und besetzten auch
nicht die Redaktion, wenn ihnen die Berichterstattung nicht passte.

Internationalismus und lokale Widerstandskultur waren die beiden Standbeine der taz. Auf der mittleren Ebene nationaler Politik
hatte sie dagegen keine organische Zugehörigkeit. Der »Staat« mit
seinen Institutionen erschien als Feindesland; die Öffentlichkeit war

ein Gebiet, das es nach Partisanenart mit Überraschungsaktionen zu bearbeiten galt. Man scheute die Nähe der Macht und ihrer Institutionen und blieb lieber draußen, im Freien, wo man keine Angst haben musste, zum Teil des »Systems« zu werden. Nur so ist es zu erklären, dass erst 1983 ein eigenes Parlamentsbüro in Bonn eingerichtet wurde – als wäre es nicht eine der ersten und wichtigsten Aufgaben einer linken Tageszeitung, das politische Alltagsgeschäft kritisch und aus nächster Nähe zu beobachten. Doch Nähe wurde mit Distanzlosigkeit verwechselt. Das war ja auch die Erfahrung, die man im eigenen Alternativmilieu gemacht hatte. Aber lieber richtete man sich darin häuslich ein, als die feindliche Welt zu betreten.

Keine Zweifel gab es dagegen an der Notwendigkeit von Auslandskorrespondenten. Diesen Luxus leistete man sich trotz knapper Kassen von Anfang an, auch wenn das Korrespondentennetz der taz nicht mit dem großer Blätter konkurrieren konnte. Doch in den wichtigsten europäischen Hauptstädten, in Washington, ja selbst in China hatte die taz bald ihre Berichterstatter, die nebenbei auch für andere Medien arbeiteten, denn vom taz-Salär allein lässt sich im Ausland nicht leben. In Nicaragua gab es zeitweilig sogar mehrere Korrespondenten gleichzeitig, um nur ja nichts von der Revolution zu verpassen. Internationalismus lag jedenfalls näher als die Auseinandersetzung mit der Bonner Republik.

Die Waffen-Sammlung und die Berlin-Seiten waren zwei entgegengesetzte und doch zusammengehörende Antworten auf die aktuelle Krise des Unternehmens, die drei Tage nach dem El-Salvador-Aufruf mit dem Streik der Frauen offensichtlich wurde. Die bedrohliche ökonomische Situation machte es erforderlich, die erst ein paar Monate zuvor beschlossene Erhöhung des kargen Einheitslohnes von 800 Mark auf 1000 Mark wieder zurückzunehmen. Basisdemokratisch stimmte die Mehrheit im Sinne des Überlebens für die eigene Lohnkürzung. Eine Spendenkampagne musste die Rettung bringen, nachdem die taz »ein schwarzes Loch« gesichtet hatte, das sie zu verschlingen drohte. Der Schuldenberg, den die Anfangsinvestitionen aufgetürmt hatten, wuchs ihr über den Kopf; die laufenden Kosten ließen sich mit Aboeinnahmen (bei 15.600 bezahlten Abos, so der Stand im Dezember 1980) und den geringen Anzeigenerlösen nicht decken. Eine unorthodoxe Idee bestand darin, die Fotosatzma-schinen zu beleihen und die Maschinen den Darlehensgebern als Sicherheit zu übereignen. »Wir meinen, darin liegt auch kein Bruch alternativer Prinzipien«, schrieben Hans-Christian Ströbele und Gitti Hentschel in einem Brief an die »Freunde«. »Denn genauso wie den Abocomputer hätten wir die Satzgeräte jeder Bank zur Sicher-heit übereignet, die wir als Kreditgeber gefunden hätten. Und wenn wir das Eigentumsrecht an den Produktionsmitteln der TAZ einer Bank geben, dann doch viel lieber an die wohlmeinenden Privatkre-ditgeber.«[84]

Noch schlimmer als die verzweifelte finanzielle Lage war die Ver-unsicherung, die sich aus dem Zwang zur Professionalisierung ergab. Die – vorsichtig formuliert – spontaneistischen Arbeitsstrukturen standen dem im Wege. Wie ein Notrufsignal wirkte die geschwärzte Inlandsseite vom 6. November 1980, deren Redakteur, Wolfgang Grundmann, entnervt mangelnde Unterstützung und fehlende Bei-träge beklagte: »Bei Durchsicht der Informationen aus Westdeutsch-land und Westberlin entsteht für den Planer der Seite der Eindruck, als gäbe es nichts an Bewegung.« Kuno Kruse, Redakteur in Stuttgart, widersprach ein paar Tage später auf der Debattenseite: Ein Anruf hätte genügt, Material war genug vorhanden.

Die Klagen häuften sich. Und der Müll auf den Fluren. Die taz war eine alternative Wohngemeinschaft, mit den üblichen Problemen zwischen Abwasch und Aschenbechern: »Dass jeder selbst für die Hygiene an seinem Arbeitsplatz, für geleerte Aschenbecher und leere Papierkörbe, für gespülte Kaffeetassen und saubere Fußböden zu sorgen hatte, galt als alternative Selbstverständlichkeit«, hieß es in einer bereits anekdotisch umwölkten Erinnerung zum 15. Jubiläum im Jahr 1994. »Erst als Schmutz und Schimmel unübersehbare Aus-maße annahmen, versuchte man es mit Leistungsprämien: 20 Mark fürs samstagnachmittägliche Saubermachen. Der Erfolg: Genau drei Personen nahmen das Angebot an, eine Griechin, ein Türke und ein Libanese. Peinlich, die ausländischen Kollegen putzen den deutschen Dreck weg. Also gab man die Arbeit umgehend an eine – selbstre-dend alternative – Gruppe von Profis ab, die sich den putzigen Na-men ›Kollektiv Roter Besen‹ zugelegt hatte.«[85] Am wenig erfreulichen Gesamtzustand änderte sich nichts und sollte sich wohl auch nichts ändern. Denn Schmutz und Unordnung galten in verquerer antibürgerlicher Logik als revolutionäre Tugenden. Wer gegen die herrschende Ordnung rebellieren wollte, dokumentierte das, indem er erst einmal in den eigenen Räumen für Unordnung sorgte. Deshalb auch die liebevolle Fixiertheit auf den Müll, der nicht nur auf den langen Flur der Wattstraße geräumt, sondern in Worten weiter herausgestellt werden musste. Christian Enzensbergers *Großer Versuch über den Schmutz* aus dem Jahr 1968 lieferte dazu die theoretischen Erkenntnisse. Von ökologischer Mülltrennung konnte im taz-Biotop keine Rede sein.

Einmal gelang es, das Müllproblem künstlerisch zu transzendieren. Nach einem in der Redaktion gefeierten Kindergeburtstag blieb eine Flasche Helium zurück, die man braucht, um Luftballons aufzublasen. Mit dem Rest füllte man kurzerhand die blauen Müllsäcke, die reichlich vorrätig waren. Die Tüten, mit dem Aufkleber »täglich eine linke, radikale Tageszeitung« verziert, schwebten durch den Flur und verzauberten ihn für einen kurzen Moment. Schließlich wurden sie in den Himmel über der geteilten Stadt entlassen. Nur schade, dass man auf diese Weise nicht auch den eigenen Dreck loswerden konnte.

Vernichtend der Eindruck, den der Publizist Erich Kuby, Ende der 80er Jahre für ein paar Tage Gast der taz, gewann: »Die Redaktion ist innerlich so wenig kompakt, dass sie unfähig ist, von außen kommende Anregungen anzunehmen. (...) Der Tatort, diese Reihung von Arbeitskäfigen, im rechten Winkel zueinander angelegt, lässt vermuten, die Zeitung sei gerade vierzehn Tage zuvor gegründet worden, die Redaktion befinde sich noch im Aufbau, und für die primitivsten Arbeitsvoraussetzungen, zum Beispiel für eine Basisordnung in den Büros und die Müllabfuhr auf den Fluren, habe noch niemand Zeit gehabt zu sorgen. Ich habe in den sechziger Jahren einige jener ›revolutionären‹ Wohngemeinschaften von innen kennengelernt; sie sahen just so aus wie die taz-Redaktion 1989. Es fehlen dort nur die Babys und die über der Heizung aufgehängten Windeln. (...) Wir haben es bei der taz-Redaktion zwar mit einer Voliere voller Vögel zu tun, aber sie flattern nicht lustig herum, sondern sind zum Schaden ihrer beruflichen Effizienz angeleimt – angeleimt an einem ideologischen Stangenwerk.«[86]

Im Sommer 1980 beschloss das Plenum zum ersten Mal, einem Mitarbeiter wegen »Unfähigkeit zur Redaktionsarbeit« zu kündigen. Der Betroffene aus dem Inlandsressort gab durchaus zu, dass es ihm schwer falle, Bürodienst zu schieben. Er äußerte sich ein paar Tage später jedoch grundsätzlich zu den arbeitsorganisatorischen Problemen der taz und sprach einige ungemütliche Wahrheiten aus: Der Einheitslohn sei schön und gut, aber für so ein Gehalt bekomme man keine qualifizierten Leute, vor allem keine Erfahreneren, Älteren, die mehr Geld brauchen. Bei der taz handle es sich stattdessen um eine alternative Arbeitsbeschaffungsmaßnahme für Minderbemittelte: »Viele von uns haben auf dem Markt doch nicht die geringste Chance, eine halbwegs sinnvolle Arbeit zu bekommen. Das schafft Interessen an dem Projekt, die mitreflektiert werden müssen (...). Vor allem, da viele von uns das Problem der bürgerlichen Berufsqualifikation so gelöst haben, dass diese ›eh Scheiße ist‹. Ein bisschen einfach, finde ich.«[87] Der ganzseitige Artikel provozierte einige Leserbriefe, die verwundert fragten: Wie könnt ihr nur so einen klugen Autor entlassen?

Freiwillige Kündigungen folgten. Mit Frank Berberich und Arno Widmann verabschiedeten sich Ende November 1980 die exponierten Vertreter der sogenannten »Paradiesvogel-Fraktion«, die vor allem den »Antiintellektualismus« der taz beklagten. (Widmann kehrte allerdings bald wieder zurück.) Sie hatten erleben müssen, dass ein nachgelassener Text von Sartre ihnen den Vorwurf der »Prominentengeilheit« einbrachte und nur mühsam unterzubringen war. Oder dass der zuständige Redakteur für einen Beitrag von Antonio Negri aus Platzgründen »keine Garantie« geben wollte. »Garantien gibt es nur für die im Berliner Wedding selbstgestrickten ›Spezialisten‹-Artikel zu Geschehnissen aus aller Welt«, bemängelten Berberich und Widmann in ihrem »Abschied von einem lebenden Leichnam«. Der Redaktion warfen sie vor, Kultur bloß noch als »Zielgruppenproblem« wahrzunehmen und sogar schon die Abschaffung der Kulturseiten erwogen zu haben. »Gleichzeitig huldigt man immer stärker einem unreflektierten ›Politizismus‹, der die Dimensionen des

Gesellschaftlichen in seinem Bewegungspositivismus fast völlig auf ›Soziales‹ und ›Politik‹ reduziert.«[88]

Ähnlich argumentierte der Frankfurter Publizist Lothar Baier, der das erste Jahr der taz in der Zeitschrift *Freibeuter* resümierte: »Was da in der taz umgeht, ist in der Tat die Auferstehung der schlimmsten Angewohnheit, die die alte KPD gebeutelt hat: der Antiintellektualismus. Auch der alternative Antiintellektualismus in der taz hat nichts mit misstrauischer Kritik zu tun, die den Intellektuellen genau auf die Finger sieht, weil man etwas von ihnen will. Er ist vielmehr, wie der gewöhnliche Rassismus, immer schon da; er sucht nicht nach einem Gegenstand, der zu kritisieren wäre, sondern nur nach einer günstigen Gelegenheit, um sich auszutoben. Der Antiintellektualismus in der taz wird auch nicht dadurch besser, dass er, wie sein proletarisch-revolutionärer Urahn, selbst ein Produkt von Intellektuellen ist, die eine ›Basis‹ vorschieben müssen, um ihre masochistischen Selbstbestrafungsrituale als Ausdruck von Klassenbewusstsein zu verkaufen.«[89] Als Beispiel brachte Baier ein Interview mit Peter Brückner, in dem Begriffe wie »Diskussionszusammenhang« und »Erfahrungsbildung« vorkamen, was den »Säzzer« zu dem in Klammern eingerückten Kommentar veranlasste: »Mir geht es auf die Eier, einen Text zu setzen, wo vor lauter Intellektualismus keine verständlichen Worte mehr zu finden sind.« Baier bemerkte dazu süffisant, die tazler sollten einmal über die Parole der von ihnen geschätzten Sandinisten nachdenken, die kürzlich auf der Titelseite zu lesen war: »Alfabetización es liberación«.

Mit »Waffen für El Salvador« versuchte sich die taz noch einmal als politische Akteurin hervorzutun, obwohl doch ihre Entwicklung zu einem sich vor allem journalistisch begreifenden Organ nicht mehr umzukehren war. Die Waffensammlung stärkte in erster Linie die eigene, verunsicherte Identität und dann erst, als Nebeneffekt, den salvadorianischen Widerstand. Dennoch ist es seltsam, dass die Spendensammlung zunächst kaum Reaktionen in der Leserschaft auslöste. Vielleicht lag das am gleichzeitig beginnenden Streik der taz-Frauen und der Aufmerksamkeit, die ihre Aktion beanspruchte. Dabei hätte der Aufruf gerade auch vor diesem Hintergrund Diskussionsbedarf auslösen können, strotzte er doch, wie ein Leserbrief-

schreiber einige Wochen später monierte, vor »männlich-revolutio-
närem Pathos«, das den Männertraum des »mit dem Gewehr verlängerten Schwanzes« vermittle, den man »zu Hause schon lange
eingezogen hat«[90]. Die Debattenbeiträge blieben so spärlich, dass
die Redaktion eigens um Stellungnahmen warb: »Wir wollen die
Diskussion provozieren über Internationalismus der Linken heute.«
Die Erfahrungen mit dem befreiten Vietnam und mit Kambodscha
hatten den Glauben an Befreiungsbewegungen in Frage gestellt.
»Wir warten auf Beiträge dazu.«[91]

Die Spendengelder flossen dagegen so reichlich, dass der finanzielle Erfolg die Debatte ersetzte. Nach drei Wochen waren
207.239,34 Mark auf dem Konto eingegangen. Hans-Christian
Ströbele, neben dem Redakteur Klaus-Dieter Tangermann der ent-
schiedenste Befürworter der Aktion, war selbst am meisten über-
rascht. Einst hatte er zusammen mit Otto Schily für den Vietcong
gesammelt. Da waren sie mit der Spendenbüchse durch Berliner
Kneipen gezogen. Die paar tausend Mark, die zusammenkamen,
hatten sie in der vietnamesischen Botschaft in Ost-Berlin abgegeben
und waren dort dafür zum Tee eingeladen worden. Die Waffenkam-
pagne erreichte nun ganz andere Dimensionen und wurde tatsächlich zu einem Politikum.

In der Redaktion war die Kampagne heftig umstritten. Konnte,
wer in Deutschland gegen die Nachrüstung demonstrierte, in Lateinamerika den bewaffneten Kampf unterstützen? Gab es einen »ge-
rechten« Krieg? Pazifistische Positionen von Kriegsdienstgegnern
prallten auf revolutionären Pragmatismus. Die »Gewaltfrage« – in
der taz auch im Zusammenhang mit der Unterstützung von RAF-
Hungerstreiks oder freundlicher Solidarität mit Strommastumsägern
ein Thema – stand zur Diskussion. Doch es dauerte 17 Tage, bis die
ersten zaghaft entsetzten Briefe friedensbewegter Leser auftauchten:
»Geld für Brot: Ja. Geld für Waffen: Nein!« »Ich bin sauer auf euch,
Leute!« »Ich will Frieden ohne Waffen.«[92] Ein anderer Leser widersprach diesen eher gefühlsmäßigen Einwänden mit dem ultimativen
Hinweis auf das Warschauer Ghetto: »Hättet Ihr dann auch gesagt,
man/frau könne die Judenvernichtung friedlich lösen, oder hättet ihr
ihnen lieber Brot statt Waffen geschickt?«[93] Der Holocaust diente

wie so oft als Maximalargument, vor dem alle moralischen Einwände verstummen sollten. Er bedeutet an dieser Stelle aber noch mehr: Er ist die historische Folie, vor der die Gewaltdebatten der westdeutschen Linken abzulaufen pflegten. Die RAF in Deutschland und die Guerilla in Lateinamerika waren gleichermaßen Teil eines großen antifaschistischen Kampfes. Die Utopie einer Gesellschaft jenseits kapitalistischer Verhältnisse war gekoppelt an das »Nie wieder!« als Konsequenz aus der deutschen Geschichte.

Waffen gehörten zur linken Widerstandsidentität. Gewaltbereitschaft war ein integraler Bestandteil der Szene. Schwarze Transparente mit der Aufschrift »Unterstützt den militanten Widerstand« hingen an besetzten Kreuzberger Häusern, und Demonstranten liebten es, sich mit schwarzen »Hass-Kappen« zu vermummen, unter denen sie sich wie richtige Guerilleros fühlen konnten. In der breiteren Öffentlichkeit entfaltete der bewaffnete Kampf allerdings sehr viel mehr Sex-Appeal, wenn er in entlegenen Weltgegenden ausgetragen wurde, wo die Fronten klarer waren.

Nicaraguanische Freiheitskämpfer hatten bereits die erste Nullnummer der taz geschmückt. Doch jetzt wurde die Sache ernst. Jetzt forderte die taz von ihrer Leserschaft – und von sich selbst – ein Bekenntnis. In Nicaragua hatten die Sandinisten gesiegt und revolutionäre Hoffnungen entfacht. Aufbauhilfe leisteten internationale Brigaden, die sich vor Ort als Brunnenbauer, Niembaumpflanzer oder Fabrikgründer engagierten. In Deutschland konnte man die sandinistische Revolution am einfachsten dadurch unterstützen, dass man sich schon zum Frühstück den wenig magenfreundlichen Kaffee mit dem passenden Namen »Sandino-Dröhnung« zumutete. Er war teurer als der handelsübliche Kaffee. Doch der Aufpreis kam den Plantagenarbeitern zugute, die bessere Löhne erhielten. Außerdem wurden damit verschiedene Projekte gefördert, wie zum Beispiel der Bau einer Kaffeeaufbereitungsanlage in La Paz del Tuma.[94] Solidarität begann am Frühstückstisch. Sie ließ sich kaffeetrinkend erledigen. Selbstverständlich wurde auch in der taz-Redaktion »Sandino-Dröhnung« aufgebrüht. Der verheerende Geschmack minderte nicht die aufputschende Wirkung. Der Genussverzicht durfte darüber hinaus als Solidaritätsleistung verbucht werden.

In El Salvador funktionierte diese Form der Unterstützung nicht. Hier versuchten die Machthaber, unterstützt von den USA unter der Präsidentschaft Ronald Reagans, eine Entwicklung wie in Nicaragua mit aller Gewalt zu verhindern. Todesschwadronen verbreiteten Angst und Schrecken und ermordeten Tausende. »Die Waffensammlung war in dieser Situation von symbolischer Bedeutung«, sagt Ströbele im Rückblick. »Es ging um die bewusste Entscheidung der Linken, auch einen bewaffneten Aufstand zu unterstützen.« Allerdings zogen viele Spender gerade in diesem Punkt nicht ganz mit. Auf ihren Überweisungsformularen trugen sie nicht »Waffen« und auch nicht »El Salvador« ein, sondern »Für Elsa«[95], zärtliches Codewort, das sich dem internationalistischen Motto »Solidarität ist die Zärtlichkeit der Völker« anschmiegte.

Ströbele wollte ein politisches Bekenntnis zum Recht auf bewaffneten Widerstand in bestimmten Situationen. Deshalb sei es auch unwichtig gewesen, ob die FMLN von dem Geld tatsächlich Waffen gekauft habe oder, was er eher vermute, Wolldecken. Aber »Wolldecken für El Salvador« – das hätte nicht so aufregend geklungen und wohl kaum ähnlich große Resonanz hervorgerufen. »Für den Erwerb von Waffen wird das Geld am wenigsten benötigt. Die Waffen holen wir von den Soldaten der Armee. Die Unterstützung, die das deutsche Volk uns mit der Kampagne verschafft, ist für uns und den Erfolg unseres Kampfes gleichwohl unentbehrlich«[96], erklärten die Guerillaführer nach der ersten Geldübergabe zur moralischen Beruhigung ihrer deutschen Unterstützer.

»Das war eine Bewegung, an der lange Zeit auch das Image der taz hing«, sagt Ströbele. Er besitze noch die Ordner mit den Überweisungsquittungen. Das sei bis in Kirchenkreise hineingegangen. Der linke Theologe Helmuth Gollwitzer gehörte dazu, nachdem Erzbischof Romero in der Kathedrale San Salvadors vor dem Altar erschossen wurde. SPD-Vorstandsmitglied Peter von Oertzen bekannte sich in der taz zu seiner Spende. Es gab die Einzelspende einer Erbschaft über mehrere hunderttausend Mark und die eine Mark aus der Soli-Sammelbüchse in der Kneipe. Lehrer, Ärzte, Professoren, Arbeitslose und Schriftsteller gehörten zu den Spendern, ja »sogar ein Dichter«, wie die taz mit allergrößtem Erstaunen mitteilte – als ob es sich bei Schriftstellern ausnahmslos um arme Poeten oder um weltfremde Romantiker handle.[97] An Universitäten bildeten sich Unterstützerkomitees. Im Frühjahr 1981 versuchten ein paar durch den Erfolg der Aktion beunruhigte CDU-Bundestagsabgeordnete, die antiamerikanische Sammelaktion der taz verbieten zu lassen – allerdings ohne Erfolg.[98]

Die taz garantierte dafür, dass jede gespendete Mark bei den Befreiungsbewegungen ankam. Ströbele selbst machte zweimal den Geldboten. Die Reise begann bei der Berliner Volksbank, wo die Spenden vom Konto abgehoben, in Dollars gewechselt und in einer Aldi-Tüte verstaut wurden. Das wirkte unauffälliger als ein Geldkoffer und verlieh der ungewohnten Kapitaltransaktion einen gewissen antibürgerlichen Charme. Die Übergabe fand in Managua, der Hauptstadt des sandinistischen Nicaraguas, statt. Das war sicherer als im umkämpften El Salvador. Weil fünf konkurrierende Fraktionen der FMLN gleich behandelt werden mussten, hatten alle Commandantes zu diesem Termin zu erscheinen. Keine Gruppierung sollte sich benachteiligt fühlen. Wie in einem ordentlichen bürgerlichen Unternehmen quittierten die Commandantes den erhaltenen Betrag. Darüber, was sie mit dem Geld dann machten, mussten sie allerdings keine Rechenschaft ablegen. Die Empfangsbestätigungen und der Dank an »das deutsche Volk« erschienen in schöner Regelmäßigkeit als Solidaritäts-Belege in der taz – so etwa am 15. Dezember 1980 ein »Recibo« über den Erhalt von 10.256 Dollar. Die Redaktion versprach weitere 300.000 Mark, die schon unterwegs seien und etwa zu der Zeit eintreffen würden, »in der mit der Wiederaufnahme der US-Militärhilfe in Höhe von 5 Millionen Dollar zu rechnen ist«. Die Spendensammlung war auch ein Kampf gegen die USA, der so tapfer wie vergeblich auf finanzieller Ebene ausgetragen wurde.

Als die Aktion im Jahr 1992 beendet wurde, waren insgesamt 4.737.755,10 Mark zusammengekommen. Eine ernstzunehmende Debatte über moralische Implikationen der Waffensammlung aber fand nie statt. Nur einmal, nach der Ermordung der FMLN-Kommandantin Mélida Anaya Montes, kamen Zweifel auf. Am 8. April 1983 wurde der Mord auf Seite 1 gemeldet und zunächst der CIA in die Schuhe geschoben. Doch bald stellte sich heraus, dass Anaya Montes Opfer ihrer eigenen Leute und interner Fraktionskämpfe geworden war. Der Guerillaführer Salvador Caytano Carpio endete kurz darauf durch Selbstmord. Die taz zeigte sich konsterniert und erklärte, nun »nicht einfach fortfahren« zu können, als sei nichts geschehen. »Sobald präzisere Informationen vorliegen, werden wir über die Fortsetzung der Spendensammlung diskutieren müssen. Hierzu sind wir auf die Meinung unserer Leser angewiesen.«[99] Doch die Leser, die sich rasch zu Wort meldeten, versuchten, aufkommende Zweifel niederzubügeln. »Interne Querelen interessieren nicht«, schrieben sie, denn solch unübersichtlichen Meldungen »stiften nur Verwirrung«[100].

Die Redaktion mogelte sich um eine klare Stellungnahme herum. Ein paar Tage später kündigte sie an, die Sammlung fortzusetzen, begründete das aber rein formal und ziemlich feige: Der Verein der Freunde der alternativen Tageszeitung e.V. als Zusammenschluss aller taz-Mitarbeitenden sei Träger der Aktion, eine Entscheidung über den Abbruch der Spendensammlung könne deshalb nur das Gesamt-Plenum treffen. Dort liege jedoch kein entsprechender Antrag vor. Zweifel am schlichten »Weiter So« formulierte Redakteur Klaus Wolschner. »Die Moral der Unterdrückten bildet sich am Beispiel der Unterdrücker«, schrieb er und drängte, darauf zu bestehen, »dass die ganze Wahrheit öffentlich wird«. Zu diesem Zweck schickte man Klaus-Dieter Tangermann nach El Salvador, der einen sorgfältigen Bericht über die Hintergründe der Tat ablieferte und versuchte, die Fraktionskämpfe innerhalb der FMLN zu erklären. Der Mord müsse, so das abschließende Resümee Tangermanns, als politische Konsequenz »verfehlter Politik« begriffen werden. So jedenfalls sehe es die FMLN, die den Täter deshalb nicht ausgeschlossen habe, um nicht »mit dessen Ausschluss alles auf sich beruhen lassen zu können«[101].

Solidarität geht immer ums Ganze. Ein bisschen Solidarität gibt es nicht, schon gar nicht in einer Kriegssituation, die das Bedürfnis nach klaren Fronten, nach Gut und Böse, Freund und Feind bedient. So war es in Nicaragua trotz aller »Widersprüche« innerhalb der Frente Sandinista, und so blieb es in El Salvador. Die Rede von den

»Widersprüchen« ist ja bereits ein Euphemismus, der die Tendenz, dass diejenigen, die eine Diktatur stürzten, später selbst zu diktatorischen Maßnahmen neigten, mehr verhüllt als beschreibt. »Widersprüche« offensiv zu thematisieren ist deshalb mehr als bloß eine Ausdifferenzierung der Erkenntnisse. Es ist ein Unterschied ums Ganze. Wenn nur noch ein Nomadendasein zwischen Gut und Böse möglich ist, wird aus der Solidarität bestenfalls so etwas wie Sympathie und aus engagierten Teilnehmern werden Beobachter. Das heißt umgekehrt aber auch: Die journalistische Position des Beschreibens verträgt sich schlecht mit solidarischer Anteilnahme. Dieser Konflikt war lange Zeit konstitutionell für die taz und gehörte auch zu den im Leserbrief beklagten »internen Querelen«, die bloß »Verwirrung stiften«.

Das Spendenkonto wurde weitergeführt, als wäre nichts geschehen. Allerdings mit abnehmender Dringlichkeit. Waren bis zum April 1983 3,2 Millionen Mark eingegangen, so kamen in den nächsten acht Jahren nur noch 1,5 Millionen dazu. Die Existenz des Kontos scheint phasenweise fast in Vergessenheit geraten zu sein. Doch als im Jahr 1988 Solidaritätsgruppen das mangelhafte Engagement der taz kritisierten und das Konto in Eigenregie übernehmen wollten, lehnte die taz-Mehrheit dieses Ansinnen nach langer Debatte ab – obwohl viele froh gewesen wären, das Ding endlich los zu sein. Doch »Waffen für El Salvador« war »zur erfolgreichsten Sammlung der Linken in der Bundesrepublik«[102], zu einem Teil der eigenen Geschichte und zu einer hauseigenen Tradition geworden, die es schon aus Imagegründen zu bewahren galt. Das Waffenkonto verhinderte in den Augen der Traditionalisten, dass aus der taz eine ganz normale Zeitung werden würde. Es war der Stachel im Betrieb. Und umgekehrt mussten auch die Gegner der taz, der sie vorwarfen, sich zu »sozialdemokratischen Befriedungsmodellen bekehrt« zu haben, einräumen, dass die Sammlung ohne die breit gefächerte Öffentlichkeit der taz niemals so erfolgreich verlaufen wäre.

Das Konto hatte über seine historische Notwendigkeit hinaus Bestand. Mit dem Epochenwechsel von 1989 veränderten sich die Rahmenbedingungen in Mittelamerika. In Nicaragua verloren die Sandinisten 1990 die Wahlen und gaben die Macht ab. Die Hoffnung auf eine bessere, antikapitalistische Gesellschaft hatte sich erledigt. Weiteres utopisches Potential war nicht in Sicht. Damit verlor die »internationale Solidarität« ihre Basis, denn sie war primär eine politische Bewegung, die sich nicht mit humanitären Hilfsprojekten begnügen wollte. Jedenfalls machte es nun, nachdem der revolutionäre Horizont weggebrochen war, keinen Unterschied mehr, ob man sich in Mittelamerika oder in einem anderen armen Land engagierte.

Waren die 8oer das Jahrzehnt der internationalen Solidarität und insofern ein Jahrzehnt der Linken, folgte in den 9oern das Jahrzehnt der Globalisierung und damit der weltweiten Dominanz kapitalistischer Wirtschaftsweise, globaler Kapital-, Waren- und Arbeiterströme. Die Karriere des Begriffs »Globalisierung«, der aus den Sozialwissenschaften stammte und 1961 erstmals in einem englischsprachigen Lexikon auftauchte, begann zögerlich. In den 8oern noch ein Spezialbegriff der Ökonomie, sickerte er in Deutschland erst in den 9oern in den allgemeinen Sprachgebrauch ein. In der taz taucht er 1988 eher beiläufig in ein paar Artikeln auf. Explizit wird er erstmals in einer Rezension zu Eric Hobsbawms *Das imperiale Zeitalter 1875-1914* diskutiert. Dieser Text, erschienen im Oktober 1989, legt die Vermutung nahe, dass der Aufstieg des Begriffs »Globalisierung« etwas mit dem Niedergang des Sozialismus und der daraus entstehenden neuen Weltordnung zu tun hat. Globalisierung ist ein anderes Wort für Kapitalismus. Doch was ist daran neu? Hat der Kapitalismus jemals andere Ziele gehabt, als neue Märkte zu erschließen? Selten geschah das so forciert und aggressiv wie nach dem Ende des Kalten Krieges und dem Zerfall des sozialistischen Wirtschaftsraumes. Der Rest ist Ideologie – und neue Technik: das Internet. »Globalisierung« tut so, als hätte es zuvor einen Zustand autonomer Nationalstaaten gegeben, als wäre die globale Welt nicht schon sehr viel älter.

Ab Mitte der 9oer Jahre wurde der Begriff inflationär. Seit 1996 findet er in der taz explosionsartige Verbreitung. Das Stichwort »internationale Solidarität« tauchte dagegen kaum noch auf – und wenn, dann eher mit folkloristischem Beigeschmack. Mit der Dominanz des Globalisierungs-Diskurses veränderte sich der Blick auf die

Welt. Die Perspektive kehrte sich um: Bedroht schienen nun weniger die Ärmeren in den Ländern der Peripherie (denen sowieso nicht zu helfen ist), sondern wir selbst im Wohlstandszentrum. Globalisierung ist Internationalismus minus Solidarität. Lockte einst in der Ferne die Utopie einer revolutionären Befreiung des Menschen, so gefährdeten nun Selbstmordattentäter und Billiglohnarbeitskräfte die westlichen Lebensgrundlagen. Die Ferne mutierte von einer Sehnsuchtslandschaft zum Bedrohungsszenario. Die Weltkarte verzeichnete immer mehr No-Go-Areas. Die alte Gewissheit linker Kräfte, Subjekt der Geschichte sein zu können (wenn auch nur in Lateinamerika), ging verloren. Ausbeutung und Unterdrückung schlugen in der Form von Arbeitsplatzverlust und Terrorismus auf die Machtzentren zurück. Für die linke Solidarität wurde es zunehmend schwieriger, Ansatzpunkte zu finden. Die nicaraguanischen Sandinisten waren die vorerst letzte Bewegung mit einem utopischen Potential, das auch die europäische Linke infizieren konnte. Die islamistischen Fundamentalisten stehen mit ihrem Hass auf die westliche Zivilisation definitiv auf der anderen Seite. Verständnis für ihre Lage ist möglich, Solidarisierungseffekte mit ihrer rückwärtsgewandten »Revolution« sind ausgeschlossen.

In diese Zeit fällt aber auch der Start der deutschen Ausgabe von *Le Monde Diplomatique*, die von der taz in Zusammenarbeit mit der Züricher *Wochenzeitung (WoZ)* herausgegeben wird. Einmal monatlich liegt sie der taz bei, kann aber auch separat abonniert werden. »Das Bündnis mag auf den ersten Blick erstaunen«, schrieb Marie-Luise Knott, die Herausgeberin der deutschen *Le Monde Diplomatique* zum Auftakt. »Mit der ›diplomatischen Welt‹ hat die taz bisher eher gehadert. Und der diplomatische Umgang mit harten Fakten ist ihr geradezu wesensfremd. Tatsächlich liegen die Ursprünge der beiden Medien meilenweit auseinander: Die taz ist Produkt eines antistaatlichen Milieus der 70er Jahre, *Le Monde Diplomatique* war ursprünglich so etwas wie eine kritische außenpolitische Stimme, die sich direkt an staatliche Institutionen wandte. Und doch haben sie heute vieles gemeinsam.«[103] Die 1954 gegründete *Le Monde Diplomatique* hatte nach dem Epochenwechsel der Jahre 1989/90 eine deutliche Auflagensteigerung erlebt. Das Bedürfnis, außenpolitische

Zusammenhänge zu reflektieren und gut recherchierte Hintergrundberichte aus einzelnen Ländern zu bekommen, jenseits der Trennlinie von Politik und Kultur, hatte seither deutlich zugenommen. »Globalisierung« war ja auch ein Deckwort für die Desorientierung in einer sich rasant verändernden Weltordnung. Vor diesem Hintergrund fanden die so unterschiedlichen Traditionslinien zusammen.

Journalistisch bedeutete dieser auch in der taz selbst spürbare Eintritt ins Zeitalter der Globalisierung den endgültigen Übergang vom »Engagement« zur »Beobachtung«. Das heißt keineswegs, dass die Zeitung deshalb weniger kritisch geworden wäre. Vielleicht lernte sie bloß, genauer hinzusehen. Als Plattform für sublimiertes politisches Handeln hatte sie jedoch ausgedient, weil es keine Solidarisierungseffekte mehr gab. Der Unterschied wird deutlich, wenn man *Le Monde diplomatique* mit der in London erscheinenden Monatszeitschrift *Index on Censorship* vergleicht, aus der die taz seit Mai 1988 regelmäßig einzelne Beiträge übernahm. Dort ging es primär darum, verbotenen und unterdrückten Texten aus aller Welt eine Plattform zu bieten. Für die taz war es naheliegend, dabei mitzuwirken, war sie doch selbst angetreten, um »Gegenöffentlichkeit« zu schaffen und all das zu publizieren, was anderswo nicht gedruckt werden durfte. *Index on Censorship* hatte noch etwas mit direkter Solidarität zu tun. Der Abdruck der Texte war ein politischer Akt. Insofern sind diese Seiten in der taz ein Produkt der 80er Jahre, auch wenn sie erst 1999 im Zuge einer Blattreform eingestellt wurden, als der Seitenumfang aus Kostengründen reduziert werden musste. Da wurden die *Index*-Seiten so schnell gestrichen, dass über Kürzungen an anderer Stelle gar nicht erst debattiert werden konnte.

Die Unabhängigkeit der taz von den sie tragenden Bewegungen, die innenpolitisch schon Mitte der 80er Jahre erreicht war, wurde in den 90ern auch für die Außenpolitik unumkehrbar. 1984, zum fünfjährigen Jubiläum, hatte die taz sich so charakterisiert: »Die taz hat alle verraten, und das ist gut so. Denn sie musste sich loslösen, um etwas eigenes zu werden. Von der Verbundenheit, der man auch den Namen Solidarität geben kann, zum Opportunismus ist es oft nur ein Schritt. Wer will schon jemand anderem nach dem Mund reden – als sich selbst?«[104] Zweifel an dieser Entwicklung, die im Bekenntnis zum Opportunismus durchscheinen, wurden ironisch überspielt. Das Bewusstsein, dass Autonomie auch einen Verlust an politischer Positionierungslust bedeutete, war da noch spürbar.

In späteren Jahren galt die eigene Unabhängigkeit unangefochten als höchstes journalistisches Gut. Daraus ergab sich für die taz ein neues Problem: Wodurch unterschied sie sich eigentlich noch von den anderen Zeitungen, wo doch das Anderssein ihr Markenimage bestimmte? »Für die taz ist Unabhängigkeit ein Lebensmittel. Und der Grund ihrer Existenz«, schrieb Chefredakteurin Bascha Mika 2006 im Editorial einer Werbebroschüre. »Schon in ihrer Gründerzeit brauchte niemand einfach nur eine weitere Zeitung. Was gebraucht wurde, war eine eigenständige, unerschrockene publizistische Stimme. Ein Blatt, das ohne Abstriche der inneren und äußeren Pressefreiheit verpflichtet war – und bereit, dafür einiges in Kauf zu nehmen.«[105] Dass sie einmal als Bewegungszeitung begann und ihre Unabhängigkeit im Widerspruch zu den Bewegungen erkämpfen musste, kommt in diesem Selbstverständnis nicht mehr vor. Auch nicht die Verluste, die damit eben auch verbunden waren. »Pressefreiheit« ist dagegen ein so allgemeines Gut, dass wohl auch *FAZ* und *Welt* diese Zeilen schmerzlos unterschreiben könnten. »Unabhängigkeit« ist für die taz heute vor allem eine ökonomische Größe: als Unabhängigkeit von einem die Richtung bestimmenden Konzern und auch – mangels Masse – als weitgehende Unabhängigkeit von Anzeigenkunden. Die taz gehört denen, die sie machen und die sie lesen.

Der Wandel dessen, was einmal »Solidarität« hieß, zum Wirtschafts- und Imagefaktor lässt sich auch als die Kaffee-Geschichte der taz erzählen. In der Kantine wurde in den 90er Jahren aus alter Anhänglichkeit heraus zunächst weiter die »Sandino-Dröhnung« aufgebrüht. Das Motiv, damit eine andere Gesellschafts- und Wirtschaftsform zu unterstützen, entfiel. Damit wurde nun die Geschmacksfrage dominanter, auch wenn das Bedürfnis nach einem guten Gewissen und fair gehandeltem Kaffee bestehen blieb. Der Kaffee konnte auf dieser Basis eines Tages dann aber auch aus Äthiopien kommen, ohne dass deshalb ein Nachruf auf die gute alte »Dröhnung« erschienen wäre. Sandino verschwand leise.

Im Jahr 2003, als die Weltmarktpreise für Kaffee teilweise unter die Kosten für die Produktion absanken, entstand in Kooperation mit dem »Fairhandelsverband« Gepa, der bereits die »Sandino-Dröhnung« vertrieben hatte, die Idee für einen eigenen taz-Kaffee. In gründlichen Tests in Redaktion und Verlag wurden die besten Bohnen ausgewählt: eine Mischung aus Arabica und Robusta-Sorten aus Äthiopien, Tansania und Uganda. Allein der Geschmack sollte den Ausschlag geben, sonst nichts, auch nicht das Gesellschaftssystem des produzierenden Landes. Aber selbstverständlich handelte es sich um ökologisch angebauten und fair gehandelten Kaffee. Seit September 2004 gibt es den in schwarzen Tüten mit rotem Stern und Panter-Logo verpackten »tazpresso« im hauseigenen Café, im taz-Shop und in Bio-Läden. Die Eigenwerbung verspricht einen »kräftigen und aromatischen Espresso mit sehr guter Crema«. Es ist ein Kaffee für ambitionierte Hedonisten und globalisierungsbewusste Konsumenten. Heute möchte sich niemand mehr den Magen verderben, um die Welt zu verbessern. In einer besseren Welt gibt es auch besseren Kaffee. Das ist doch eigentlich klar.

26.4.1986. Das Überleben der Apokalypse

Störfälle 2006 und 1980. Von der Geschichte zur Natur. Gedanken
abends im Bett. Angst als Produktivkraft. Tschernobyl: Der Super-GAU
als Bestätigung. Bleibende Werte. Opfer auf dem Altar alternativer
Prinzipien. Die Freiheit des Freigestellten. Aufschwung. Tschüss liebes
E.ON, tschüss RWE.

Es war knapp. »Nur wenige Minuten vor dem GAU«, lautete die
Schlagzeile der taz am 3. August 2006. *Spiegel Online* sprach an diesem Tag vorsichtig von einem »schweren Störfall« und kam 24 Stunden später mit der Headline »Atommeiler 22 Minuten außer Kontrolle«. Ähnliche Meldungen folgten in der Tagespresse, die mit den
Online-Diensten in puncto Aktualität schon lange nicht mehr mit-
halten kann. Die taz war schon weiter und legte nach: »Konstrukti-
onsfehler im Generator war der Branche seit 13 Jahren bekannt.«
Jetzt stand die Frage im Mittelpunkt – wie immer in ähnlich gelager-
ten Fällen –, ob Vergleichbares auch in deutschen AKWs geschehen
könne. Ebenso regelmäßig versichern dann die Betreiber, dass hier
alles anders und viel sicherer sei.

Der Störfall im schwedischen AKW Forsmark lag bereits eine Woche zurück, war aber erst bekannt geworden, nachdem ein Mitarbeiter an die Öffentlichkeit gegangen war und es als »reinen Zufall«
bezeichnet hatte, dass es »zu keiner Kernschmelze« gekommen sei.
Mit der Einschätzung, Europa sei womöglich haarscharf an einem
neuen Tschernobyl vorbeigeschlittert, stand die taz nicht allein. Und
doch blieb sie in der Zeit des beklemmenden Krieges zwischen Israel
und der Hisbollah im Libanon in dieser Sache merkwürdig zurückhaltend. Sie brachte zunächst nur knappe Artikel auf der Seite »Wirt-
schaft und Umwelt« und erst eine Woche später eine Themenseite
über die Sicherheit deutscher AKWs mit der Schlagzeile auf Seite 1:
»Atomkraftwerke sind unbeherrschbar...... aber abgeschaltet werden sie trotzdem nicht«[106].

Heftiger reagierte die taz am 17. April 1980. Da saßen ein paar

Redakteure abends im Café Einstein bei einem Konzert mit balinesischer Musik, als ein Kollege mit der Nachricht hereinplatzte, die französische Wiederaufarbeitungsanlage La Hague sei in die Luft gegangen. Aufgeschreckt eilten sie in die Redaktion und versuchten die ganze Nacht, Genaueres herauszubekommen. Was sie an Informationen zusammentrugen, war widersprüchlich. Dass die Katastrophenmeldung so nicht stimmte, schien sicher. Doch auch dem offiziellen Schweigen trauten sie nicht. Sie entschieden sich dafür, eine kostenlose Sondernummer zu produzieren, die am Samstag herauskam, als Extraausgabe, denn damals erschien die taz an diesem Wochentag noch nicht.

»Nachrichtensperre« stand oben drüber, und: »Schweigen über La Hague«. Die Faktenlage war ähnlich wie 26 Jahre später in Schweden. Auch in La Hague, so der Informationsstand, waren Generatoren ausgefallen, die Kühlanlage dadurch kurzzeitig ohne Strom. »Schwerer Unfall«, meldete die taz, nicht ohne die Teilentwarnung gleich mitzuliefern: »Gefahr scheint gebannt«. Trotzdem war die Sondernummer nicht obsolet geworden. Vielmehr bot sie Gelegenheit zu demonstrieren, wie notwendig Gegenöffentlichkeit war und wie berechtigt Sorgen und Aufmerksamkeit der Atomkraftgegner. Information war Widerstand. Jede Form von Öffentlichkeit machte es der Atomindustrie schwerer, solche Störfälle zu vertuschen. Die Atomlobbyisten und ihre publizistischen Bündnisgenossen versuchten dagegen, die Anti-AKW-Bewegung als sektiererische Natur-Idylliker hinzustellen, als Zukunftsangsthasen, die nicht ernstzunehmen seien. Skepsis diskreditierten sie als Feigheit, Kritik als Hysterie.

Die taz setzte auf Sachlichkeit, um solchen Diffamierungen keinen Anlass zu bieten. Wenn sie, wie in diesem Fall, nicht genau wusste, was sich tatsächlich ereignet hatte, dann skandalisierte sie eben die institutionelle Verschleierungspolitik. In der Sonderausgabe erfuhr man mehr über den spärlichen Nachrichtenfluss aus den Agenturen und das Schweigen der Behörden als über das undurchsichtige Geschehen in La Hague, mehr über die Stimmungslage in der Redaktion als über den Unfall selbst. In einem kurzen Editorial hieß es in eigener Sache: »Hätte die ›Tageszeitung‹ auf die offiziellen Nachrichtenkanäle vertraut, hätte sie nicht ganz anders lautende Informationen eingeholt, wäre vielleicht auch bei uns die kleine afp-Meldung ziemlich unbeachtet in der ›Atomwochenchronik‹ der Ökologieseite gelandet.« Stattdessen habe man »ganz spontan aufgrund unserer Betroffenheit« mit einer Sonderausgabe reagiert. »Ob dies richtig war, entscheidet doch bitte selbst.«[107]

Der Unfall in La Hague ereignete sich pünktlich zum ersten Geburtstag der taz, als wäre er als Geschenk gedacht gewesen. In Krisensituationen kletterte die Auflage der taz stets nach oben. Da wurde sie als alternative Nachrichtenquelle gebraucht. Das hatte sich schon ein Jahr zuvor gezeigt, als sich, wie bestellt, drei Wochen vor Beginn der täglichen Produktion das Reaktorunglück im amerikanischen Harrisburg ereignete. Die zehnte und letzte Nullnummer der taz widmete sich ganz diesem Ereignis, auch wenn sie damals, noch im Wochenrhythmus erscheinend, ihre investigativen Möglichkeiten noch nicht ausschöpfen konnte. Der Aufmacher-Text zu Harrisburg klang vielmehr so, als wende man sich an bereits gut informierte Spezialisten und könne das Geschehene als bekannt voraussetzen. Er begann mit dem für alle Uneingeweihten rätselhaften Satz: »Zentraler Punkt für die amerikanischen Atombehörden, die totale Katastrophe gerade noch zu verhindern, ist die Beseitigung der immer gefährlicher werdenden Gasblase«[108].

Wichtiger als die Abschätzung der technischen Möglichkeiten, das Schlimmste zu verhindern, war der Bericht über die Reaktionen in der Bundesrepublik. Ein Treck von Bauern und über 100.000 Atomkraftgegner demonstrierten in Hannover gemeinsam gegen die geplante Wiederaufarbeitungsanlage im Wendland. Die Anti-AKW-Bewegung erhielt durch den aktuellen Schrecken neuen Auftrieb. Das Sicherheitsargument der Atomindustriemanager, die behaupteten, ein GAU könne sich statistisch nur alle 100.000 Jahre einmal ereignen, war widerlegt, auch wenn es in Harrisburg glücklicherweise nicht zu einer Kernschmelze gekommen war.

Die taz hatte ihr Großthema und eine aktive Bewegung, auf die sie sich stützen konnte. Die Sorge um die Umwelt und das eigene Überleben prägte die Epoche. Ökologiethemen – und das bedeutete primär: die Atomenergie – gehörten zum zentralen Bestand der jungen

Zeitung. Die Ökologie war verbindende und verbindliche Weltanschauung. Die Alternativbewegung, wie sie sich in den »Grünen« sammelte und in der »taz« zum Ausdruck kam, hätte ihre gesellschaftsverändernde Kraft kaum entfaltet, wenn es dabei bloß um die als antibürgerlich empfundenen Lebensstile der Jutetaschenträger, Landkommunenbewohner und Hanfzüchter gegangen wäre. Das waren nur die sichtbaren Codes einer ideologischen Neubestimmung für die 8oer Jahre. Die K-Gruppen waren in den 70ern im Sektierertum untergegangen. Mit ihnen verabschiedete sich das Proletariat als revolutionäre Klasse. Die ökologische Revolution würde eine bürgerliche Revolution der Besserverdienenden und vor allem der besser Ausgebildeten sein. Trotzdem wurde diese Welthaltung im Gestus der Antibürgerlichkeit zelebriert. Der antibürgerliche Affekt lässt sich als unbewältigtes Erbe des Marxismus begreifen, der die Geschichte als eine Geschichte von Klassenkämpfen interpretierte. Die Antibürgerlichkeit der Ökologiebewegung war allerdings nicht mehr sozial und politisch bestimmt, sondern ästhetisch. Sie war ein Habitus, den die Bürgerkinder vor sich her trugen – auch gegen die eigenen, mit deutscher Schuld beladenen Eltern. Seltsamerweise etablierte sich der Begriff »alternativ« in einer Zeit, in der die große, revolutionär gedachte Alternative zur bestehenden Gesellschaft schon nicht mehr glaubwürdig war. Alternativ zu leben bedeutete nun, sich in Nischen innerhalb des Bestehenden einzurichten. Die alternative Bürgergesellschaft entstand.

Aus dem Überdruss an marxistischer Theorie folgte die Ablösung von »Geschichte« durch »Natur« als ideologischer Leitkategorie. An die Stelle der Politik rückte die Philosophie. Lineares Fortschrittsdenken und das Mantra vom unendlichen Wirtschaftswachstum wurden durch zyklische, »natürliche« Denkmodelle ersetzt: Jahreszeiten und Dreifelderwirtschaft. Oder durch das »Brandrodungsprinzip«, mit dem die taz selbstironisch ihre eigene Arbeitsorganisation charakterisierte.[109] »Es entwickelt sich eine Sehnsucht nach der Freundlichkeit der Erde«, schrieb Jörg Bopp im *Kursbuch*. »Man will sie nicht beherrschen, weder durch Technik, noch durch theoretische Gewalttätigkeit. Eine neue Weltanschauung entsteht: Die Erde ist freigebig und gütig; die Geschichte aber ist undurchdringlich, un-

berechenbar und grausam; der Fortschritt fordert nur Opfer; die
Erde dagegen ist eindeutig, verstehbar, beruhigend und fürsorglich;
sie gibt rascher; da weiß jeder, was er hat; sie kommt dem ›wir machen es jetzt‹ entgegen; auf die Gaben der Geschichte muss man lange
warten, und wer Pech hat, geht leer aus.«[110]

Die taz bündelte Ökologiethemen in einem eigenen Ressort, das
einen Querschnitt durch Wirtschafts- und Wissenschaftsthemen, Alternativkultur und Widerstandsbewegung präsentierte. In ausführ-
lichen Artikeln wurde die Sicherheitslage deutscher AKWs erörtert –
hieß es doch, dass sich ähnliche Unfälle hierzulande nicht ereignen
könnten. Die taz kam zu anderen Schlussfolgerungen. Und sie profilierte sich als Publikationsmöglichkeit für unterdrückte Nachrichten. Ein Artikel von Holger Strohm – Autor des Bestsellers *Friedlich
in die Katastrophe*, dem Longseller der 70er und 80er Jahre – über
die Folgen von Harrisburg wurde mit großer Geste publiziert: Die
Zeit habe diesen Text ihren Lesern nicht zumuten wollen. Robert
Jungk gehörte zu den regelmäßigen Autoren und Interviewpartnern.
Der Philosoph Günther Anders lieferte »Zehn Thesen zu Tschernobyl«. Die taz war in diesem Bereich fraglos Avantgarde. Von hier
aus eroberte das ökologische Denken die Öffentlichkeit der Republik, so wie die Grünen den anderen Parteien ökologische Themen
aufzwangen. Zum Geburtstag im April 1980 präsentierte die taz
stolz ein opulentes Journal zum Thema Ökologie mit Artikeln, die
im ersten Jahr erschienen waren. Es befasste sich fast ausschließlich
mit Atompolitik und der Anti-AKW-Bewegung, ergänzt durch ein
Kapitel zur Entstehung der »Grünen« und ein paar abrundende
Giftskandale.

Die Atom-Angst der Epoche hatte ihre realen Anlässe, und doch
muss man sie, um sie zu begreifen, vor einem größeren, apokalyptischen Horizont betrachten. Die Atomkraftwerke waren ja nur die
zivile, vergleichsweise kontrollierbare Seite der Bedrohung, die in
der atomaren Aufrüstung der Supermächte ihre irrsinnige Zuspit-
zung erfuhr. Die atomare Katastrophe wurde weniger als Störfall in
einem AKW denn als militärischer Super-GAU angenommen und
erwartet. Bei all den Waffen, die in Deutschland und in Europa la-
gerten, schien es nur eine Frage der Zeit zu sein, dass sie auch einge-

setzt würden. Und Deutschland wäre dann das atomare Schlacht-
feld. Friedensbewegung und Anti-AKW-Bewegung gehörten unmittelbar zusammen.

»Angst vor der Zukunft« hieß ein Artikel der Öko-Redakteurin
Ute Scheub im Journal »Ökologie«. Er handelte vom Bewusstsein, in
einer vom Untergang bedrohten Welt zu leben. »Kann man eine (militärische oder ›zivile‹) Atomkatastrophe noch verhindern? Ein Überleben, das nicht Dahinsiechen bedeuten soll, hier und in Übersee noch
garantieren«, fragte Ute Scheub. Es war nicht übertrieben, so zu fragen. »Wenn ich daran denke, dass erst kürzlich die Atomraketen der
USA losgeflogen sind, weil ein Computer gesponnen hat; wenn ich
daran denke, dass sie im Jahr 2013 den letzten Urwaldriesen im sau-
erstoffspendenden Amazonasgebiet abgebrannt haben werden, und
die USA dabei schon heute nur noch 40% ihres Sauerstoffbedarfs
selber produzieren; wenn ich an die Krebsepidemien hierzulande
denke (…), dann kann ich mich des Eindrucks nicht erwehren, dass
diese Welt Stückchen für Stückchen ›umzukippen‹ droht. Solche Gedanken kommen mir nicht bei der Arbeit, aber manchmal abends im
Bett.«[111]
Scheub brachte die Zeitstimmung der apokalyptischen 80er Jahre
auf den Punkt. Es ist ein seltsames Phänomen. Die Anlässe zur Beun-
ruhigung sind seither nicht geringer geworden. Keines der angesprochenen Probleme ist gelöst. Der Klimawandel war 1980 in seinem
Ausmaß und seiner Geschwindigkeit noch gar nicht abzusehen. Und
doch ist das apokalyptische Bewusstsein versiegt. Wir Bürger des
21. Jahrhunderts haben gelernt, uns in der bedrohten Welt einzurichten. Klimakatastrophe? Nun ja. Dagegen kann der Einzelne nichts
ausrichten. Atomwaffen? Damals nur eine Frage der Zeit, bis sie eingesetzt werden würden. Heute: Eine vergessene Gefahr. Hochwas-
ser? Höhere Dämme werden's schon richten. Kriege? Nicht bei uns,
und wenn's sein muss, schicken wir die Bundeswehr als Deeskalati-
onstruppe.

In den 80er Jahren gelang es der Anti-AKW-Bewegung, Angst zur
legitimen Grundlage politischen Handelns zu machen. Wer sich nicht
ängstigte, war einfach nur zu blöd, um die Gefahren zu erkennen
und sich ihnen zu stellen. Angst galt als besondere Form der Sensibi-

lität – gerade für die gefühlige Betroffenheitsfraktion der Subjektivisten. Die Rationalität der Ängste wurde dagegen gerade von denen in Frage gestellt, die auf irrationale Weise Atomenergie durchsetzen wollten und behaupteten, das sei ökonomisch und ökologisch sinnvoll. Nach dem Unfall in Harrisburg war diese Propaganda schwieriger geworden. Zum ersten Mal plädierte in der Bundesrepublik eine Mehrheit für den Atomausstieg. Die Angst war ein wichtiges, vielleicht das entscheidende Druckmittel zur Veränderung gesellschaftlicher Übereinkünfte. Ökologisches Denken etablierte sich als Überlebensstrategie. Die Friedensbewegung verdankte den massenhaften Zulauf, den sie in diesen Jahren erfuhr, der Triebkraft der Angst.

Angst ist jedoch politisch in alle Richtungen ausbeutbar. In den 8oer Jahren war sie von links besetzt und wurde deshalb von rechts diskreditiert. Die Angst begründete den Widerstand. Der Atomstaat war ein Hochsicherheitsstaat, der Gefahren kleinreden und Bürgerrechte einschränken musste. Heute, im Zeitalter des islamistischen Terrorismus, ist die Angst zum Bündnispartner staatlicher Sicherheitspolitik geworden. Sie ist ein Machtmittel, propagandistisch eingesetzt, von Boulevardmedien ausgebeutet. Die Angst steht rechts. Terroristische Bedrohungsszenarien legitimieren verschärfte Überwachungspraktiken im Inneren der Gesellschaft und Kriege nach außen. Damit soll nicht gesagt sein, dass diese Bedrohungen zu unterschätzen wären. Die Angst ist nicht unbegründet, wenn auch die Wahrscheinlichkeit, Opfer eines Terroranschlags zu werden, hierzulande äußerst gering ist. Aber die Angst ist eben auch ein Einsatz der Politik. Und manchmal sind es ein und dieselben Politiker, die Angst in die eine Richtung als legitim, in die andere als hysterisch bezeichnen.

Die sorgfältig gehegten Ängste und die vertraut gewordenen Weltuntergangsszenarien der 8oer Jahre erhielten mit der Reaktorkatastrophe von Tschernobyl ihre Bestätigung. Danach ließ sich nicht mehr behaupten, Atomkraftgegner neigten zu Hysterie. Die Katastrophe fiel in eine Zeit gesteigerter Kriegsangst und Friedenshoffnung. US-Präsident Ronald Reagan hatte gerade Tripolis bombardieren lassen – Vergeltungsaktion für das Attentat auf die West-Berliner

Diskothek »La Belle«, wo zwei US-Soldaten getötet worden waren. Die Friedensbewegung, in Sorge, der Konflikt könnte eskalieren, demonstrierte in ganz Westeuropa gegen das Bombardement. Gleichzeitig sorgte der sowjetische Generalsekretär Michail Gorbatschow mit weitreichenden Abrüstungsvorschlägen für eine Überraschung. In die erstarrte Front des Kalten Krieges schien Bewegung zu kommen.

Nun aber zeigte die Sowjetunion wieder die alten, vertrauten Reaktionsweisen – zunächst einmal Schweigen und Dementis. Nichts war es im Ernstfall mit »Glasnost«, Gorbatschows neuer Politik der Transparenz und Offenheit. Als in Schweden erhöhte Radioaktivität gemessen wurde, behauptete die Sowjetunion, von nichts zu wissen. Am Montag, den 28. April, zwei Tage nach dem GAU, gab sie »Unregelmäßigkeiten« zu. Die taz war am Dienstag noch auf der falschen Fährte, als sie kurz und knapp meldete: »Schwedisches AKW strahlt. Das AKW Forsmark ist am Montag geräumt worden, weil außerhalb des Kraftwerks in einem Umkreis von vier Kilometern radioaktive Strahlung gemessen wurde.« Erst am Mittwoch, den 30. April, erfuhren die Leser: »Reaktorkatastrophe in der UdSSR. Zehntausende evakuiert.« In den nächsten Tagen und Wochen blieben der Aufmacher auf Seite 1 und der Themenschwerpunkt auf der Seite 3 fast durchgehend Tschernobyl und den Folgen vorbehalten. Klar war nur die Bedrohung, unklar aber das Ausmaß der Verstrahlung und was sich in Tschernobyl tatsächlich ereignet hatte. Öko-Redakteur Harald Schumann versuchte am 13. Mai eine »Annäherung an die Wahrheit«, indem er alle verfügbaren Informationen in einem zweiseitigen Artikel zusammentrug. Gründlicher konnte man sich zu diesem Zeitpunkt über das Geschehene nicht informieren. Denselben Umfang nahm an diesem Tag aber auch ein Gespräch mit Regisseur Peter Stein über seine Inszenierung von Verdis *Othello* in Cardiff ein.

Die taz bewährte sich als führendes Blatt ökologischer Berichterstattung. Dass sie die Besinnung verloren hätte, panisch oder hysterisch geworden wäre, lässt sich indes nicht behaupten. Sie blieb zurückhaltend und sachlich, informierte über die Strahlenbelastung der Luft in deutschen Städten, riet, keinen Salat zu essen, keine Milch

Saarland klagt gegen französisches Atomkraftwerk
BERICHT AUF SEITE 6

BERLIN IST STRAHLUNGSSICHER — SAGT DER SENAT (S.20)

die tageszeitung

TAZ BERLIN

POSTFACH 65 109
1000 BERLIN 65

MITTWOCH, 30.4.86
NR. 1846 · 18. WOCHE · JAHRGANG 9

DM 1,20

Reaktorkatastrophe in der UdSSR
Zehntausende evakuiert

Die Sowjetunion bittet international um technische Hilfeleistung / Das AKW brennt / Reaktorkern durchgeschmolzen / 60 km „Sicherheitszone" / Folgen und genaue Ausmaße unabsehbar / Moskau spricht von Katastrophe / UPI-Informationen: 2.000 Tote

Stockholm/Moskau (afp/ap/dpa) — Bei dem am Montag bekanntgewordenen Unfall in einem der vier Reaktoren der sowjetischen Atomzentrale bei Tschernobyl in der Ukraine handelte es sich um das schwerste Unglück, das in einem Atomkraftwerk geschehen kann.

Der Reaktorkern ist geschmolzen und große Mengen des radioaktiven Inventars der Anlage wurden freigesetzt. Die sowjetischen Behörden erklärten eine 60-Kilometer-Zone um den Ort Tschernobyl und die 30.000 Einwohner zählende Industrie-Stadt Pripjat zur Sicherheitszone und liefen offenbar mehrere zehntausend Menschen evakuieren. Der schwedische Rundfunk berichtet unter Berufung auf „außergewöhnlich gut unterrichtete Kreise" von langen LKW-Kolonnen, die von Kiew aus auf dem Weg nach Norden seien. Das sowjetische Außenministerium teilte mit, daß das 133 Kilometer vom Katastrophenort entfernte Kiew vorläufig für ausländische Diplomaten gesperrt sei. Auslands-Korrespondenten berichten, daß in Minsk — rund 500 Kilometer nördlich des AKWs — eine Panik ausgebrochen sei. Gleichzeitig baten die sowjetischen Botschafter in Schweden und der Bundesrepublik Deutschland um technische Hilfe durch Reaktor-Experten. Das deutet darauf hin, daß der Reaktor noch gestern mittag brannte, und die Verantwortlichen sich nicht über Lage sehen, den Brand alleine zu löschen und die weitere Verbreitung radioaktiver Spaltprodukte zu verhindern.

Brandherd sind große Mengen Graphit, reiner Kohlenstoff, weil Konstruktions-Bestandteil dieser ausschließlich in der Sowjetunion verwendeten Reaktor-Linie vom Typ eines „graphitmoderierten Siedewasserreaktors" ist und der sich bei dem Unfall wegen der hohen Temperaturen entzündete. In Stockholm, so hieß es aus offizieller Quelle, habe man nach schwedischen „Erfahrungen" mit Bränden in solchen Reaktoren gefragt. Andere Mitglieder der sowjetischen Botschaft baten nach Angaben der Nachrichtenagentur AP in Bonn um Medikamenten-Lieferungen und die Entsendung von Strahlenschutz-Experten. Auch Sowjet-Botschafter Juli Kwizinskij traf zu einem Gespräch mit Staatssekretär Ruhfus aus dem Auswärtigen Amt zusammen, um die Lage zu erörtern. Ob und welche Art von Hilfe zugesagt wurde, war bei Redaktionsschluß noch nicht bekannt.

Die sowjetische Regierung hielt an ihrer Nachrichtensperre fest, gestand aber ein, daß „zwei Menschen ums Leben gekommen sind". Die US-Nachrichtenagentur UPI hat dagegen aus der Bevölkerung erfahren, daß das Kiewer Krankenhaus „Oktober" mit verstrahlten Patienten belegt und bis über 2000 Menschen allein deshalb sein sollen. Forschungsminister Riesenhuber stellte fest, daß der deutschen Bevölkerung keine Gefahr drohe und daß ein solcher „Super-GAU" (GAU = Größter Anzunehmender Unfall) in bundesdeutschen Reaktoren wegen besserer Sicherheitsvorkehrungen nicht geschehen könne. Die Grünen im Bundestag forderten die Einsetzung eines Krisenstabes in Bonn.

Fortsetzung auf Seite 2
Tagesthema Seite 3

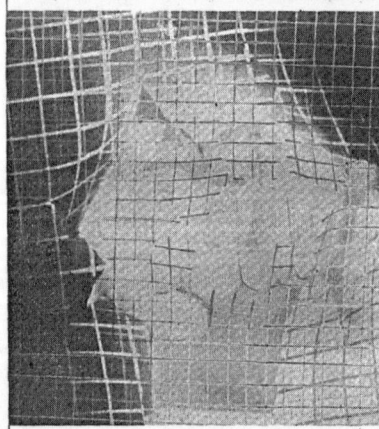

Nach Loch in der Wand: Isolation

Foto: Saba Laudanna

Nur ein Loch in der Mauer? — Ministerpräsident Albrecht will nicht verstehen, wie man sich über den Verfassungsschutzanschlag in Celle ereifern kann. Unterschlagen wird bis jetzt, welche Konsequenzen der Anschlag von Staats wegen für den Gefangenen Sigurd Debus, dem die vorgetäuschte Befreiungsaktion galt, hatte. Debus kam in Isolationshaft, und nach Fertigstellung des Celler Hochsicherheitstraktes wurde er dorthin verlegt. Auch für die übrigen RAF-Gefangenen wurde der Anschlag zum Anlaß genommen, Haftverschärfungen durchzusetzen.

Siehe Interview auf Seite 5

Niedersachsens V-Leute-Trio

Albrecht wollte außer Loudil noch weitere V-Leute in die RAF-Szene einschleusen

Aus Berlin Jürgen Gottschlich

Nach Recherchen der taz waren an dem Versuch der niedersächsischen Verfassungsschutzes 1978 eigene V-Leute in die RAF einzuschleusen, außer dem von Ministerpräsidenten Albrecht benannten Klaus-Dieter Loudil noch zwei weitere Spitzel beteiligt.

Bei diesen handelt es sich einmal um Manfred Berger, der wie Loudil zusammen mit Zelko Bublin Celle gesessen hatte und um einen Kroaten Namens Zelko Susitsch. Die drei hatten bereits vor dem dann vom Verfassungsschutz inszenierten Anschlag-Mißerfolgs versucht, Leute zu einer „Befreiungsaktion Debus" zu überreden.

Auch im Anschlag an den Celler Anschlag, beteiligten sich die drei in mehreren bundesdeutschen Städten, aber auch in Amsterdam und Paris als agent-provocateurs, die Straftaten zu provozieren versuchten.

Loudil, der im Frühjahr 1979 begnadigt wurde, wohnte bis Freitag letzter Woche, als die wahre Urheberschaft des Celler Anschlages entarnt wurde, in dem nordhessischen Städtchen Witzenhausen. Für die taz war er nicht mehr zu sprechen, die Kneipe, die er zusammen mit seiner Freundin betrieb, ist vorübergehend geschlossen. Berger sitzt mittlerweile wieder in Niedersachsen in Knast, Susitsch angeblich in Jugoslawien.

Unter dem Strich ist bei Albrechts Liaison mit den „schweren Jungs" außer vielen haltlosen Verdächtigungen nichts anderes herausgekommen, als die Aufklärung über einen Anschlag, die sie vorher selbst angeschoben hatten.

Berichte Seite 4 und 5

Freispruch für taz-Reporterin
Wegen Rädelsführerschaft bei der Besetzung der Firma Sonnenschein in Westhofen am 8.3.85 wurde die taz-Reporterin Myriam Modorow angeklagt. Gestern wurde sie freigesprochen.
Bericht Seite 6

Protest gegen Paraguay
Die Bundesregierung hat bei der Regierung Paraguays Protest wegen des gewaltsamen Vorgehens gegen westdeutsche Journalisten eingelegt.
Bericht Seite 7

Beharrlichkeit zahlt sich aus
Der Vorstand der Bayernwerk AG hat das bisher beste Betriebsergebnis ihrer AG (1984/85) in „Folge beharrlicher Kernenergiepolitik" gewertet. Man sei froh, gegenüber dem öffentlichen Druck keine Konzessionen gemacht zu haben. [Warum hat das blöd keiner den Russen mal gesagt, d.L.]

Rauerleuchtet
Als Irrweg hat der SPD Kanzlerkandidat Rau den „Einstieg in die großtechnische Plutonium-Wirtschaft" bezeichnet. Seine Partei müsse aber weiterhin auf „Kernkraftwerke auf Uranbasis" setzen.

Polizisten gefesselt — Safes geknackt
„Knackt die Türen auf, laßt die Scheine frei" mögen sich zehn Männer in Nizza gedacht haben. Gedacht getan — die alarmierte Polizei wurde von dem bewaffneten Team überwältigt, gefesselt und vor die leeren Safes plaziert.

Albrecht kein Terrorist?
Generalbundesanwalt Kurt Rebmann will in Zusammenhang mit dem Sprengstoffanschlag auf der Celler Knast kein Ermittlungsverfahren gegen Albrecht, Möckinghoff, Schmidt, Börner & Co. wegen Verdacht der Bildung einer terroristischen Vereinigung einleiten. Nach Prüfung des Sachverhalts sei eine solche Straftat nicht gegeben, teilte die Bundesanwaltschaft mit.

Bundeswehr und Frauen
Generalinspekteur Altenburg hat der Presse kundgetan, daß trotz aller Personalengpässe bei der Bundeswehr „Frauen auch weiterhin kein Planungsfaktor" seien.

Plädoyers im Hoffmann-Prozeß
In dem seit über anderthalb Jahren andauernden Mordprozeß gegen den rechtsradikalen Ex-Wehrsportchef Karlheinz Hoffmann beginnen am 5. Mai im Nürnberger Schwurgericht die Plädoyers. Hoffmann ist verdächtigt, den jüdischen Verleger Shlomo Lewin und dessen Lebensgefährtin Frida Poeschke ermordet zu haben.

Tod in Polizei-Toilette
In der Toilette einer Braunschweiger Polizeirevier hat sich ein 19jähriger erschossen. Der junge Mann war festgenommen worden, weil er betrunken Mofa fuhr. Ungeklärt ist, woher er die Pistole hatte.

Gewaltfrei gegen Apartheid-Terror
Der Rat der Evangelischen Kirche Deutschlands und das SPD-Präsidium haben auf einem Treffen betont, man müsse gewaltfrei Druck auf Südafrika ausüben, um die Regierung in Pretoria zu einem Kurswechsel zu bewegen. Wenn die Schwarzen damit unerfolgreich sind, wie die gewaltfreien Nachstungsgegner im BRD…

Titelblatt vom 30. April 1986

zu trinken und Sandkästen zu meiden. Sie klärte über technische Details der Kernspaltung auf, berichtete verstärkt über die Aktionen der Anti-AKW-Bewegung und versuchte, politische Konsequenzen einzufordern: den sofortigen Ausstieg aus der Atomenergie, die Entscheidung, den Schnellen Brüter in Kalkar nicht ans Netz gehen zu lassen, und den Verzicht auf die WAA in Wackersdorf. Sie wurde noch einmal Bewegungszeitung: Auf der ersten Seite platzierte sie in den folgenden vierzehn Tagen fast täglich die lachende Anti-AKW-Sonne mit der Aufschrift »Tscherno-Whyl – Nein Danke!« Die Ukraine war überall, vor allem aber im badischen Whyl, einer regionalen Keimzelle des Protestes seit den 70er Jahren.

Angst war erlaubt, aber nicht bestimmend, und sie wurde sogar zum Gegenstand der Debatte. Redakteurin Gunhild Schöller plädierte dafür, sie als »Überlebensmechanismus« zuzulassen, als »Warnsignal, das wir ernstnehmen sollten«. Kollege Klaus Hartung appellierte dagegen an die Kraft der politischen Vernunft. Apokalyptisches Bewusstsein, so seine These, schlage immer nach rechts aus. Da seien »banale politische Aufgaben, wie die einer Gegenöffentlichkeit, die im Krisenfall amtliche Desinformation konterkarieren kann«, allemal wichtiger.[112]

Geradezu rührend wirken die kleinen Tabellen mit der täglichen Becquerelbelastung in deutschen Städten. Ein paar Messstellen hier und da, wenig aussagekräftige Zahlen, und doch halfen diese hilflosen Messversuche dabei, die Gefährdung einzuschätzen. Nützlicher dann die in der Rubrik »Bleibende Werte« gemeldete Belastung von Milchprodukten, Fleisch und Früchten. Ironie und das Spiel der Antibürgerlichkeit kamen also sogar noch angesichts der Apokalypse zum Einsatz. Dem konservativen Lager, das seit Jahr und Tag den moralischen Werteverfall der Gesellschaft beklagt, hielt man triumphierend die »bleibenden Werte« entgegen. Waren diese Mess-Werte nicht das wahre Resultat der bürgerlichen, der kapitalistischen Moral? Die »Werte« funktionierten wie ein täglicher Wetterbericht, aus dem sich ablesen ließ, ob die Kinder heute draußen spielen durften und ob die Gurken aus dem Garten essbar waren. Im Zahlenmaterial materialisierte und zersetzte sich die apokalyptische Angst. Sie in Daten zu verwandeln gab der Angst objektive Realität, machte sie aber auch handhabbar. Die doppelte Erfahrung lautete: Die Katastrophe ist real, aber sie lässt sich überleben. Auch »Le Waldsterben« führte ja nicht zur sofortigen Versteppung Deutschlands.

Genau diesen Eindruck vermittelte die taz in diesen Wochen. Sie verschwieg nichts und wirkte irgendwie doch beruhigend. Tschernobyl war das dominierende Ereignis, verdrängte aber keineswegs die anderen Themen. Der Alltag lief einfach weiter. Die Hysterisierbarkeit der Medien war noch nicht so ausgeprägt wie heute, wo im Fernsehen jede Kleinkatastrophe mit wochenlangen Sondersendungen bedacht wird, die Zeitungen mit seitenlangen Themenschwerpunkten reagieren und der Niedergang Deutschlands sich in jahrelang ausgedehnten Schwerpunkten dahinschleppt. Erst die verschärfte Medienkonkurrenz der 90er Jahre brachte die Inflationierung von Skandalen und Erregungen hervor. Dadurch erscheint die Berichterstattung der doch angeblich viel aufgeregteren 80er Jahre von heute aus betrachtet so wohltuend zurückhaltend.

Der Unterschied wird deutlich, wenn man die taz-Berichterstattung über Tschernobyl mit ihrer Reaktion auf den Terroranschlag in New York am 11. September 2001 vergleicht. Objektiv ist das Katastrophenpotential des atomaren GAUs sicher nicht geringer zu veranschlagen als die Attacke auf das World Trade Center. Der Schock war 1986 bestimmt nicht kleiner als 2001. Doch die Beeindruckungsgewalt der zusammenstürzenden Wolkenkratzer übertraf die Bilder der rauchenden Reaktortrümmer, die zudem erst viele Tage nach dem Ereignis zu sehen waren. Tschernobyl fällt, medial betrachtet, in eine andere, unschuldigere Epoche, in der es tatsächlich noch darum ging, zu informieren. 15 Jahre später in New York haben andere Medien – Fernsehen und vor allem das Internet – die schnelle unmittelbare Übermittlung von Nachrichten übernommen. Sie sind zum Nervensystem einer Öffentlichkeit geworden, in der sich jede Erregung unmittelbar niederschlägt. Die Zeitungen laufen bloß noch hinterher, wenn sie das überbieten wollen.

»9/11« war die erste Katastrophe, die live im Fernsehen übertragen wurde. Im Gegensatz zu Tschernobyl wurde sie nicht als Bestätigung der eigenen Weltanschauung – als erwartete Apokalypse – erlebt, sondern als totaler Bruch und totale Überraschung. Mit diesem Tag nahm eine neue Weltordnung ihren Anfang. In Tschernobyl ging dagegen etwas zu Ende: der Fortschrittsoptimismus des Atomzeitalters. Doch das allein erklärt die grundlegend andere Reaktionsweise nicht. Am Tag nach der Terror-Attacke blieb die taz mit fünf Themenseiten noch vergleichsweise moderat. Am 13. und 14. September legte sie jeweils 18 Sonderseiten vor. In der folgenden Woche pendelte sich das tägliche Quantum dann auf 12 Seiten ein, die ab dem 22. September unter der Überschrift »Krieg gegen den Terror« standen. Die taz fragte an diesem Tag, wie die »Grünen« sich zum drohenden »Kreuzzug gegen das Böse« stellen würden. Was sonst noch so anfiel, wurde auf ein paar Seiten am Ende der Zeitung abgehandelt. Die alltägliche Berichterstattung wurde nur notdürftig aufrechterhalten.

Klar: Alle waren extrem betroffen und geschockt. Aber »Betroffenheit« war doch eigentlich eine Kategorie, die man in der taz nur noch hämisch als Kinderkrankheit der frühen Jahre betrachtete. Abgeklärtheit galt als die Tugend der Gegenwart. Angesichts zweier einstürzender Hochhäuser feierte jedoch die Betroffenheit ihre größten Triumphe. Die Tschernobyl-Berichterstattung wirkt dagegen wie eine Oase der Besonnenheit. Ein 16-seitiges Dossier zu Tschernobyl erschien in der taz erst zum 20. Jahrestag der Katastrophe, umfangreicher, als die einstige, unmittelbare Reaktion auf die Katastrophe gewesen war.

Ein massives Unwohlsein an dieser medialen Entwicklung brachte Mitte der 90er Jahre der Medienkritiker Burkhard Müller-Ullrich in seinem Buch *Medienmärchen* zum Ausdruck. Seine Polemik mag tendenziös sein und vielleicht weniger die Form als die politischen Inhalte meinen. Sie belegt jedoch, wie die taz-Themen der 80er Jahre inzwischen den medialen Mainstream bestimmten. »Die Behandlung durchaus kontroverser Themen wie Atomkraft, Umweltschutz oder Gentechnologie zeigt generell, dass die Medien hauptsächlich als Zeitgeistverstärker ohne eigenen Intelligenz-Input wirken«, schrieb Müller-Ullrich. Und weiter: »Viele Journalisten sind bloß noch Zirkulationsagenten für Allgemeinplätze. Das Schlimmste jedoch ist: Sie fühlen sich in dieser Rolle wohl und wichtig. Selbst wenn sie nichts als leeres Stroh dreschen, empfinden sie sich als Abgeordnete einer höheren Moral. Diese erlaubt ihnen nicht nur, sie gebietet es, beim Umgang mit Fakten ein ordentliches Quantum Engagement zu zeigen. In der bundesrepublikanischen Praxis bedeutet das: Meldungen von Organisationen wie Greenpeace oder dem Internationalen Schriftstellerparlament werden sofort gesendet oder gedruckt, solche von Shell oder der Strahlenschutzkommission werden höchstens als Zielscheiben für höhnische Kommentare gebraucht. (...) Seit der Journalismus ein Tummelplatz für Friedensforscher, Menschenrechtler und Umweltschützer wurde, hat sich das Berufsbild drastisch geändert. (...) Da nur schlechte Nachrichten wirkliche Nachrichten sind, müssen diejenigen, die damit handeln, wie Polizisten oder Feuerwehrleute auf die Entzifferung von Katastrophen spezialisiert sein. (...) Nachrichten dienen jetzt hauptsächlich als Vehikel der Empörung. Mit Nachrichten wird Betroffenheit verlangt. Mit Nachrichten wird ›Wut und Trauer‹ stimuliert. Und gleichzeitig phantasieren sich die Journalisten mit ihrem Nachrichten-Entrüstungston in eine infantile Unschuld hinein.«[113]

Weniger moralisch und empört formulierend und weniger heftig das Fähnchen mit der Aufschrift »Wehret dem Zeitgeist, der Zeitgeist steht links« schwenkend, könnte man es so sagen: Schlechte Nachrichten verkaufen sich besser. Angst und Betroffenheit der Leserschaft sind ein guter Kaufanreiz und müssen deshalb gefördert werden. Aber stimmt das so pauschal? Stimmt es für die taz?

Die Legende besagt, Tschernobyl habe zu einer rasanten Steigerung der Auflage geführt. Mehr noch: Die taz habe sich in ihrer Geschichte als notorische Krisengewinnlerin erwiesen, die Kriege und Katastrophen brauchte, um zu überleben. Das ist nicht ganz falsch, stimmt aber, was Tschernobyl betrifft, nur zum Teil. Richtig ist, dass in den Tagen nach dem GAU die Kioskauflage um 10.000 Stück erhöht wurde und die Nachfrage vielerorts trotzdem nicht befriedigt werden konnte. Die Zahl der Abonnements wuchs in den folgenden Monaten kräftig. Doch der Aufschwung hatte nicht erst mit Tschernobyl begonnen. Schon eine Woche vor der Katastrophe meldete die taz, sie habe in den letzten sieben Monaten seit Oktober 1985 knapp 9000 neue Abos gewonnen. Damit sei aber keineswegs »alles paletti«. Ein neues Ziel wurde gesetzt: Bis zu den Sommerferien wollte man 32.000 erreichen. Der aktuelle Stand betrug da 29.243. Bei 50 bis 100 Neuabos pro Woche (so der Schnitt) lasse sich das Ziel nicht erreichen, was für weitere Verbesserungen aber notwendig sei.

Das Reaktorunglück und der folgende Auftrieb der Anti-AKW-Bewegung verstärkten lediglich einen bereits begonnenen, massiven Aufschwung und verlängerten diese Tendenz. Die 32.000 Abos im Sommer konnten dadurch dann doch erreicht werden, und die weitere Entwicklung führte bis zu einem Höchststand von rund 37.000 Abonnements Ende des Jahres 1987. Dazu wurden täglich rund 23.000 Kiosk-Exemplare verkauft. Die Auflagehöhe von 60.000 war erreicht, ein Niveau auf dem die taz sich seither eingependelt hat. Damit ist das Terrain abgesteckt, auf dem eine linke, überregionale Tageszeitung hierzulande agiert. Mehr hat die taz trotz aller Anstrengungen nur in Ausnahmesituationen erreicht, konnte kurzfristigen Zugewinn aber nie halten.

Es ist allerdings fraglich, ob der Höchststand 1987 noch als Langzeitwirkung von Tschernobyl zu verbuchen ist. Eher ist er wohl der weitreichenden Strukturreform zuzuschreiben, die im Herbst 1985 umgesetzt wurde. Sie geschah, wie immer bei der taz, aus der Not heraus, aus inneren Zerwürfnissen und einer ökonomischen Krise. Das Überleben der Apokalypse: das lässt sich auch auf die taz selbst beziehen, auf ihre Kunst, dem eigenen drohenden Untergang nicht nur ein Weitermachen abzutrotzen, sondern daraus immer wieder produktive Veränderungen abzuleiten. Der Nachteil dieser Strategie: Die nötigen Reformen waren immer erst im letzten Moment, unter dem Damoklesschwert des Scheiterns durchsetzbar. Entscheidungsprozesse vollziehen sich im basisdemokratischen Betrieb als zähflüssige Vorgänge.

Zu den schärfsten Kritikern der inneren Organisationsform der taz gehörte Thomas Hartmann. Die alternativen Produktionsbedingungen – kollektives Entscheiden, möglichst geringe Arbeitsteilung, keine Hierarchien – seien zu einem »Fetisch« geworden, unter dem alle zu leiden hätten, nur um sich von den bürgerlichen Medien abzugrenzen, schrieb er im März 1984, als die taz wieder einmal am Ende angelangt schien. »In Wirklichkeit ist das Innenleben in der taz unmenschlicher, nervenaufreibender und stressiger als manches normale Büro; die taz als Opfer auf dem Altar alternativer Prinzipien.«[114] Hartmann hatte sich nach fünf Jahren aufreibender Arbeit eine Auszeit genommen, um sich zu erholen und finanziell zu sanieren. Die schlecht bezahlte Arbeit bei der taz musste man sich schließlich ja auch leisten können. Von ihm stammte die Idee der »Freigestellten«, die für nichts anderes zuständig sein sollten als für die Koordination der Arbeitsabläufe. Von außen beobachtete er die Realisierung dieser neuen Position, die so etwas wie ein gut getarnter Chefredakteur ohne Weisungsbefugnis war. Oder ein Machtzentrum ohne Macht. Jedenfalls das vorsichtige Eingeständnis, dass es ganz ohne Hierarchie und Koordination nicht funktionieren konnte. Hierarchien, gab Hartmann zu bedenken, seien auch in einem normalen Betrieb nicht einfach nur schlecht, sondern trügen dazu bei, die Einbindung ins Unternehmen, Qualifizierungen und Orientierungsmöglichkeiten zu verbessern und Entscheidungsprozesse zu beschleunigen. Andererseits galt es, die Vorteile basisdemokratischer Organisation zu erhalten. Eigenverantwortlichkeit und Ressortautonomie sind durchaus produktive Prinzipien, die schließlich auch von der Industrie – etwa von VW in Wolfsburg – übernommen wurden.

1984 kehrte Hartmann zur taz zurück und wurde Anfang 1985 der dritte »Freigestellte«. Er löste in dieser Funktion Max Thomas Mehr ab, der diesen Wechsel, so Hartmann, gar nicht gut gefunden habe. »Er hat wochenlang den Schreibtisch nicht geräumt, so wie Berlusconi nach seiner Abwahl.« Die Position des »Freigestellten« war grundsätzlich nicht befristet oder auf Rotation angelegt. »Wenn ich weitergemacht hätte, wäre ich weiter da geblieben«, sagt Hartmann, der immerhin bis 1987 durchhielt. Er wollte eine Zeitung, die so informativ sein sollte wie eine »linke *FAZ*« und kein Gesinnungsblatt wie eine »linke *Welt*.« Von der Nähe zur militanten, basisbewegten Szene, die ihr Linkssein bekenntnishaft feierte, hielt er nichts. Die taz als Alternativblättchen war schon deshalb ein Anachronismus geworden, weil »alternative Lebenszusammenhänge« und »normale Gesellschaft« sich immer stärker durchdrangen. »Die taz ist die Zeitung, die den Weg der ›Grünen‹ und ihres Umfeldes zur neuen gesellschaftlichen Kraft in der Bundesrepublik begleitet«, schrieb er selbstbewusst in seiner »Bewerbung« um die Freigestell-ten-Position.[115]

Hartmann brachte ein pragmatisches, nutzenorientiertes Denken mit und machte sich daran, die taz im Detail zu verbessern. »Ich wollte nicht politische Identitäten zum Ausdruck bringen, sondern eine Zeitung für Linke, für Gegenkultur machen.« Die Redaktion unterstützte diesen Kurs mehrheitlich. Der taz ging es 1985 schlecht genug, dass die Widerstände gegen Veränderungen verstummten. Was die von Hartmann durchgesetzte Layout-Reform bedeutete, begriffen die meisten zu spät, um sie zu verhindern. Die Einführung fester Formen und Rubriken und klarer strukturierter Seiten machte das Blatt übersichtlicher und schuf zugleich ein Korsett für die Redakteure, das disziplinierend wirkte. Kommentare und Berichte wurden nun sichtbar getrennt – wo doch bisher der Grundsatz galt, Meinung und Information zu vermischen, weil die Trennung von beidem ein Kennzeichen der »bürgerlichen« Presse sei. So gesehen war die taz spätestens mit dem 4. Oktober 1985 eine bürgerliche Zeitung geworden. Und mit diesem Termin, an dem die Reform im Blatt sichtbar wurde, begann der fulminante Abo-Aufschwung – unterstützt durch eine professionelle Werbekampagne der Düsseldorfer Agentur GGK, für die Michael Schirmer verantwortlich zeichnete.

Auch technisch hatte die taz aufgerüstet: Das neue Redaktions-system ermöglichte den Ganzseitenumbruch am Bildschirm und die direkte Datenübertragung der fertigen Seiten in die Druckerei. Für Redakteure und Autoren gab es elektronische Geräte, die als eine Frühform des Computers betrachtet werden können. Diese soge-nannten »Texis« machten den Arbeitsschritt der Texterfassung über-flüssig. Entsprechend heftig war der Widerstand dagegen: Technische Innovation bedeutet das Wegrationalisieren von Arbeitsplätzen und verschärft die Tendenz zur Arbeitsteilung. Trotzdem entschied die Belegschaft sich dafür. Die taz war die erste deutsche Zeitung, in der das Computerzeitalter begann.

Tschernobyl war also neben und nach der Einführung des »Frei-gestellten«, nach Blattreform, technischer Innovation und Werbe-kampagne das fünfte Element, das dazu beitrug, die taz aus der Krise herauszuführen und ihr ein paar relativ sichere Jahre zu bescheren.

Innere und äußere Entwicklung liefen dabei auseinander: Während die taz sich von ihrem Bewegungscharakter bereits verabschiedet hatte, erfuhr die Anti-AKW-Bewegung durch Tschernobyl noch einmal einen Schub, der auch der taz nützte. Sie konnte die Bewegung bedienen, ohne Bewegungszeitung zu sein. Das waren die optimalen Bedingungen ihrer Existenz, die so nicht mehr wiederkehren würden.

Zwanzig Jahre später, im Jahr 2006, gab es nur noch die Erinnerung an diese goldene Zeit und an die Anti-Atom-Bewegung. Die rot-grüne Regierung hinterließ immerhin die Vereinbarungen über den langfristigen Ausstieg aus der Atomenergie, die SPD-Umweltminister Sigmar Gabriel gegen Industrie und CDU-Landesregierungen verteidigen muss. Als in der Union vermehrt über längere Laufzeiten der Atomkraftwerke nachgedacht wurde, sah man vereinzelt wieder Anti-Atom-Sonnen auf Autoheckscheiben. Eine Bewegung konnte man das nicht nennen, aber doch ein journalistisches Thema.

Die taz startete in dieser Situation eine Ökostrom-Kampagne, mit der sie sich ihrer Geschichte erinnerte und eine neue Form von Personality-Politik dazu erfand. Elf mehr oder weniger prominente Vertreter der Medienwelt, darunter BAP-Sänger Wolfgang Niedecken, Nina Hagen, Tatort-Kommissar Peter Sodann, Schauspielerin Nina Petri oder Fernsehkoch Vincent Klink, erklärten, warum sie auf Ökostrom umgestiegen seien. Ihre Fotos schmückten unter der Überschrift »Wir stoppen den Klimawandel« die Titelseite.[116] »Widerstand ist möglich«, behauptete die taz. Und er ist gar nicht schwer. Doch auch Widerstand muss im 21. Jahrhundert Spaß machen. War in den 8oer Jahren Angst der Motor von Veränderung, so galt es nun, den Lustfaktor in Kraft zu setzten. Auf ihrer Internet-Seite bot die taz deshalb Musik für die Atomstromkündigungsparty an, Songs zum Download. Der Refrain war leicht zu merken und mitzusingen: »Der dumme Atomstromgegner / ich hab' ihn so gern / doch er verschenkt sein Geld / an den Atomstromkonzern / Tschüss liebes E.ON / tschüss RWE...«

Ökostrom wurde auf diese Weise zur Lebensart veredelt. Der Umstieg galt als Distinktionsmerkmal des besseren Geschmacks. Kein Wunder, dass Hartz-IV-Empfänger unter den Leserbriefschreibern böse vermerkten, sie könnten sich das nicht leisten. Das stimmt zwar nicht, denn Ökostrom muss nicht teurer sein. Es bestätigt aber den Eindruck, den die taz erweckte: Ökologie ist eine Sache für Besserverdiener und Prominente. In den 8oern ging es um den Ausstieg aus dem Kapitalismus und um das Sich-Einrichten in der alternativen Nischengesellschaft mit eigenem Windrad im Vorgarten. Im frühen 21. Jahrhundert geht es um den Umstieg innerhalb der kapitalistischen Ökonomie. Die, die daran nicht teilhaben, glauben, auch am hedonistischen Widerstand nicht partizipieren zu können.

7.11.1986. An die Mörder unseres Bruders

Ein Brief an die RAF. Die Redaktion als Resozialisierungseinrichtung.
Eine Frage der Platzierung. Scheinheilige Moral. Geschwächte soziale
Instinkte. Paragraph 130a oder Lex taz. Bullen und Heilige. Aktivitäten
des Verfassungsschutzes. Ein V-Mann in der taz. Der Staat als Feind.
Der zehnte Hungerstreik.

»Ihr habt unseren Bruder ermordet. Ihr habt Euern Mord begründet.
Wir wollen Euch auf diese Begründung antworten.« So begann ein
in der Geschichte der Bundesrepublik einzigartiger Brief, den die
taz am 7. November 1986 als Aufmacher publizierte. Geschrieben
hatten ihn die fünf Brüder des Diplomaten Gero von Braunmühl,
der am 10. Oktober von der RAF durch zwei Schüsse in den Kopf
regelrecht hingerichtet worden war. Gero von Braunmühl war Ab-
teilungsleiter im Auswärtigen Amt, ein enger Vertrauter von Bun-
desaußenminister Hans-Dietrich Genscher. Er galt als besonnener
Liberaler, der sich für eine Politik der Entspannung zwischen Ost
und West einsetzte. Ein Besuch beim sowjetischen Außenminister
Schewardnadse zur Vorbereitung der nächsten KSZE-Tagung stand
unmittelbar bevor.

Die Attentäter hatten dieselbe Waffe, eine Smith & Wesson, benutzt, mit der neun Jahre zuvor Arbeitgeberpräsident Hanns-Martin
Schleyer erschossen worden war. Die RAF inszenierte damit ein ma-
kabres Symbol mörderischer Kontinuität. Doch sie übersah, dass
Gero von Braunmühl eben nicht Schleyer war und dass sie niemandem mehr erklären konnte, warum sie ausgerechnet ihn als Opfer
ausgewählt hatte. Dieser Tat fehlte jede revolutionäre Plausibilität.
Sie ließ sich auch den eigenen Anhängern nicht mehr vermitteln.

Die Ziele der RAF waren abstrakt, ihre Aktionen ohne strategisches Ziel. Die erste Generation um Andreas Baader und Gudrun
Ensslin war aus der Protestbewegung gegen den Krieg der USA in
Vietnam hervorgegangen. Schon die zweite Generation kämpfte nur
noch für sich selbst: Sie mordete, um die inhaftierten Genossen zu

Bundestag stoppt Polizeihilfe für Guatemala
BERICHT AUF SEITE 5

QUOTIERUNG: ALLER ANFANG IST KREUZBERG — SEITE 28

die tageszeitung

FREITAG, 7.11.86
NR. 2057 · 45. WOCHE · JAHRGANG 9

T A Z B E R L I N

POSTFACH 65109
1000 BERLIN 65

DM 1,20 170 DRS, 16 ÖS 1700 LIT, 2,60 HFL

„An die Mörder unseres Bruders"

Die Brüder des ermordeten Gerold von Braunmühl schreiben einen offenen Brief an die RAF

Ihr habt unseren Bruder ermordet. Ihr habt Euern Mord begründet. Wir wollen Euch auf diese Begründung antworten.

Das Schreiben, das Ihr am Ort des Mordes zurückgelassen habt, haben wir aufmerksam gelesen. Auch anderes, was Ihr geschrieben habt, haben wir gelesen. Wir haben darüber nachgedacht und gesprochen. Warum habt Ihr das gemacht?

Eure Begründung ist eine Art Abhandlung: Fünf Seiten Weltpolitik, wie Ihr sie seht; eine halbe Seite, die wie ein schlecht passender Einschub wirkt - Aufzählung einiger Funktionen unseres Bruders und ein paar Worte zu dem, wovon Ihr meint, daß es sein Ziel gewesen sei.

Eure Sprache ist wie Beton. Fest verbarrikadiert gegen kritisches Denken, gegen Gefühle und gegen jede Wirklichkeit, die sich ihren erstarrten Begriffen nicht fügen will. Sie gibt dem, der sie spricht, immer recht. Sie ist schwer verständlich, obwohl sie alles so einfach macht:

- Da ist das imperialistische Gesamtsystem als „hauptfeind der völker in ihrem kampf um selbstbestimmung und befreiung."
- Da ist Westeuropa, das geeint und gestärkt werden soll, um die USA militärisch zu entlasten und den Zusammenbruch des Gesamtsystems möglichst aufzuhalten. Durch Errichtung einer europäischen NATO-Säule wird Westeuropa zum neuen Kriegszentrum. „Europäisch Politische Zusammenarbeit" (EPZ) heißt der neue Hauptfeind des internationalen revolutionären Proletariats.
- Und schließlich sind da die Leute, die das alles machen. Hervorragend unter anderen der politische Direktor im Bonner Auswärtigen Amt, in dessen Zuständigkeit die EPZ fällt. Also schießt Ihr auf ihn: „heute haben wir… den geheimdiplomaten braunmühl, … eine der zentralen figuren in der formierung westeuropäischer politik im imperialistischen gesamtsystem, erschossen."

Eine tot-sichere Logik. — Aber wen soll sie überzeugen?

Gibt es unter Euch und Eueren Freunden keine kritischen Fragen? Zum Beispiel: Ob Einigung und Stärkung Westeuropas und Europäisch Politische Zusammenarbeit auch zu etwas anderem führen kann als zur Stützung der USA und zu verschärfter Ausbeutung der Dritten Welt? Fragt Euch niemand, wie Ihr Eure Theorien überprüft und Eure Behauptungen beweist? Und wie legitimiert ihr das, was Ihr tut? Macht es Euch keine Schwierigkeiten zu erklären, wie eine zwanzig- oder zweihundertköpfige Gruppe, die sich kommunistisch nennt, das macht, „als internationales proletariat zu denken und zu handeln"? Daß „der prozeß der front hier und jetzt nicht massenhaft verläuft", ist Euch nicht entgangen. Auf die Zustimmung der Menschen, für die Ihr denken und handeln wollt, habt Ihr verzichtet. — Wer erleuchtet Euch? Wer macht Euch zu Auserwählten Eurer elitären Wahrheit? Wer gibt Euch das Recht zu morden? Gibt es irgendetwas außerhalb Eurer grandiosen Ideen, was Euch erlaubt, einem Menschen Eure Kugeln in den Leib zu schießen?

Glaubt Ihr wirklich, jemanden davon überzeugen zu können, daß Ihr ausgerechnet mit dem Mord an unserem Bruder „den strategischen plan der imperialistischen bourgeoisie, weltherrschaft zu erreichen, in seinen konkreten aktuellen projekten angegriffen" habt?

Vielleicht habt Ihr deshalb den „Geheimdiplomaten" erfunden, weil das so schön verrucht klingt und ein wenig über die Verlegenheit hinweghelfen soll, die es Euch bereitet, gerade diesen Mord „politisch vermitteln" zu müssen.

Oder bringt es Euch nicht in Verlegenheit, wenn es sich auch unter Eueren Freunden herumspricht, daß Ihr einen ermordet habt, der sich nie angepaßt hat — auch nicht innerhalb dieser Bundesregierung —, einen, den Krieg und Ungerechtigkeit — egal auf welcher Seite — zutiefst empörten und der in erster Linie immer für eine Verständigung mit den sozialistischen Ländern gearbeitet hat? Wißt Ihr das überhaupt? Interessiert Euch so etwas? Untersucht man bei Euch so genau, bevor man einen Mord begeht? Aber vielleicht habt Ihr unseren Bruder ja gerade deshalb ermordet, weil Ihr das wußtet. Weil Euer Klischee vom „imperialistischen vernichtungsstrategen" verzweifelt schlecht auf unseren Bruder passen wollte.

Ihr schreibt, Braunmühl habe die EG „militärisch sauber" halten wollen, „um die imperialistische vernichtungsstrategie auf politischer ebene forcieren" zu können. Die bekannte Heimtücke der Linken und Liberalen: daß sie das System verschleiern, dadurch wirksamer machen und aufrecht erhalten! — War das Euer tieferer Grund? Warum sagt Ihr es dann nicht offen heraus: Wir haben Braunmühl erschossen, weil wir Linke und Liberale besonders hassen, und weil seine Ermordung für uns kein Risiko war.

Was soll das unglaubwürdige Gerede von Bewußtsein und Zielen Eurer Opfer? — Ihr behauptet zu wissen, was die Ziele unseres Bruders gewesen sind. Woher: Habt Ihr ihn danach gefragt? — Was ein Mensch weiß und will, das braucht Ihr ihn nicht zu fragen. Das sagt Euch Eure patente Logik, die Euch erlaubt, über die Köpfe der Menschen hinwegzudenken. Habt Ihr es nötig, vor Euren Freunden zu lügen und den falschen Eindruck zu erwecken, Ihr wüßtet, welchen Menschen Ihr getötet habt? Wenn Ihr auf objektive Funktionen schießt, die ihr erkannt zu haben glaubt, — was faselt Ihr dann von Menschen und ihren Zielen, um die Ihr Euch niemals gekümmert habt? Genügt es Euren Freunden etwa doch nicht, wenn Ihr ihnen sagt, was für eine Funktion einer hatte? Verlangen sie, bevor sie Euch applaudieren, am Ende doch den „Beweis", daß das Opfer auch noch ein „Schwein" war? Daß es all das Böse nicht nur getan, sondern auch gewußt und gewollt hat?

Und noch eine letzte Frage: Was wolltet Ihr mit diesem Mord erreichen? Was sind Eure Ziele, und was glaubt Ihr, wird passieren, wenn Ihr so weitermacht?

- Zuerst: „wird der brd-staat so erschüttert, daß er nicht mehr handlungsfähig ist".
- Und dann: „wird das us-militär hier das kommando übernehmen."
- Und dann? — Weiter wollt Ihr nicht gefragt werden, denn: „es ist absolut sinnlos, für den kampf jetzt nach dem großen strategischen plan zu suchen oder über räterepublik und moral zu philosophieren. dabei kommt nur raus, daß man den eigenen boden unter den füßen verliert…"

Das ist, was Ihr zur Begründung für die Ermordung unseres Bruders vorzubringen habt. Ihr glaubt, Euren Gegnern bleibe nichts anderes übrig, als Euch zu diffamieren oder die inhaltliche Auseinandersetzung zu verweigern. Wir glauben, Eure Gegner können nichts Besseres tun, als Eure Theorien, Behauptungen und Strategien überall bekannt zu geben. Deshalb dieser offene Brief.

Es ist wahr: Unser Bruder, den Ihr ermordet habt, hat die Politik dieses Staates mitgeformt und mitgetragen. Er war für sie mitverantwortlich. Das hat er gewußt, und er war mit seiner ganzen Intelligenz und Ehrlichkeit davon überzeugt, daß diese Politik besser als alle anderen realisierbaren Möglichkeiten Frieden, Selbstbestimmung und die auch von Euch im Munde geführten „menschlichen Lebens- und Arbeitsbedingungen" erreichen helfen kann. Nicht alle von uns teilen diese Überzeugung. Aber wir alle wissen, daß niemand seine Überzeugungen besser geprüft und sich der Kritik offener gestellt hat.

Ihr setzt die mörderische Tradition derer fort, die sich für Auserwählte der Wahrheit halten, in deren Namen sie die schlimmsten Verbrechen begehen. Ihr seid auf dem schlechtesten Weg. Gegen Unrecht und Gewalt, die von Staaten und Regierungen ausgehen, werdet Ihr mit Euerem Terror am wenigsten ausrichten. Einer menschenwürdigen Welt werdet Ihr uns mit Euren Morden kein Stück näher bringen.

Hört auf. Kommt zurück. Habt den Mut, Euer geistiges Mordwerkzeug zu überprüfen. Es hält der Prüfung nicht stand. Treffend sind nicht Eure Argumente, treffend sind nur Eure Kugeln. Ihr habt das Abscheulichste und Sinnloseste getan.

Die Brüder von Gerold von Braunmühl.

Wir drucken den Brief der Brüder von Braunmühl an so herausragender Stelle ab, weil wir glauben, daß kein Weg daran vorbeiführt, sich mit der RAF inhaltlich und politisch auseinanderzusetzen. Dieser Brief macht einen Versuch dazu. Der Bundestag begann gestern mit der Beratung von Gesetzen, die vorgeblich die Aktivitäten der RAF bekämpfen sollen. Dabei sollen auch publizistische Äußerungen kriminalisiert werden. Die taz will diese Auseinandersetzung, die ernsthaft jedoch nur möglich ist, wenn Kritiker und Befürworter frei debattieren können, die aber auch voraussetzt, daß sich die Linke in der Bundesrepublik Deutschland nicht davor drückt.

Die Redaktion

Zeugen der Anklage

Bundestag berät über die Kronzeugenregelung gegen „Terroristen" / Grüne verzögern Beginn der Debatte

Bonn (ap/dpa) — Der Bundestag hat am Donnerstag nachmittag damit begonnen, über den von CDU/CSU und FDP vorgelegten Entwurf eines Gesetzes zur Bekämpfung des „Terrorismus" in erster Lesung zu beraten. Die Vorlage sieht eine zeitlich befristete Einführung des Kronzeugen in das Strafrecht sowie Strafverschärfungen bei der Mitgliedschaft in einer „terroristischen Vereinigung" vor, stellt die Anleitung zu Straftaten wieder unter Strafe und räumt dem Generalbundesanwalt mehr Zuständigkeiten ein.

Das Gesetz, das von der Opposition abgelehnt wird, soll noch im Dezember endgültig verabschiedet werden und dann sofort in Kraft treten. Zu Beginn der Aussprache versuchten die Grünen vergeblich, die Beratung von der Tagesordnung abzusetzen. Mit ihrer Mehrheit setzten die Koalitionsparteien die Beratung durch. Auch die SPD widersetzte sich nicht diesem Schritt.

Der frühere Präsident des Bundesamtes für Verfassungsschutz (BfV), Richard Meier, hat sich sehr skeptisch über die Aussichten der Kronzeugenregelung geäußert. In einem Interview erklärte er, die Kronzeugenregelung in anderen Ländern sei auf die Bundesrepublik Deutschland nicht übertragbar.

Kohls stolpernde Zunge

Erregte Debatte im Bundestag um die Kanzler-Äußerungen in 'Newsweek' / Grüne und SPD fordern Kohls Rücktritt

Bonn (dpa) — Bundeskanzler Kohl hat vor dem Bundestag noch einmal bedauert, daß durch sein Interview mit dem US-Magazin 'Newsweek' der Eindruck entstanden sei, er habe Generalsekretär Gorbatschow und den NS-Propagandaminister Goebbels persönlich miteinander verglichen. In einer Regierungserklärung wiederholte Kohl seine entschuldigende Stellungnahme, die er bereits der 'Welt' vorgetragen hatte.

„Es liegt mir fern, Generalsekretär Gorbatschow zu nahe zu treten oder gar beleidigen zu wollen. Es ist der falsche Eindruck vermittelt worden, ich hätte Generalsekretär Gorbatschow persönlich mit Goebbels vergleichen wollen. Das war nie meine Absicht. Ich bedaure es sehr, daß dieser Eindruck entstehen konnte und distanziere mich mit Entschiedenheit davon."

SPD-Fraktionschef Vogel sagte, der Kanzler habe bis heute die Tragweite dessen nicht erfaßt, was er mit seinen Äußerungen angerichtet habe. „Ihre Pflicht als Bundeskanzler ist es, Schaden von unserem Volk abzuwenden. Sie haben Schaden leichtfertig herbeigeredet und diesen dann noch von Tag zu Tag vergrößert. Wenn es noch eines Beweises dafür bedurft hätte, daß ein Wechsel im Amt des Bundeskanzlers überfällig ist — Sie haben ihn in den letzten 14 Tagen erbracht."

Die Grünen-Abgeordnete Borgmann verlangte den Rücktritt Kohls. Seine „peinlich-lächerlichen Bereinigungsversuche" seien nicht geeignet, die Angelegenheit zu erledigen.

Giftsuppe erreicht Mainz

Das Ökosystem des Rhein ist bedroht / Quecksilber kann in Nahrungskette eindringen / Warnung vor Fischverzehr

Mainz/Bonn (taz/ap) — Nach dem Großbrand in einer Lagerhalle des Schweizer Chemiekonzerns Sandoz besteht inzwischen auch Gefahr für die Menschen. Wie das Amt für Umweltschutz und Energie des Kantons Basel-Landschaft am Donnerstag mitteilte, könnten die in den Rhein gespülten Insektizide von der Natur abgebaut werden, das Quecksilber bleibe aber erhalten und werde in die Nahrungskette gelangen. Das Amt habe beim Brandplatz zwei Bohrungen auf eine Tiefe von rund 80 Metern angeordnet, um die Verschmutzung des Untergrunds zu ermitteln.

Die von Basel rheinabwärts ziehende Giftsuppe hat Rheinland-Pfalz erreicht. Die den Umweltbehörden vorliegenden ersten Giftwerte liegen nach einer Erklärung des Mainzer Umweltministeriums jedoch durchweg unter den für Fische tödlichen Konzentrationen. Man habe allerdings „keine Schadstoffabnahme, lediglich eine Verdünnung durch Zuflüsse" feststellen können. Gestern warnte Umweltminister Töpfer die Angler vor dem Verzehr von Rheinfischen.

„Jetzt hängt alles davon ab, wieviel unsere Aale vertragen. Diese Tiere sind besonders betroffen, da die schwergifigen Stoffe absinken und die Aale ja bekanntlich immer ganz unten schwimmen. Fest steht, daß das Ökosystem im Rhein so schwer betroffen ist, wie das noch nie der Fall war", erklärt der Sprecher der Wasserwerke Köln. Die Giftwelle wird heute Köln erreichen. Das Wasserwerk zieht stündlich Proben aus dem Rhein. „Das ist das einzige, was wir jetzt noch machen können, nachdem die Trinkwasserentnahme aus den Rheinbrunnen gestoppt ist", so der Sprecher.

„Wir haben allen Wasserversorgungsunternehmen empfohlen, nichts mehr aus dem Rhein zu pumpen", berichtet ein Vertreter des nordrheinwestfälischen Landesamtes für Wasser und Abfall: „Unser Problem ist jetzt nicht mehr das Trinkwasser, sondern das Ökosystem." Biologen sollen den Rhein an markanten Stellen untersuchen. Wenn die Giftwelle vorbei ist, wird an denselben Stellen nachgeprüft, welche Planzen und Tiere vernichtet wurden.

Ein breites Spektrum von Gruppen ruft für Samstag zu einer Demonstration gegen die Dauer-Gefährdung durch die Basler Chemiemultis auf. Treffpunkt: Samstag, 15 Uhr, Marktplatz Basel.

Titelblatt vom 7. November 1986

befreien. Die dritte Generation der 80er Jahre setzte den Kampf bloß noch fort, um ihn nicht aufgeben zu müssen. Nicht einmal die RAF selbst konnte noch daran glauben, mit Attentaten auf Zustimmung zu stoßen oder gar eine Massenerhebung initiieren zu können.

1977, nach dem Mord an Generalbundesanwalt Siegfried Buback, war das noch anders. Ein Göttinger Student unter dem Pseudonym »Mescalero« wollte in der ASTA-Zeitung seine »klammheimliche Freude nicht verhehlen«. Diese Stimmung war an den Universitäten durchaus verbreitet. Allerdings – und das wird heute gerne vergessen – vertrat »Mescalero« eine eher ablehnende Haltung gegenüber revolutionärer Gewalt, wenn er schrieb: »Linke dürfen keine Killer sein, keine Brutalos, keine Vergewaltiger, aber sicher auch keine Heiligen, keine Unschuldslämmer.«[117] Er formulierte begrenzte emotionale Zustimmung bei gleichzeitiger politischer Distanz. Aber schon das war ein Tabubruch. Die Veröffentlichung löste eine publizistische Empörungswelle aus. Die Redaktion der Göttinger ASTA-Zeitung wurde von der Polizei nach Hinweisen auf »Mescalero« durchsucht, zwei Redakteure wurden wegen »Volksverhetzung« angeklagt. Auch gegen 43 Hochschulprofessoren, die den inkriminierten Text in einen Dokumentationsband über die Affäre aufnahmen, wurden Ermittlungsverfahren eingeleitet. Die staatlichen Überreaktionen sorgten zuverlässig dafür, das Sympathisantenumfeld zu stärken, das doch bekämpft werden sollte.

Der »Deutsche Herbst« 1977 mit Nachrichtensperre und Generalverdacht gegen alle Linken war der historische Nukleus für die Entstehung der taz. Sie entstammte einem Spektrum, das mit dem Widerstandsgestus der RAF sympathisierte, auch wenn Waffengewalt als Mittel der politischen Auseinandersetzung in Deutschland abgelehnt wurde. Aber wo sollte die Grenze gezogen werden, wenn sich die RAF selbst als Teil einer weltweiten Befreiungsfront verstand, der auch die PLO oder die FMLN El Salvadors angehörten, für deren Bewaffnung die taz Geld sammelte? Die RAF wollte als »Kriegspartei« betrachtet werden, die nach den Regeln der Genfer Konvention zu behandeln sei.[118]

Aus staatlicher Sicht gehörte die taz der Gründungszeit zum Umfeld der RAF-Sympathisanten. Alles an dieser Zeitung war verdächtig und einige der handelnden Personen waren einschlägig bekannt. Der Kommunarde Fritz Teufel übernahm die Rolle des Propheten, als er aus der Strafvollzugsanstalt Moabit die Vision einer Tageszeitung als »Frau meiner Träume« entwarf. Nach seiner Haftentlassung arbeitete er kurzfristig bei der taz. RAF-Anwalt Hans-Christian Ströbele gilt als »Gründervater«. Er war der Hausjurist der frühen Jahre, Anwalt in zahlreichen Gerichtsverfahren. Der RAF-Aussteiger Wolfgang Grundmann gehörte nach viereinhalbjähriger Untersuchungshaft zur ersten Redaktion, wo er für den Bereich Justiz und innere Sicherheit, also vor allem für die RAF-Berichterstattung zuständig war. Die ehemalige Frankfurter ASTA-Vorsitzende Brigitte Heinrich, die 1981 nach einem dubiosen Prozess eine Haftstrafe antreten musste (angeblich hatte sie 1973 Waffen aus der Schweiz in die BRD geschmuggelt), war bis 1983 taz-Redakteurin und ging dann als Europaabgeordnete der Grünen nach Straßburg.

Von 1987 bis 1989 stieß mit Till Meyer ein ehemaliges Mitglied der West-Berliner »Bewegung 2. Juni« dazu. Auch er, der aus dem Gefängnis geflohen und wieder festgenommen worden war, hatte seine Haftstrafe abgesessen, sich von den anarchistischen Vorstellungen des »2. Juni« distanziert und sich dafür dem DDR-Sozialismus zugewandt. Dass er in seiner Zeit bei der taz das Ministerium für Staatssicherheit (MfS) der DDR mit Informationen belieferte, ist eine andere Geschichte. Das gilt auch für den RAF-Anwalt Klaus Croissant, der nach seiner Haft wegen »Unterstützung einer terroristischen Vereinigung« bei der taz hospitierte und darüber dem MfS berichtete, und, mehr noch, für Croissants Lebensgefährtin Brigitte Heinrich.

Die taz war nicht nur Zeitung, sondern zugleich auch eine Resozialisierungseinrichtung für Ehemalige. Hier bekamen sie Arbeit und Aufnahme und damit die Möglichkeit, bei fortgesetztem politischen Engagement in eine vergleichsweise bürgerliche Existenz zurückzukehren. Und: Indem die taz ausführlich über die RAF berichtete und sich nicht scheute, die Erklärungen der diversen Kommandos im Wortlaut abzudrucken, holte sie die Extremisten aus der Isolation zurück in den Bereich gesellschaftlicher, diskursiver Auseinandersetzung. Nur so – das war das unausgesprochene Credo – würde es gelingen, den Terrorismus zu überwinden. Klar war aber auch, dass man sich mit dieser Position in keinem der beiden Lager Freunde machte. Die RAF-Mitglieder in den Haftanstalten wollten keine versöhnlerischen Bemühungen, und der Staat wertete jegliche Diskussion über Strategien und Ziele der RAF bereits als Unterstützung einer kriminellen Vereinigung.

Die taz aber setzte auf Ausgleich und Gespräch, um die Spirale von Terror und staatlicher Repression zu durchbrechen. »Amnestie für die politischen Gefangenen« war die Forderung der Nullnummer vom Oktober 1978. Damals schrieb die Redaktion: »Bringen wir eine neue Dimension politischen Denkens ins Spiel, die den Kreislauf der Eskalation durchbricht: gemeint ist die Forderung nach Amnestie der politischen Gefangenen. Amnestie wendet sich gleichermaßen gegen eine staatliche Machtlogik, die über Leichen zu gehen bereit ist, wie auch gegen die Propagandisten des militärischen, revolutionären Kampfes.«

Der Versuch, sich in eine diplomatische Vermittlerrolle zwischen Staat und Inhaftierten zu begeben, überforderte die Redaktion. Ein Gespräch mit dem Ex-Terroristen Hans-Joachim Klein begann mit dem Hinweis, Klein sei »einer breiteren Öffentlichkeit bekannt geworden durch seine Teilnahme am Überfall auf die Konferenz der OPEC-Minister 1975 in Wien. Danach ist er in den Untergrund gegangen.« Das klang so unverbindlich, als handle es sich bei der »Teilnahme« an einer Geiselnahme um einen soliden Karriereschritt, der dazu dient, sich einer »breiteren Öffentlichkeit« bekannt zu machen. Diese Sprache verrät, dass es 1978 keine belastbare Haltung der Redaktion gegenüber terroristischer Gewalt gab. In der aufgeheizten Stimmung dieser Jahre war es nicht möglich, eine glaubhafte, unabhängige Position zwischen einem paranoiden Staat und den hysterischen Moral-Desperados zu finden und zu behaupten.

An diesem Lavieren zwischen Restsolidarität und diplomatischer Distanz hat sich auch im Jahr 1986 nach dem Mord an Gero von Braunmühl noch nicht allzu viel verändert. Der Brief der Braunmühl-Brüder hätte sonst kaum so große Aufregung auslösen können. In direkter, persönlicher Anrede wandten sie sich an die »Mörder unseres Bruders« und gingen ausführlich auf das Bekennerschreiben ein, das die Attentäter am Tatort zurückgelassen hatten. Die taz hatte auch dieses Schreiben in Auszügen dokumentiert. In ihrer trostlosen Kommuniqué-Sprache versuchte die RAF darin so etwas wie eine Erklärung für ihren Irrsinn zu liefern. »heute haben wir mit dem kommando ingrid schubert den geheimdiplomaten braunmühl, politischer direktor im aussenministerium und eine der zentralen figuren in der formierung westeuropäischer politik im imperialistischen gesamtsystem, erschossen. Unser angriff zielte auf den aggressiven brd.-staatsapparat in seiner funktion als kernstaat der politischen formierung westeuropas in der imperialistischen kriegsstrategie.« Und so weiter. Es folgte eine Aufzählung der diplomatischen Tätigkeiten von Braunmühls, die seinen Anteil an der »formierung westeuropäischer politik« belegen und damit das verhängte und vollstreckte Todesurteil begründen sollten.[119]

»Eure Sprache ist wie Beton«, erwiderten von Braunmühls Brüder. Sie empörten sich besonders über die Selbstgerechtigkeit, mit der die Mörder ihre Weltsicht an einem eher zufälligen Repräsentanten des »Systems« exekutierten. »Gibt es unter Euch und Euren Freunden keine kritischen Fragen?«, fragten sie. »Wie legitimiert Ihr das, was Ihr tut? Wer macht Euch zu Auserwählten Eurer elitären Wahrheit? Glaubt ihr wirklich, jemanden davon überzeugen zu können, dass Ihr ausgerechnet mit dem Mord an unserem Bruder ›den strategischen plan der imperialistischen bourgeoisie, weltherrschaft zu erreichen, in seinen konkreten aktuellen projekten angegriffen‹ habt?« Der Brief endete mit einem Appell an die RAF, mit dem Töten aufzuhören: »Hört auf. Kommt zurück. Habt den Mut, Euer geistiges Mordwerkzeug zu überprüfen. Es hält der Prüfung nicht stand. Treffend sind nicht Eure Argumente, treffend sind nur Eure Kugeln. Ihr habt das Abscheulichste und Sinnloseste getan.«[120]

Dem ist nichts hinzuzufügen. Heute, mehr als zwanzig Jahre später, kann man sich nur wundern, welchen Diskussionsbedarf diese Zeilen in der taz und ihrer Leserschaft auslösten. Als »widerliches moralisierendes Geschwätz« wurde der Brief von einigen Lesern aufgefasst, die den Brüdern eine »scheinheilige Moral« attestierten. Als wäre Moral etwas Unzulässiges, wenn es um den großen, revolutionären Anspruch geht. Als sei der schlichte Hinweis, dass niemand das Recht hat, aus welchen Gründen auch immer einen Menschen zu erschießen, keine Selbstverständlichkeit, sondern eine bürgerliche Sentimentalität, die ein Revolutionär sich nicht leisten darf.

taz-intern richtete sich der Unmut gegen die Platzierung des Briefes auf der ersten Seite. Dadurch habe er den Stellenwert eines redaktionellen Beitrags bekommen, kritisierten die Bonner Redakteure Oliver Tolmein, Ursel Sieber und Tina Stadelmayer: »In den Vordergrund der RAF-Berichterstattung wird mit diesem Brief eine moralische Verurteilung der RAF gestellt, während Staatsschutz-Maßnahmen wie die Großfahndung in Baden-Württemberg, die Hausdurchsuchungen in Düsseldorf und die Teilräumung der besetzten Häuser in der Hafenstraße innerhalb der nachrichtlichen Routineberichterstattung abgehandelt wurden.«[121] Richtig wäre es demnach gewesen, den Brief als Dokument weiter hinter im Blatt unterzubringen und ihn damit genauso zu behandeln wie das Bekennerschreiben der RAF ein paar Wochen zuvor. Doch diese Gleichbehandlung wäre eben nicht als redaktionelle Neutralität erschienen, sondern als eine viel stärkere politische Stellungnahme. Die Reaktionen des Staates wären dann auf eine Ebene mit den Attentaten geraten, als wären da tatsächlich zwei gleich zu behandelnde Parteien im Spiel und das Gewaltmonopol des Staates mit den Gewalttaten der Terroristen zu verhandeln.

Für Thomas Hartmann, der als »Freigestellter« die Seite-1-Entscheidung verteidigte, wäre das zu viel der Ausgewogenheit gewesen. Gleichzeitig mit dem Abdruck des Briefes auch die Auseinandersetzung mit der Politik der Bundesregierung zu verlangen hätte nur zu einer Blockade geführt, schrieb er. Außerdem sei im redaktionellen Vorspann auf diesen Aspekt ausdrücklich hingewiesen worden. Dort hatte die Redaktion erklärt: »Wir drucken den Brief der Brüder von Braunmühl an so herausragender Stelle ab, weil wir glauben, dass kein Weg daran vorbeiführt, sich mit der RAF inhaltlich und politisch auseinanderzusetzen. Dieser Brief macht einen Versuch dazu. Der Bundestag begann gestern mit der Beratung von Gesetzen, die vorgeblich die Aktivitäten der RAF bekämpfen sollen. Dabei sollen auch publizistische Äußerungen kriminalisiert werden. Die taz will diese Auseinandersetzung, die ernsthaft jedoch nur möglich ist, wenn Kritiker und Befürworter frei debattieren können, die aber auch voraussetzt, dass sich die Linke in der Bundesrepublik Deutschland nicht davor drückt.«[122] Wie nötig die Debatte war, zeigten die Leserbriefe der folgenden Wochen. Was sich da offenbarte, bietet einen schockierenden Einblick in den linksradikalen Mainstream der 80er Jahre, der lässig über einen Toten hinwegging. Wer sich »ans Katheder stelle und fordere, die RAF möge doch bitte gefälligst mit dem Morden aufhören«, der zeige »ein vollkommen geschichtsloses Rangehen an das Problem«, schrieb »Peter Pan« aus Berlin. »Es muss doch begriffen werden, dass die Gewalt gegen Funktionsträger in diesem Staat ein geschichtlich gewachsener Teil des linken Widerstands ist und zu ihm gehört – überall in der Welt.«[123] Eine Leserin, »die ihren Namen nicht dem Staatsschutz preisgeben« wollte, meinte, die wesentliche Frage sei nicht »RAF ja oder nein, sondern wie wir alle die Ursachen für die weltweite Zerstörung des Lebens, der Ausbeutung, Macht, Korruption etc. beseitigen«[124]. Auch wenn die RAF mit ihren Morden nichts bewirke, so der Tenor dieser und anderer Stellungnahmen, hätte sie wenigstens etwas getan. »Eine Linke, die Gewalt als Mittel der Politik ausschließt und sich freiwillig der bürgerlichen Moral unterwirft, hat aufgehört, revolutionär zu sein«, meinte einer, der sich als »Der Autonome vom Dienst« bezeichnete. Dieser Schreiber hielt ›Mord‹ – in Anführungszeichen gesetzt – ganz explizit für »ein legitimes Mittel linker revolutionärer Politik«[125].

Die Fraktion der Gewaltbefürworter erklärte, »die taz genauso als Feind anzusehen wie die bürgerliche Presse«. Für eine Gruppe »Mannheimer Autonomer« war es »nix Neues, dass die taz zum grünen Stammtischblatt verkommen ist«. Immer wieder wurde der taz unterstellt, keine ehrliche Auseinandersetzung zu suchen, sondern es nur darauf abgesehen zu haben, die »Unzurechnungsfähigkeit« der RAF zu beweisen. Der Brief der Braunmühl-Brüder sei kein Diskussionspapier, sondern ein »Angriff auf die RAF« von einem »onkelhaften Standpunkt«, der die »analytische Vorgehensweise der RAF auf den Kopf« stelle, meinten demgemäß »zwei aufrichtig empörte Bürger« aus Berlin.[126]

Aber das war nur die eine Seite. Dagegen stand eine mindestens ebenso große Zahl von Beiträgen, die sich ausdrücklich hinter die Politik der taz stellten. Mit den Schüssen auf den Siemens-Manager Karl Heinz Beckurts oder Gero von Braunmühl würden »allein die Angehörigen und Freunde der Ermordeten getroffen, nicht aber der Staat«, hieß es immer wieder. Otto Schily und Antje Vollmer von den Grünen meldeten sich zu Wort, beeindruckt von dem Braunmühl-Brief als einem »Dokument menschlicher Größe«. Andere begrüßten, dass damit endlich das beklemmende Schweigen innerhalb der Linken aufgebrochen werde. Es gab Abrechnungen mit der RAF, in denen die Strategie des Terrorismus für gescheitert erklärt wurde, und andere, die wie Daniel Cohn-Bendit und Reinhard Mohr feststellten, dass es längst nicht mehr um Strategie oder Taktik gehe, sondern um die Feststellung, »dass die RAF im historisch-materialistischen Sinne tatsächlich anachronistisch geworden ist«. Die Debatte dauerte wochenlang an. Sie kann, so kontrovers die Standpunkte auch blieben, als Anfang vom Ende der RAF gedeutet werden.

Es gebe keine Alternative zur offensiven, argumentativen Auseinandersetzung mit der RAF, meinte die Grüne Antje Vollmer. Ganz anders sahen das die Reaktionäre der Republik, die gegenüber der RAF nur eine Strategie kannten: unerbittliche Härte, juristische Verschärfung, fahndungstechnische und polizeiliche Aufrüstung. Jeder Gesprächsversuch war für diese Fraktion bereits ein Akt der Kollaboration. So schrieb die *FAZ* über den Braunmühl-Brief und das »linksradikale Blatt«, das ihn abgedruckt habe: »Die Verfasser des Textes verurteilten die Tat. Sie diskutierten aber auch mit den Tätern; und dabei ging die Empörung stellenweise über in eine Rechtfertigung des Ermordeten gegenüber den Mördern. (...) Damit erweckte der Brief den Anschein, die Mörderbande habe hohe politisch-moralische Maßstäbe gesetzt, denen der Ermordete durchaus entsprochen habe; nur hätten die Mörder in ihrer Verblendung das nicht gewusst. Einen solchen Brief hätten die Brüder nie schreiben dürfen. Schon das vertrauliche ›Ihr‹ war verfehlt.«[127]

Noch strenger war der Kommentar in Springers *Welt*, die sich regelrecht gruselte: »Der Vorgang ist unheimlich, der Brief ein unheimliches Dokument geschwächter sozialer Instinkte in der Stunde großer Not. Fünf Brüder des von RAF-Terroristen ermordeten Bonner Diplomaten von Braunmühl lassen sich auf eine öffentliche Diskussion mit seinen Mördern ein, diskutieren mit ihnen allen Ernstes darüber, ob sie (die Mörder) den Richtigen erwischt hätten, und als Forum der Diskussion wählen sie ausgerechnet die linksradikale Berliner ›Tageszeitung‹. Eine derartige ›Trauerarbeit‹ hat es wohl noch nirgendwo gegeben.«[128]

In dieser Atmosphäre, in der schon ein Gesprächsversuch ein Verbrechen sein konnte, blieb es nicht aus, dass auch die taz kriminalisiert wurde. Zu ihrem Schaden war das nicht. Es stärkte vielmehr ihr Image der Unerschrockenheit und machte einmal mehr deutlich, wie notwendig eine Zeitung war, die gegen die Einschränkungen der Pressefreiheit im Zusammenhang mit der RAF-Berichterstattung gegründet worden war. Das Konzept der »Gegenöffentlichkeit« erhielt seine Beglaubigung nicht zuletzt durch den Gegendruck. Die taz wurde tatsächlich als Gegner behandelt – auch wenn dabei nach altem Brauch wieder einmal Bote und Botschaft verwechselt wurden. Der Staat und seine Herausforderer bestätigten sich gegenseitig in ihrer Feindschaft.

Der neue §130a des Strafgesetzbuches, der im Herbst 1986 im Bundestag erörtert wurde, verlagerte die Auseinandersetzung um die Pressefreiheit auf die juristische Ebene. Er bedrohte die publizistische »Anleitung zu Straftaten« mit einer Freiheitsstrafe von bis zu drei Jahren. Aber was war eine »Anleitung«? Das lag im Ermessen der Ermittlungsbehörden, und wenn ein Bekennerschreiben in der taz abgedruckt wurde, galten dafür andere Maßstäbe, als wenn derselbe Text beispielsweise im Spiegel erschienen wäre. Hans-Christian Ströbele sprach von einer »Lex taz«[129], die Redaktion von einem »Gesinnungsparagraphen«[130].

Auslöser der juristischen Verschärfung war die Berichterstattung über den Widerstand gegen die atomare Wiederaufbereitungsanlage (WAA) in Wackersdorf. Wenn die taz über angezündete Baumaschinen und umgesägte Strommasten informierte und dabei auch Befürworter solcher Aktionen zu Wort kommen ließ, würde das in Zukunft als »Anleitung« und Anstiftung zu einer Straftat gewertet werden. Wieder einmal war es eine Kleinanzeige auf der »Wiese«, die den Ausschlag gab. Da hieß es: »Verband der Sägefische Deutschlands lädt ein zur dezentralen Veranstaltungsreihe aktive Sterbehilfe für Strommasten – Assoziierte Mitglieder und Gäste sind zur Teilnahme aufgerufen.«

Der § 130a sollte solche saloppen Frechheiten verhindern. Er setzte sogar eine distanziert vorgetragene Beschreibung militanter Aktionen unter Strafe, da sie als getarnte Anleitungen zu verstehen sein könnten. Am 1. Januar 1987 trat das Gesetz in Kraft. Einen Tag später dokumentierte die taz, gewissermaßen als Probe aufs Exempel, ein Schreiben Hamburger Autonomer, die sich als »Revolutionäre für ein feuriges Fest« bezeichneten und zu Brandanschlägen auf Hamburger Kaufhäuser kurz vor Weihnachten bekannten. Sie nannten ihre Motive: staatlichen »Terror«, der nicht hinnehmbar sei, ganz allgemein die »Konsumscheiße« und außerdem die Solidarität mit RAF-Gefangenen und mit Hausbesetzern in der Hamburger Hafen- und der Düsseldorfer Kieferstraße. Das Erstaunliche an diesem Brief war: Er enthielt selbstkritische Passagen und stand unter der Überschrift »Wir haben Fehler gemacht«. Detailliert erklärten die »Revolutionäre«, warum ihre Brandsätze nicht so funktioniert hatten wie geplant. Einige zündeten zu spät, nicht in der Nacht, sondern erst am nächsten Vormittag, wodurch auch Menschenleben hätten in Gefahr geraten können. Wer wollte, konnte die technische Selbstkritik als Bauanleitung begreifen. Allerdings reichten die Angaben nicht aus, um damit schon Zündsätze zu basteln.

Die *FAZ* interpretierte die Dokumentation im Sinne des § 130a postwendend als »Anleitung zur Herstellung von Brandsätzen« und skandalisierte den Vorgang mit einem giftigen Kommentar. Thomas Hartmann verwahrte sich als presserechtlich Verantwortlicher der taz dagegen:»Eine bloße Beschreibung, Dokumentation oder künstlerische Verarbeitung von strafbaren Handlungen – egal wie ausführlich bzw. vollständig – ist keine ›Anleitung‹ zu deren Begehung.« Sonst müsste ja auch ein »Tatort« im Fernsehen oder die Wirtschaftsberichterstattung der *FAZ* als »Anleitung« gewertet werden. Vielmehr biete der Abdruck von Bekennerbriefen neue und bemerkenswerte Erkenntnisse über das Selbstverständnis der Akteure, besonders dann, wenn darin Fehler eingestanden würden. »Wir verstehen eine solche Berichterstattung auch weiterhin als Aufgabe eines Journalismus, der – im Rahmen des Grundrechts der Pressefreiheit – über das Zeitgeschehen informiert, ohne seine Leser zu bevormunden oder für unmündig zu erklären.«[131] Um das Handeln illegaler Gruppen zu begreifen und kritisieren zu können, müsse man zuerst einmal wissen, welche politischen Ideen dort das Denken bestimmen. Darin sah die taz eine ihrer wichtigsten publizistischen Aufgaben, die es zu verteidigen galt.

Die Staatsanwaltschaft beim Landgericht Berlin ließ sich aber nicht daran hindern, Anklage nach §130a zu erheben. Stellvertretend stand Thomas Hartmann vor Gericht. In erster Instanz sprach ihn das Amtsgericht vom Vorwurf frei, mit der Veröffentlichung des Bekennerschreibens zu einer Straftat angestiftet zu haben. Das Gericht folgte der Argumentation der taz, damit keineswegs die dort vertretenen Positionen geteilt zu haben. Die Richter der Berufungsinstanz im Juni 1988 sahen das aber anders und verurteilten den Angeklagten zu einer Geldstrafe von 3600 Mark. Ein Revisionsantrag der taz wurde im Juli 1989 als »offensichtlich unbegründet[132]« zurückgewiesen.

Nicht ohne Stolz verweist die taz auf ihre Prozess-Chronik. Rund 250 Verfahren zu den unterschiedlichsten Vorwürfen gab es bis zum Ende der 80er Jahre. Die Anwälte Hans-Christian Ströbele und später Johannes Eisenberg konnten 80 bis 90 Prozent davon gewinnen. Der längste Prozess, der sich von 1981 bis 1988 hinzog, endete jedoch mit einer Niederlage vor dem Bundesverfassungsgericht. Er brachte der taz die Androhung eines Ordnungsgeldes in Höhe von 500.000 Mark und Gerichtskosten in Höhe von 40.000 Mark ein. Gegner vor Gericht war die gewerkschaftseigene Immobiliengesellschaft »Neue Heimat«, deren Verkauf an einen Bäckermeister für eine symbolische Mark noch bevorstand. Ihr gehörten in West-Berlin einige der leerstehenden Häuser, die 1981 besetzt und dann von der Polizei geräumt wurden. Es kam zu Straßenprotesten, in deren Verlauf der Demonstrant Klaus-Jürgen Rattay getötet wurde: Von Polizisten gejagt, wurde er von einem Bus erfasst.

In der taz erschien kurz darauf die Anzeige einer Redakteurin, die »aus Protest gegen die Wohnungspolitik der Neuen Heimat und angesichts der geräumten und verwüsteten Häuser« zu einem Mietboykott aufrief. Für einen Monat sollten alle Mieter ihre Mieten auf ein Sperrkonto einzahlen. Ein paar Tage darauf erschien dazu das Gutachten eines Rechtsanwalts mit weiteren Instruktionen. Aus dem Boykott wurde zwar nichts. Keine einzige Mietzahlung ging auf dem Sonderkonto ein. Die »Neue Heimat« klagte trotzdem gegen die taz. In letzter Instanz entschied das Bundesverfassungsgericht. Es sah den Aufruf zwar durch das Grundrecht der Meinungsfreiheit gedeckt. Doch nur unter besonderen Umständen dürfe dabei in die Rechte eines Unternehmens wie der »Neuen Heimat« eingegriffen werden. Und die lägen hier nicht vor; der Protest hätte auch anders als durch einen Boykottaufruf vorgebracht werden können.

Im April 1987 klagte das Bischöfliche Ordinariat Berlin gegen die taz wegen »Verhöhnung und Verunglimpfung der Kirche«. In der Osterausgabe war ein Beitrag zur Geschichte des Kannibalismus erschienen. Titel: »Gourmands und Gourmets – Gut abgehangen am Kreuz ist er allgegenwärtig. Zum Osterfest einige Tips, was etwas kultiviertere Küchen daraus machen würden.«[133] Das letzte Bild einer Folge von Karikaturen zeigte dazu gut gesättigte Gläubige (vor Gericht wurden sie als »feist« bezeichnet) vor einem Wirtshaustisch, auf dem einige sauber abgenagte Knöchelchen zu erkennen waren. Johnny Eisenberg dozierte vor Gericht über die Transsubstantiationslehre und die Feinheiten der Wandlung nebst der Problematik, ob Vegetarier zum Abendmahl gehen dürften, wenn es sich dabei nach katholischem Glauben um den Leib und das Blut Christi handle. Es war ein absurdes Schauspiel, das auch der taz-Leserschaft nicht vorenthalten wurde: »Ein linker Anwalt, sonst zuständig in Sachen Demonstranten gegen Polizisten, verteidigt vor einem bürgerlichen Gericht das Geheimnis der Heiligen Eucharistie.«[134] Der Fall ging durch die Instanzen. Auf den Freispruch folgte jedesmal die Revision.

Auch ein gotteslästerlicher Comic zu Weihnachten 1988, der sehr plastisch die Geburt Jesu mit Dornenkrone, Nabelschnur und Fruchtwasser zeigte, blieb ohne Strafe, obwohl ein Berliner Kriminalbeamter, der sich »in seinem Glaubensfrieden erheblich gestört« fand, Anzeige erstattete. 1995 gab es dann noch einige Aufregung um die Schlagzeile »Kruzifix! Bayern ohne Balken-Sepp«, mit der die taz das Gerichtsurteil kommentierte, wonach Kruzifixe aus Klassenzimmern zu entfernen seien. Man mag das Bedürfnis, religiöses Brauchtum zu verspotten, pubertär finden. Es war in der taz jedenfalls stark ausgeprägt und gehörte zur antiautoritären Grundausstattung. Heute, im Zeitalter zunehmender religiöser Überempfindlichkeit, in der schon der leiseste metaphysische Spott als Beleidigung ausgelegt wird, hätten diese Provokationen eine ganz andere politische Brisanz und Dringlichkeit. Damals handelte es sich eher um ein Amüsement, um Lockerungsübungen, die den eigenen transzendentalen und irdischen Spielraum vergrößerten.

Der eigentliche Gegner aber war der Staat. In den 8oer Jahren hieß das Land ja auch nach seiner Staatsform »Bundesrepublik«. Jürgen Habermas propagierte den von Dolf Sternberger eingeführten Begriff »Verfassungspatriotismus«, um nationale Empfindungen an das staatliche Gefüge zu binden und damit unschädlich zu machen. Die Staatsfixierung galt aber auch für Linke in ihrer Gegnerschaft.

Staaten sind abstrakte Konstruktionen, und es bedarf einer Staatstheorie, um zu klären, was man sich darunter vorzustellen hat: ein Gemeinwesen, das sich in einer Verfassung, seinen gesetzgebenden Institutionen und seinem Rechtssystem ausprägt – oder auch nur ein Instrument der Macht, einen »Apparat«, der mit Polizeigewalt die Interessen der jeweils herrschenden Gruppen durchzusetzen vermag. Die Protestbewegungen – und mit ihnen auch die taz – betrachteten den Staat als etwas, mit dem sie nichts zu tun hatten, nicht als einen institutionellen Rahmen, in dem auch sie sich bewegten, weil es jenseits davon keinen Raum gibt. Mit dieser Haltung stellten sie sich selbst ins Abseits. Solange sie im Staat nur den überwachenden und strafenden Übervater sahen, fiel er als ökonomische und soziale Regelungsinstanz nicht ins Gewicht. Man verzichtete damit darauf, ihn gerade in den Bereichen, in denen er als Widerpart eines ungezügelten Kapitalismus auftritt, als Instrument ernst zu nehmen. Die Maximalopposition gegen »den Staat« schmälerte den eigenen politischen Bewegungsspielraum.

Polizei und Gerichte wurden als konkrete Verkörperungen des Staates erlebt, als Macht exekutierende Gewalten, die es zu attackieren galt. In den Straßenschlachten Kreuzberger Hausbesetzer, bei

den Kämpfen um die Startbahn West im Frankfurter Mönchbruch-
wald, bei den Demonstrationen der Friedensbewegung in Mutlan-
gen, im Hüttendorf in Gorleben und später in Wackersdorf ging es
nicht nur um den konkreten Anlass vor Ort, sondern immer auch
um den großen Kampf gegen »das System« oder vielmehr das
»Schweinesystem« in Gestalt der Polizei.

So wenig dieser Kampf zu gewinnen war, so verbissen wurde er
geführt. Basisdemokratie war etwas, das täglich vor Ort gegen »den
Staat« erstritten werden musste – ob von Bürgerrechtsbewegungen,
die ihre Bürgerlichkeit zu ihrem eigenen Erstaunen in Opposition
zum Staat erlebten, oder von autonomen Kämpfern, die gar nichts
anderes wollten als die harte, körperliche Auseinandersetzung am
Bauzaun oder sonstwo. Polizisten waren »Bullen«, so viel stand fest,
und so stand es immer wieder in der taz. Anklagen wegen Beleidigung waren die Folge. Ein Mitarbeiter der Berliner Staatsanwaltschaft hatte in den frühen Jahren der taz die Aufgabe, jede Ausgabe
auf die Verwendung des bösen B-Wortes zu durchforsten und bei jedem Artikel mit »Bulle« ein Ermittlungsverfahren anzuzetteln. Die
Repräsentanten des Staatsapparates verhielten sich genau so humorlos, wie ihre linken Herausforderer sie sich vorstellten.

Zahlreich die Prozesse, in denen es um die Verwendung des Wortes
»Bulle« ging. Sie hatten fast schon sportiven Charakter. Meistens gewann die taz, die sich in ihrer Verteidigung recht findig zeigte. So wies
sie auf einen karnevalesken »Bullenorden« hin, mit dem der Bund
deutscher Kriminalbeamter auf seiner Prunksitzung jährlich einen
verdienten Polizisten auszuzeichnen pflegte. Zu den so Geehrten gehörte auch Generalbundesanwalt Kurt Rebmann, der aus diesem Anlass den Spruch beisteuerte: »Wer die Bullen unbelehrbar dem Tier-
reich zuordnet, bringt sich in den Verdacht, ein Rindvieh zu sein.«
Die Ordensverleiher betonten, das Wort »Bulle« sei in den 30er und
40er Jahren eine durchaus ehrenwerte Berlinerische Bezeichnung für
altgediente Kollegen gewesen. Das Berliner Kammergericht beendete
nach einigen Jahren die haltlose Prozessiererei mit dem Hinweis, dass
Begriffe ihre Bedeutung im Gebrauch verändern könnten. Wenn
schon die Polizei selbst ironisch von »Bullen« spreche, könne man
den Begriff nicht mehr ohne weiteres als Beleidigung interpretieren.

Im November 1988 war es die taz, die Strafanzeige gegen Verantwortliche im Berliner Verfassungsschutz (VS) und im Senat stellte.[135] Der VS war 1987 in die Schlagzeilen geraten, als sich herausstellte, dass die »Alternative Liste«, die West-Berliner Grünen, bespitzelt worden war. Pikanterweise wurde auch auf den Vorsitzenden des parlamentarischen Kontrollgremiums des Verfassungsschutzes, den SPD-Politiker Erich Pätzold, ein V-Mann angesetzt. Der »Fall Telschow«, von der taz aufgedeckt, beeinflusste den West-Berliner Wahlkampf und trug womöglich sogar zum Sieg von Rot-Grün im Januar 1989 bei.

Im Rahmen der Untersuchung dieses Skandals stellte sich heraus, dass auch die taz seit ihrer Gründung vom VS als »Verdachtsobjekt« geführt und observiert wurde. Das war insofern nicht überraschend, als sie immer wieder Besuch von Kriminalpolizei, BKA oder Staatsschutz bekommen hatte, Truppen, die – mal in Zivil, mal in Uniform – Redaktionsräume durchsuchten, um Bekennerschreiben oder anderes verdächtiges Material aufzuspüren. So zum Beispiel am Freitag, den 13. März 1981, der in einer Kleinanzeige auf der »Wiese« zum »Schwarzen Freitag, für die Burschuasi« erklärt worden war. Fritz Teufel hatte auf poetische Weise darauf aufmerksam gemacht, »dass wir außer Schreiben auch noch andere klirrende Stimmen« haben, doch seine Urheberschaft war der Polizei nicht bekannt: »Die regierenden Kackvögel, Kaputtsanierer, Geiselnehmer und Knastbaumeister stehen nicht unter Denkmalschutz. Eine Abrissgenehmigung vom Amt für revolutionäre Umtriebe liegt vor.«

Ein gutes Dutzend Polizeibeamter rückte darauf in die Redaktion ein. Sie glaubten, dass von hier aus das Kommando gegeben werden würde, und bewachten deshalb die Telefone. Weiteres strategisches Ziel: Beschlagnahmung der gefährlichen Zeitung, die aber längst ausgeliefert war. Zur taz-Mythologie gehört die Legende, die Polizei habe sich die Mühe gemacht habe, in ganz Berlin an den Kiosken diese Anzeige fein säuberlich aus den Zeitungen herauszuschneiden. In der nächsten Ausgabe druckte die taz die Anzeige dann noch einmal ab und nannte das »Aktion beschäftigt die Polizei«. Solche Geschichten gehörten zum Räuber-und-Gendarm-Spiel, das beide Seiten mit großer Ernsthaftigkeit betrieben. Als bei einer anderen Gelegenheit die Polizei nach einem Bekennerbrief suchte, habe man sich einen Spaß daraus gemacht, das Papier von Hosentasche zu Hosentasche weiterzugeben, während die Beamten den Müll durchwühlten, erinnert sich eine Redakteurin. Unangenehmer waren die folgenden Ermittlungsverfahren oder die Durchsuchung der Druckerei in Spandau. »Es gab eine Abteilung bei der Staatsanwaltschaft, die zum Ziel hatte, die taz kaputt zu machen. Das hörte irgendwann schlagartig auf.«

Die Observation durch den VS ist die verborgene Seite dieser Auseinandersetzung. Wirklich überraschend kamen die Enthüllungen 1988/89 nicht. Über dem großen Konferenztisch in der Redaktion hing jahrelang ein Transparent mit der Aufschrift: »In jeder Imbissbude ein Spion«. Nicht dass man sich selbst für eine Imbissbude gehalten hätte – aber das Selbstverständnis, als potentieller Gegner Gegenstand inoffizieller Neugier zu sein, prägte das linksalternative Bewusstsein. Kein Spion in der Redaktion – das hätte man doch geradezu als narzisstische Kränkung auffassen müssen.

Mitarbeiter der taz galten dem VS schon deshalb als verdächtig, weil sie bei der taz angestellt waren oder auch nur frei für sie arbeiteten – Karikaturisten, Fotografen, ja sogar ein Druckereiangestellter.[136] Persönliche Daten von Redakteuren wurden gespeichert, Artikel gesammelt und Dossiers angelegt. Während der Kampagne gegen die Volkszählung – der Volkszählungsboykott brachte das linke Generalmisstrauen gegen den Staat auf einen symbolischen Nenner; er beschäftigte die Linke der Bundesrepublik jahrelang – kam die Post ein paar Tage lang schon geöffnet in der Redaktion an. Telefongespräche wurden abgehört, was sich gelegentlich sogar bemerkbar machte. Einmal wurde die Aufzeichnung eines Gesprächs, das zwei Mitarbeiter von ihren Privattelefonen aus führten, in das laufende Gespräch hineingespielt, als ein Echo der Sätze, die sie ein paar Minuten zuvor gesagt hatten. In einem anderen Fall teilte ein Organisator des Volkszählungsboykotts einer taz-Redakteurin mit, dass er, als er nach dem Gespräch mit ihr das Telefon abhob, eine Stimme hörte, die einer weiteren Person mitteilte, das »sei doch gerade die Gaserow von der taz gewesen«[137].

Der Berliner Verfassungsschutz operierte noch unkontrollierter als vergleichbare Dienste in anderen Bundesländern. Das hatte mit dem Alliierten-Recht in der geteilten Stadt zu tun. Der VS musste hier nicht einmal den obligatorischen, alljährlichen Verfassungsschutzbericht vorlegen, so dass sich die Richtung seiner Aktivitäten nicht abschätzen ließ. Für telephonische Abhöraktionen brauchte er keine richterliche Anordnung. Es war allein Sache der drei West-Alliierten, über Lauschaktionen zu entscheiden. In Westdeutschland war das anders. Dort mussten Abhöraktionen offengelegt werden, nachdem sie abgeschlossen waren. So bekam die taz die amtliche Bestätigung, dass in ihrer Frankfurter Redaktion in der Zeit nach den Schüssen an der Startbahn West (im November 1987 wurden dort zwei Polizisten aus der Menge der Demonstranten heraus erschossen) eine Woche lang sämtliche Telefone abgehört wurden. Die taz hatte einen Brief des Mannes erhalten, der wegen der Schüsse gesucht wurde, und einen Aufruf seiner Mutter veröffentlicht, über die taz mit ihr Kontakt aufzunehmen.

In Berlin gingen jahrelange Abhöraktionen ohne abschließende Meldung durch. Redaktionsgeheimnis und Informantenschutz galten dem VS nichts. Die Observierung der taz war ein Angriff auf die Pressefreiheit, auch wenn sie nicht darauf zielte, die Berichterstattung zu behindern. Der VS wollte das Umfeld ausspähen – etwa um Hinweise auf geplante militante Aktionen zu erhalten oder an RAF-Unterstützer heranzukommen. Außerdem gab es mehr als nur Hinweise darauf, dass es dem VS gelungen war, V-Leute in den Betrieb einzuschleusen. Bereits in der Anfangsphase habe es einen V-Mann in der Redaktion gegeben, berichteten anonyme Informanten dem AL-Abgeordneten Wolfgang Wieland, der dem VS-Untersuchungsausschuss des Senats angehörte.

Keinen Zweifel gab es an der Spitzeltätigkeit von Norbert-Leander Hermsdorf, der 1982 für ein halbes Jahr im Verwaltungsbereich der taz arbeitete. Er kam als Resozialisierungsfall aus dem Gefängnis. Als Freigänger sollte er die Rückkehr in den Berufsalltag proben; die taz bot ihm dazu die Gelegenheit. Die Hafterleichterung wurde ihm aber nur deshalb gewährt, weil er sich dem Verfassungsschutz verschrieb. Hermsdorf interessierte sich hauptsächlich für den Haschischkonsum seiner kurzzeitigen Kollegen. In einem siebenseitigen handschriftlichen Bericht unter dem Decknamen »Schreiber« nannte er seinen Auftraggebern fünf Haschischanbieter, aber nur einen Käufer.[138] Da waren in der Redaktion also wohl die Dealer fast unter sich. Sein Gastspiel beendete er mit einem Diebstahl. Weil er Geld für Drogen brauchte, nahm er eines Nachts 2000 Mark aus der Bürokasse und verschwand.[139] Pikantes Detail am Rande: Als Berichterstatter über den VS-Spitzel in der taz tat sich 1989 besonders Till Meyer hervor, der, wie sich drei Jahre später herausstellen sollte, gleichzeitig als Agent für die DDR-Staatssicherheit arbeitete. So berichtete ein Spitzel über den anderen, ein Geheimdienstmann entlarvte den Mann der Konkurrenz. Die taz war den Machthabern im Osten so suspekt wie denen im Westen.

Die »Sachakte taz« im VS umfasste angeblich mehr als 50 Ordner mit illegal gesammelten Informationen.[140] Sie enthielt unter anderem auch Protokolle von Redaktionskonferenzen, die direkt aus der Redaktion stammen mussten. 14 Ordner standen unter der Überschrift »Infiltration der Publikation ›Die Tageszeitung‹«.[141] Im Mai 1988, so hieß es, sei »die Beobachtung der taz als solcher«[142] eingestellt worden. Die Hochphase der Observation dauerte bis 1984 und soll dann in einer »Abklingphase« nach und nach eingestellt worden sein.[143] All das dokumentierte ein Untersuchungsausschuss des Abgeordnetenhauses, der die Machenschaften des Berliner VS klären sollte. Nach dem Wahlsieg von Rot-Grün wurde Erich Pätzold neuer Innensenator, der auch aus eigenem Interesse die Aufklärung der Aktivitäten des VS vorantrieb. Pätzold wollte sogar die taz-Akten offenlegen, was dann allerdings an Datenschutzbestimmungen scheiterte. Doch für kurze Zeit gab es eine erstaunliche Transparenz in Sachen Geheimdienst. Tazler durften ihre Akten einsehen, der VS entschuldigte sich. Wolfgang Wieland sagte abschließend: »Alle Vorwürfe treffen zu. Die schlimmsten Befürchtungen haben sich bestätigt.«[144] Und: »Wo man hinfasst Scheiße.«[145]

Unvollständig wäre die Geschichte, wenn es am Ende nicht auch noch eine Anklage gegen die taz gegeben hätte. Aus Protest gegen die Bespitzelung der Zeitung versammelten sich 14 Mitarbeiter im Berliner Abgeordnetenhaus im Rathaus Schöneberg. Vor dem Sitzungssaal setzten sie sich auf den Fußboden und hielten demonstrativ eine öffentliche Redaktionskonferenz ab, bis sie von der Polizei hinausge-

Öffentliche Redaktionssitzung als Sit-in im Rathaus Schöneberg aus Protest gegen die Überwachung der Redaktion durch den Verfassungsschutz, 1989

tragen wurden. Die tazler bezeichneten ihre Aktion als »Notwehr«. Sie erhielten eine Anzeige wegen Hausfriedensbruchs.

Auch in dieser Zeit kämpfte die taz an zwei Fronten. Während der VS-Untersuchungsausschuss seinen Bericht vorlegte, bekam die Redaktion im März 1989 wieder einmal Besuch. 50 bis 60 Unterstützer des aktuellen, des zehnten Hungerstreiks von RAF-Häftlingen besetzten die taz und forderten, jeden Tag eine aktuelle Seite zum Hungerstreik in eigener Regie zu produzieren. Die Besetzer wollten eine »lebendige und authentische Berichterstattung«, die sie offenbar nicht gewährleistet sahen. Sie nahmen die taz beim Wort, wenn sie einen Satz der Marketingabteilung zitierten: »Pressefrechheit ist die Einsicht in die Notwendigkeit, Unterdrücktes zu drucken, weil dessen Verschweigen das Einverständnis in die Unterdrückung einschließt.« Die Redaktion druckte nach langem Hin und Her eine Erklärung der »Menschen aus unterschiedlichen autonomen, antiimperialistischen Zusammenhängen in West-Berlin«. Doch die redaktionelle Autonomie wollte man nicht abgeben.

»Auch wir sind autonom«, schrieb Redaktionsleiterin Georgia

Tornow, die drei Tage später die Leserschaft unterrichtete. Die »Gäste« forderten einen eigenen Raum und erhielten Asyl in der Aboverwaltung. Nach langen Debatten fand man schließlich einen Kompromiss: Vier Seiten sollten in Kooperation mit der Gruppe gestaltet werden. Doch der Versuch der Zusammenarbeit dauerte nicht lange. »Da die Unterstützergruppe noch am Freitag damit begonnen hatte, die neue Forderung nach Verfügung über drei taz-Seiten wöchentlich über das taz-Faxgerät in alle Welt zu verbreiten, sah der Vorstand gestern diese Kooperationsbasis nicht mehr gegeben: die Unterstützergruppe wurde gebeten, das Haus zu verlassen.«[146]

Das war's. Vielleicht gingen in diesem Moment die 80er Jahre als Jahrzehnt der »harten Konfrontation mit dem Staat« (so die Besetzergruppe) zu Ende. Die taz hatte ihre Autonomie verteidigt, und der Verfassungsschutz interessierte sich nicht mehr für das innerredaktionelle Geschehen. Jetzt, jenseits des abgedroschenen Antagonismus von Staat und Protestbewegungen, konnte die taz endlich werden, was sie insgeheim schon immer war: eine bürgerliche Zeitung mit modernisierender Wirkung. Ihre erste historische Mission, die Befriedung der Verhältnisse und die Reintegration des RAF-Solidaritätsspektrums in die Gesellschaft, war erfüllt. In den 90ern stand eine andere Aufgabe im Mittelpunkt: die Entideologisierung des Denkens.

17.10.1988. Grenzerfahrungen

Semiotik der Moral: Die »Gaskammervoll«-Erregung. Grenzen überschreiten, Grenzen befestigen. Ästhetisches Weltempfinden und politische Korrektheit. Blockade gegenseitiger Interessen. »Guten Morgen!« Die Erfindung der Wahrheit. Strukturelle Korrektheit. Der lange Marsch zur Chefredaktion.

»Das muss ja wohl eine historische Stunde für die taz gewesen sein«, sagte ein Redakteur, der die Sitzung des Plenums verpasst hatte. Endlich einmal waren »Zeichen gesetzt«, »eine Grenze gezogen«, »eine Entscheidung getroffen« worden – Reaktionsweisen mithin, die nicht unbedingt zu den Stärken basisdemokratischer Urteilsfindung gehören. Mit einer Mehrheit von sechzehn gegen elf Stimmen – der Rest der zunächst vierzig oder fünfzig Leute war schon vor dem Ende der mehrstündigen Debatte nach Hause gegangen – wurde die Entlassung von zwei Redakteurinnen beschlossen, die für die Medienseite und die Kulturseite des Berlin-Teils verantwortlich waren.

Was musste geschehen, bevor in der taz Kündigungen ausgesprochen wurden? Am 17. Oktober 1988 berichtete Autor Thomas Kapielski von einem Besuch in der Diskothek »Dschungel«, die ihren zehnten Geburtstag feierte. In dem launigen Bericht über Türsteher und Einlasskontrollen, Pferde-, Hunde- und taz-Jahre, Hertha BSC-Stirnbänder und Lorbeerzierbäumchen fand er die Wendung passend, es sei »bereits um acht Uhr abends gaskammervoll« gewesen. Auf der Medienseite erschien am selben Tag ein weiterer Text Kapielskis zu einem TV-Bericht über den Maler Anselm Kiefer. Darin hieß es: »In Amerika erregt bei jüdischen Kennern und Sammlern der finstere Kellerbunkermuff mit KZ-Schornsteinruß und Zeltlagerstrohsack den furiosesten Kauftrieb. Und wir Deutschen sind wieder so blöd und sehen nicht, daß hier (neben oder unter Aldi, Butterhoffmann usw.) WALHALLA verborgen liegt. Aber jetzt, zur Strafe in Form von wotansteuren Bildern, die wir versäumt haben früher günstiger zu erwerben, können wir es doch im Fernsehn sehn.«

Beide Artikel hatten Redaktion, Satz, Layout und Korrektur durchlaufen, ohne dass jemand Einspruch erhoben hätte. Erst als eine Woche später vier Leserbriefe eintrafen, kam es zum Eklat. »Ich bin absolut empört darüber, in einer Zeitung wie der taz das Wort ›gaskammervoll‹ lesen zu müssen. Es ist mir unverständlich, wie der Artikel von T.K. auf der Kulturseite offensichtlich widerspruchslos gedruckt werden konnte«, schrieb eine Leserin aus Berlin, und die Schriftstellerin Pieke Biermann fragte: »Hat sich überhaupt irgendjemand irgendetwas gedacht oder ist es zuviel verlangt von MacherInnen einer Zeitung zu verlangen, dass sie denken?«[147] Es war kein Zufall, dass zunächst mehrheitlich Frauen protestierten. Der Streik der Redakteurinnen wegen einer als unerträglich empfundenen pornographischen Seite lag erst ein gutes halbes Jahr zurück. Schon damals ging es um guten und schlechten Geschmack und um politische Moral. Diese Front wurde jetzt wieder sichtbar. Wer in der taz häufig unter »rassistischen und sexistischen« Bemerkungen[148] zu leiden hatte, neigte nun auch zu der Ansicht, einen akuten Fall von Antisemitismus bekämpfen zu müssen. Es begann die Epoche der »Political Correctness«, und das betraf alle sensiblen Themengebiete. Wo sonst als im empfindsamen Nervensystem der taz hätte das zuerst registriert werden können?

Vielleicht hatte sich tatsächlich niemand etwas gedacht, der Autor am allerwenigsten. »Ausfallend aber doch arglos« habe er das Wort »gaskammervoll« benutzt, schrieb Kapielski fünfzehn Jahre später in seinem Writersblog[149] im Internet über diese Episode, die ihm bis heute anhängt und in fast jeder Besprechung seiner Bücher Erwähnung findet. Aus Kapielski, den damals kaum jemand kannte, ist seither eine literarische Berühmtheit geworden, ein geschätzter Kneipenphilosoph, Antikünstler, Alltagsfotograf und Musiker, der mit seiner Mitgliedschaft das Kreuzberger Nasenflötenorchester beehrt, der aber auch eine Gastprofessur in Kassel bekleidete und beim Klagenfurter Wettlesen um den Bachmann-Preis mit einer Literaturbetriebspersiflage für Furore sorgte. Sein subversiver Witz, mit dem er pathetisches Gerede und hochkulturelle Zeremonien elegant zu unterlaufen versteht, findet republikweite Wertschätzung in großen und kleineren Feuilletons. Mit seiner Laufbahn als taz-Autor aber war es im Herbst 1988 vorbei. Wäre er damals schon so prominent gewesen, sagen seine Verteidiger heute, wäre es nicht zum Skandal gekommen. Wer weiß.

Kapielski hatte auf grobe Weise den Konsens verletzt, mit Holocaust und antisemitischen Klischees keinen Scherz zu treiben. Die zeitverzögerte, dann aber umso wuchtigere Empörung richtete sich darauf, dass er den frivolen Vergleich nur gesucht habe, um ihn als billigen Effekt auszubeuten – eine Provokation um ihrer selbst willen also, auf Kosten der Opfer des Nationalsozialismus.

Die sogenannte »Bewältigung« der deutschen Vergangenheit war eine humorfreie, mit religiösem Eifer betriebene Sache, die »korrektes« Sprechen einforderte, noch bevor der Begriff der »Political Correctness« aus den USA importiert wurde. Kein anderer Bereich der öffentlichen Rede wurde von Geboten so durchregelt wie das Sprechen über den Holocaust. Das Wort »Jude« beispielsweise ließ sich in der Bundesrepublik nicht unbefangen benutzen, denn es klang in vielen Ohren schon so, als befürworte man damit die nationalsozialistische Rassenlehre. Begriffe wie »jüdische Mitbürger«, »jüdische Deutsche« oder gar »Angehörige der jüdischen Religionsgemeinschaft« fanden als Vermeidungsbegriffe Verbreitung. Die Entsprechung dazu ist das seltsame Wort »Nichtjuden«, dem streng genommen »Nichtchristen« oder »Nichtmuslime« zur Seite gestellt werden müssten. Solche Wortschöpfungen lassen erkennen, dass sie eine Peinlichkeit umgehen sollen, die sie dadurch aber erst recht betonen. Die Strenge, mit der die Deutschen sprachlich zu beweisen suchten, inzwischen auf der Seite des Guten zu stehen, provozierte gezielte Grenzverletzungen. »Gaskammervoll« trifft, ob bewusst oder nicht, mitten ins sprachliche Regelwerk. Je zuverlässiger das offizielle Gedenken funktionierte, umso dringlicher schien es, dessen Ritualisierung zu unterlaufen. Wo Religion ist, gedeiht eben auch die Ketzerei.

Das wurde Ende der 80er Jahre immer deutlicher spürbar. In der taz operierte partisanenhaft eine kleine Gruppe von Herausforderern, zu denen Helmut Höge, Wiglaf Droste, Mathias Bröckers, Gabriele Riedle sowie die nun zu entlassenden Redakteurinnen Sabine Vogel und Regine Walter-Lehmann gehörten. Den Vertretern eines postmodernen »Anything Goes«, die eher ästhetisch empfanden, stand die Mehrheitsfraktion der politisch argumentierenden »Korrekten« gegenüber. Beide Seiten agierten im Dienst einer höheren Moral und hatten das Rechthaben für sich gepachtet. Die Partisanen bekämpften heldenhaft die herrschende Heuchelei, die Normierung der Sprache, die Langeweile des Bekannten. Sie verstanden sich als Spaßguerilla im Freiheitskampf gegen die Tyrannei dogmatischer Gedenkwächter. Die Korrekten verteidigten aufrecht die antifaschistischen Werte gegen billige Provokation, eitles Pathos und politische Indifferenz. Sie sahen sich als Hüter historischen Bewusstseins gegen die Geschichtsvergessenheit notorischer Tabubrecher.

Die Differenz bestand gleichwohl weniger in der politischen Orientierung als in der Sprechweise. Wiglaf Drostes spöttische Formulierung »Die Endlösung der Dudenfrage« brachte den Konflikt auf den Punkt. Die Front verlief ja nicht zwischen Antifaschisten und NS-Sympathisanten und auch nicht zwischen »links« und »rechts« oder »radikal« und »liberal«, sondern zwischen politischem und ästhetischem Weltempfinden oder anders, dramatischer formuliert: zwischen Aufklärung und Postmoderne. Ein Kennzeichen der Postmoderne bestand darin, den semiotischen Zusammenhang zwischen »Zeichen« und »Bezeichnetem« in Frage zu stellen. Die Wende von der Ontologie zur Linguistik war ein Erbe des französischen Strukturalismus. Die verbreitete »Dekonstruktion« von Sinnzusammenhängen basierte auf der Erkenntnis, dass es keine Bedeutung an sich gibt, sondern nur »kontextuelles« Erfassen von Wirklichkeit. Die Verteidiger Kapielskis betonten also die Differenz zwischen dem Sprechen über den Holocaust und der Ungeheuerlichkeit des nationalsozialistischen Verbrechens, für das es eben keine korrekte sprachliche Entsprechung geben könne. Ihre Zersetzungsarbeit zielte nicht auf historische Relativierung. Sie polemisierten gegen das Betroffenheits- und Versöhnungsgerede, das ihrer Ansicht nach nur dazu diente, sich selbst zu entlasten. Allerdings stellten sie sich nicht dem Problem, dass sie mit dieser Strategie auch rechtslastigen Geschichtsrelativierern zuarbeiteten.

Für die taz stand mit diesem Konflikt das Selbstverständnis als aufklärerisches, linkes Projekt auf dem Spiel. Wie sonst wäre es zu

Der Sprung über die Mauer, November 1989

erklären, dass so heftig mit Ausschlüssen reagiert werden musste? »Das Bewusstsein setzte sich durch, dass die taz eine Grenze ziehen muss, wenn sie sich nicht selbst aufgeben will.« So stand es, die Debatte resümierend, in der Zeitung.[150] Das mag richtig gewesen sein. Als Haltung unterschied es sich aber nicht von der Reaktionsweise des Staates auf seine linken Herausforderer in den Jahren zuvor. Die taz-Mehrheit begab sich, um die eigene Identität zu retten, in eine autoritäre, dekretierende Rolle, was doch der Identität der Zeitung nicht weniger widersprach. Sie verteidigte die antifaschistische Moral gegen die antibürgerlich auftretende Provokation. Gerade deshalb, weil hier Identität gegen Identität stand, war dieser Konflikt so zerstörerisch.

Antifaschismus ist ein Grundkonsens der taz. Schon die Gründungsbemühungen im »Deutschen Herbst« 1977 kamen nicht ohne den obligatorischen Hinweis aus, eine Gleichschaltung der Presse wie im »Dritten Reich« dürfe sich nie mehr wiederholen. Für das Selbstverständnis der Gründer lag darin das wichtigste Unterscheidungsmerkmal gegenüber der sogenannten »bürgerlichen« Presse. Die 68er-Generation hatte gegen das Schweigen der Väter rebelliert. Die taz zog zehn Jahre später ins kriegsversehrte West-Berlin, wo die Wunden der deutschen Geschichte überall sichtbar waren. Hier, zwischen den Trümmern der NS-Zeit, konnte die Vergangenheit nicht geleugnet werden. »Wir Neuberliner lebten in ihr und mit ihr und über sie hinaus in einem Laboratorium der Zukunft«, schreibt taz-Gründerin Ute Scheub in ihrem Buch *Das falsche Leben*, in dem sie sich mit ihrem Vater, der in der SS gewesen ist, auseinandersetzt.[151] »Nie wieder Auschwitz« war das ultimative Argument, das in allen politischen Zusammenhängen benutzt wurde – ob bei »Waffen für El Salvador« (»Hättet ihr den Juden im Warschauer Ghetto auch keine Waffen geliefert?«) oder noch Ende der 90er Jahre beim Streit um die deutsche Teilnahme am Balkankrieg der NATO, die der grüne Außenminister Joschka Fischer mit dem Hinweis auf den Holocaust und die besondere deutsche Verantwortung rechtfertigte.

Am schärfsten wurde dieser Konflikt zwischen sogenannten »Bellizisten« und Pazifisten 1991 während des ersten Golfkriegs ausgetragen, als Saddam Hussein Kuwait besetzen ließ und Israel mit irakischen Raketen beschossen wurde. Innerhalb der Linken kollidierte der Pazifismus aus der Zeit der Friedensbewegung mit der Solidaritätspflicht zu Israel, wie sie sich selbstverständlich aus der deutschen Geschichte und dem Holocaust ergab. Diese Unterstützung Israels gebot den militärischen Widerstand gegen die irakische Aggression und stellte sich deshalb auf die Seite der US-Armee.

Der Streit kulminierte, als eine dreiköpfige Delegation der Grünen nach Israel reiste, um mit der dortigen Friedensbewegung zu sprechen. Hans-Christian Ströbele sagte in einem Interview mit Henryk M. Broder, das unter anderem in der taz erschien, den unglücklichen Satz: »Die irakischen Raketenangriffe sind die logische, fast zwingende Konsequenz der Politik Israels.« Zugleich bekräftigte er die ablehnende Haltung der Grünen gegenüber der Lieferung deutscher Patriot-Abwehrraketen, weil es sich dabei nicht um reine Abwehrwaffen handle. Ein paar Tage später musste er als Vorstandssprecher der Grünen zurücktreten und klarstellen, dass er die irakischen Raketenangriffe nicht habe rechtfertigen wollen.

Im Eklat von Interview und Grünen-Reise ging unter, dass er viel Richtiges gesagt hatte – allerdings zur falschen Zeit am falschen Ort. Wenn er seinen Ärger über bundesdeutsche Politiker formulierte, die nach Israel reisten, um dort »in einer Art Bußfahrt einen großen Scheck abzugeben und zu meinen, damit hätte man etwas Sinnvolles erreicht. Das sind dieselben Leute, die diese Waffen zugelassen oder durch ihre Politik mitgeholfen haben, dass Saddam Hussein jetzt diese Waffen hat«[152] – dann hätte man darüber sehr wohl diskutieren können. Stattdessen begann einmal mehr die Debatte um linken Antisemitismus, in der taz mit Verve vorgetragen von Götz Aly, der sich durch Ströbeles Rhetorik reflexhaft »an den ›Stürmer‹ und die ›Nationalzeitung‹« erinnert fühlte und schlussfolgerte: »Damit wird aber endgültig klar, dass die Ablehnung der Patriot-Raketen für Israel nicht aus tief-pazifistischer Überzeugung herrührt, sondern aus einem untergründigen, in normalen Zeiten offensichtlich nur knapp verkniffenen Antisemitismus.«[153] Die Maßlosigkeit der Anschuldigungen ist ein deutliches Indiz, dass es hier nicht bloß um die richtige politische Haltung ging, sondern um die richtige Konsequenz aus der deutschen Geschichte. Im Streit um NATO-Truppen in Bosnien und im Kosovo setzte sich die Debatte nahtlos fort.

Die politische Indienstnahme von Auschwitz wurde dabei nie als obszön wahrgenommen, auch wenn sich mit dem »Nie wieder!« alles, sogar das Gegensätzliche, begründen ließ: die militärische Intervention ebenso wie die pazifistisch motivierte Zurückhaltung. Der Rekurs auf Auschwitz war politisch entwertet, denn er hatte keine bestimmte Position zur Folge. Auschwitz wurde rhetorisch benutzt, und gerade das hätte man doch als unangemessen empfinden müssen.

Obszön wirkte stattdessen Kapielskis Wortspiel, denn ihm fehlte der direkte politische Kontext. Der Verweis auf den Holocaust war zur ästhetischen Chiffre geworden, zum Einsatz in einem Spiel, in dem es nicht um Antifaschismus oder hehre politische Haltungen ging, sondern um die Unterwanderung des Politischen. Der Skandal in der taz markiert den historischen Übergang von den 80ern zu den 90er Jahren. Es ist der Moment, in dem Ironie, Zynismus und die postmodern-spielerische Zeichenhaftigkeit den Vergangenheitsdiskurs enterten. Die empörte Mehrheit reagierte mit dem altvertrauten »Wehret den Anfängen«: reflexhaft, traditionalistisch und hilflos. Die Herausforderer konnten sich dadurch nur bestätigt fühlen. Leitartikler Klaus Hartung entsetzte sich beispielsweise darüber, dass mit Kapielskis Begriff »die Ermordeten der Gaskammern zum Wortspiel freigegeben werden«. Das ist zweifellos richtig. Und doch hat sein Satz eine merkwürdige Schräglage. Kann man »Ermordete« zu etwas »freigeben«? Das klingt, als sei erst das Wortspiel die schreckliche, mörderische Tat. So reagierte die taz dann auch.

Bevor politische Korrektheit problematisch werden konnte, musste sie allerdings erst einmal hart erarbeitet werden, zumindest was die Rechtschreibung betrifft. In der taz schrieb man Auschwitz jahrelang hartnäckig mit Doppel-S und machte aus dem Pogrom beharrlich ein »Progrom«, als wäre das eine Frage von Pro und Contra. Doch erst jetzt, sensibilisiert durch das Wort »gaskammervoll«, fielen solche Entgleisungen ins Gewicht. Ein Leserbriefschreiber entsetzte sich darüber, dass in der Bremer Lokalausgabe zum 50. Jahrestag der Pogromnacht ein »Progrom-Tip« im Tageskalender auftauchte, als eigene Rubrik neben Kino, Konzert und anderen Veranstaltungen. Radioprogrammhinweise standen unter der lässigen Überschrift »9 mal Pogrom«. Wenn die taz Kapielskis Flapsigkeit so bedrohlich empfand, dass sie ihn dafür mit einem Bann belegen musste, dann hätte sie ihre Selbstreinigungsaktion wesentlich konsequenter ausführen müssen. Stattdessen wurde an Kapielski und seinen betreuenden Redakteurinnen ein Exempel statuiert.

Der Bewältigungsmechanismus, der nun in Gang gesetzt wurde, ist nicht weniger bestürzend als sein Anlass. Er lässt dieselben Muster erkennen, mit denen religiöse Gemeinschaften gegen Ketzer vorzugehen pflegen. Die Begriffe »Opfer«, »Scham«, »Schuld« und »Reue« spielten dabei die zentrale Rolle. Klaus Hartung rief dazu auf, sich »öffentlich zu schämen« und »persönliche Verantwortung für Beschämendes zu übernehmen«.[154] Kulturredakteur Thierry Chervel folgte der Aufforderung und legte das Geständnis ab, auch er habe versäumt, ein ähnlich problematisches Wort zu streichen. Ein Artikel von Wiglaf Droste über Alice Schwarzer war mit »Konsensmilch und Euternasie« überschrieben. Er habe das überlesen, so

wie die Redakteurin das Wort »gaskammervoll« überlesen habe.
»Das passiert, wenn man Autoren schätzt und gerade darum nicht
mehr genau genug liest, weil man im Stress ist, weil man akute Kopf-
schmerzen, akuten Liebeskummer, akute Geldsorgen hat, weil man
nur seine Pflicht tut, weil man eben mitläuft, ohne mitzudenken, bekanntlich das schlimmste Verbrechen der Geschichte.« Damit war
die Dimension redaktioneller Verfehlung und Scham bestimmt. Am
nächsten Tag sei er zu Hause am Schreibtisch gesessen und habe
ständig an dieses Wort gedacht. »Aber ich habe nicht in der taz ange-
rufen, um es streichen zu lassen.« Bei der entscheidenden Sitzung
habe er trotzdem gegen die Redakteurin gestimmt, sich dabei aber
»wie ein Henker gefühlt«[155].

Vergangenheitsbewältigung erscheint hier als aktualisierte historische Erfahrung persönlicher Mittäterschaft. Umgekehrt interpre-
tierten die Angeklagten – Kapielski selbst nahm an der Sitzung nicht
teil – die Vorwürfe gegen sich als Versuche, sie zu Opfern zu machen:
Die Saubermänner und -frauen wollten sich auf die Seite des Guten
bringen, indem sie andere opferten. Ein freier Mitarbeiter forderte
gar per Aushang auch für sich ein »Schreibverbot«, nachdem er sich
in den vergangenen Jahren »bis zur Vergasung« bemüht habe, auf-
rührerische Artikel in der taz unterzubringen. Das Modell dieses
Protestes, so stellte Klaus Hartung fest, sei »der historische Brief von
Oskar Maria Graf an Goebbels, der sich beklagte, dass seine Bücher
nicht mit verbrannt wurden«. Hartung bezeichnete diese Opfer-
Selbstinszenierung ganz richtig als »grenzenlose Verluderung, mit
der sich Linke reales Leid, Existenzvernichtung und Tod als Kostüm
zunutze machen für ihre eigenen, kleinen Kreuzigungsszenarien«[156].
Zugleich sah er eine linke Tendenz, »einen Teil selbstverursachter
Opferkultur« abzuwerfen, weil die Linke es satt habe, bis zum Hals
in Moral zu stehen, gegenüber der Dritten Welt, gegenüber den Pa-
lästinensern, gegenüber den Frauen, gegenüber den Ausgegrenzten
und natürlich besonders gegenüber der deutschen Geschichte. Aus
Ermüdung und Überdruss, immerzu Opfern gegenüberzustehen,
macht man sich selbst zum Opfer.

Das waren keine neuen Thesen, sondern bewährte Analysen, die
nun auf die internen Verhältnisse der taz Anwendung fanden. Dass

Kapielskis postmoderne Lockerungsübung damit eher überfrachtet wurde, spielte keine Rolle. Die Eitelkeit des genialisch-heroischen Tabubrechers wurde mit der Eitelkeit vernunftbegabter Analytiker beantwortet. Das gilt auch für den Schriftsteller Peter Schneider, der kühn die Linie zu linkem Antisemitismus zog. Schneider wusste selbst, dass er an einem falschen Beispiel ein »altes Leiden« verdeutlichte, tat es aber trotzdem: »Die unterschwellig angebotene Gleichung ›Die Palästinenser sind die neuen Juden, die Israelis die neuen Nazis‹ dient nur unbewussten deutschen Entlastungswünschen.«[157] Das ist wohl auch ein altes Leiden der Linken: dass jeder sein Thema herbeizitiert, ob es passt oder nicht und alles in einen großen Topf geworfen wird.

Eine der wenigen, die sich von der allgemeinen Hysterisierung nicht anstecken ließen, war Medienredakteurin Renée Zucker, die das »hohle, selbstgefällige Pathos« der Empörungsfraktion beklagte. Darin verberge sich der »brave, kopfnickende Kleinbürger«, der froh sei, auf der richtigen Seite zu stehen. »Darauf sind wir stolz, dass wir etwas gefunden haben, was wir auf die Fahne unseres zerrissenen Landes schreiben können: ›Auf keinen Fall Wortspiele, die auch nur im Entferntesten antisemitisch ausgelegt werden könnten.‹« Es gebe keinen adäquaten stilistischen Ausdruck für das, was in Deutschland geschehen ist, schrieb Renée Zucker. »Wenn jemand bei jeder Ungerechtigkeit pathetisch reagiert, dann wird er es auch in diesem Falle tun; wenn jemand mit Zyne und Satire seine Schmerzen über die Welt ausdrückt, wird er es auch bei diesem Thema tun. Es bleibt in der sehr persönlichen Verantwortung eines jeden, auch und gerade dann, wenn wir ›öffentlich‹ arbeiten.«[158]

Die Mehrheit aber beschloss, Grenzen zu ziehen, um gut und böse, richtig und falsch voneinander zu trennen. Denn so funktioniert Moral. Der seitenfüllende Bericht über das große Plenum (»eine der ernsthaftesten und gleichzeitig erschreckendsten Diskussionen in der taz-Geschichte der letzten Jahre«) verteidigte den unproduktiven Status quo redaktioneller Selbstblockaden gegen die »scheinradikale Tabubrecherei«. Trostloser könnte die Selbstbeschreibung einer linken Tageszeitung nicht ausfallen, als es hier geschah: »Das Wesen der taz liegt im Gleichgewicht der Kräfte, in der gegenseitigen Blockade der Interessen, die durch einige programmatische Leerformeln ideologisch überdacht wird und sich im Zeitungsbild in einem teils produktiven, teils unverbindlichen, teils beliebigen Pluralismus niederschlägt.«[159] Das heißt: Der Alltag der taz bestand aus Neutralisierung, Besitzstandswahrung und ressortweisem Rückzug hinter die jeweiligen Gartenzäune, um misstrauisch zwischen den Latten vor dem eigenen Kopf die Kollegen zu beäugen. Dass man so, auf der Basis gegenseitiger Verhinderung, eine Zeitung machen konnte, sei wahrlich ein Wunder, notierte Gastkolumnist Wolfgang Neuss und empfahl dagegen ein programmatisches »Guten Morgen«:»Inspiration, Temperament, Ekstase müssen nicht da sein, aber wenigstens ein ›Guten Morgen, ich wünsch dir einen schönen Tag.‹ – Ja aber, der hat doch ›gaskammervoll‹ geschrieben. – Na und, ›Guten Morgen‹. Wer das sagt, ist doch kein Faschist. In der ›Bild‹-Zeitung, in der BZ, überall traut man viel zu viel diesem ›Guten Morgen, draußen scheint die Sonne‹, in der taz traut man ihm überhaupt nicht. ›Schade dass kein November-Wetter is‹ – so sehen die Redakteure aus …«[160]

Das Bedürfnis, Grenzen zu ziehen, wäre unvollständig beschrieben, wenn neben den internen Kämpfen nicht auch die gesellschaftlichen Ereignisse in den Blick gerieten. Parallel zur »Gaskammervoll-Erregung« in der taz erlebte die Bundesrepublik einen ungleich größeren Skandal um ihren Bundestagspräsidenten Philipp Jenninger. Der hielt am 10. November 1988, zum 50. Jahrestag der Reichspogromnacht und genau ein Jahr vor dem Fall der Berliner Mauer, eine Rede, in der er nicht nur die Verbrechen des Nationalsozialismus thematisierte, sondern auch über das »Faszinosum« Hitler sprach. Er wollte den Aufstieg der Nazis erklären, indem er ihn aus der Perspektive eines deutschen Kleinbürgers der 30er Jahre beschrieb. Jenninger spielte diese Rolle so überzeugend, dass für die Zuhörer im Bundestag der Unterschied zwischen Rolle und Person nicht mehr auszumachen war. Die zweifellos antifaschistisch gemeinte Rede ging gründlich daneben. Die Grünen verließen geschlossen den Plenarsaal, die SPD-Fraktion teilweise. Auch die CDU war irritiert. Am nächsten Tag musste Jenninger zurücktreten.

Auch in diesem Fall ging es nicht um historische Wahrheit, sondern um den falschen, unpassenden Ton. Dabei hatte Jenninger sich alle Mühe gegeben, alles richtig zu machen. Er benannte die Verbrechen des Nationalsozialismus und versuchte, dessen Genese historisch nachzuzeichnen. Er sprach sich gegen jegliche Schlussstrich-Tendenzen aus, womit er über das in der CDU Übliche, etwa Helmut Kohls »Gnade der späten Geburt«, hinausging. Man warf ihm aber mangelnde emotionale Anteilnahme vor. Die Rede wurde als geschmacklos empfunden, weil sie sich, anstatt Betroffenheit zu demonstrieren, allzu ausführlich mit der Psyche der Mitläufer auseinandersetzte. »Jenninger hat die Öffentlichkeit des Bundestags mit einer Therapiegruppe verwechselt«, kommentierte Lothar Baier in der taz. »Er hat vergessen, daß es bei einer repräsentativen politischen Rede nicht auf den therapeutischen Effekt, sondern auf die Schlagzeilen-resistenz und Fernsehfestigkeit jedes einzelnen Satzes ankommt.«[161]

Die Heftigkeit der öffentlichen Reaktion beruhte zum Teil auf einem Missverständnis. Die Moral der »Political Correctness« setzte sich durch. Das Risiko »falscher« Sprechweisen erhöhte sich von nun an kontinuierlich. Die taz wollte es im eigenen Haus möglichst klein halten und anarchistische Kamikaze-Aktionen in Zukunft verhindern: Vertrauen ist gut, Kontrolle ist besser. Doch das ging nur mit strukturellen Veränderungen. Die Stärkung der Hierarchie mit einer verantwortlichen und mit Machtbefugnissen ausgestatteten Chefredaktion an der Spitze war die eine langfristige Konsequenz der »Gaskammervoll«-Affäre, die Erfindung der »Wahrheit« die andere.

»Wahrheit« heißt bis heute die letzte Seite des überregionales Teils. Glaubt man Umfragen, hat sie nach der Titelseite die meisten Leser. Seit ihrer Etablierung im Herbst 1991 überstand sie alle Layoutreformen nahezu ungeschoren. Sie blieb, wie sie damals erfunden wurde. Die »Gurke des Tages«, zuvor auf der »Leibesübungen«-Seite, fand hier ihren dauerhaften Platz. Der tägliche Cartoon wurde schon bald von »Tom« gezeichnet. Am 6. Dezember 1991 erschien zum ersten Mal »Touché«. Seither sind Toms knollennasige Figuren zu einem Markenzeichen der taz geworden, wie auch der sympathische Frosch, der die teils absurden, teils dadaistischen Wetterkolumnen ziert. Die »Wahrheit« brachte ein bisschen *Titanic* in die taz. Sie bot all den anarchischen Elementen ein Asyl, die im Zuge der fortgesetzten Professionalisierung problematisch geworden waren. Satire, beißender Spott, Blödelei und Beleidigung, Lüge und Geschmacklosigkeit, Scherz und Ironie, Klatsch und Tratsch, aber auch humoristische Lyrik und sehr persönliche Kolumnen über Gott und die Welt erhielten hier einen exklusiven Platz. Exklusiv bedeutet zugleich: herausgehoben und ausgeschlossen. Die »Wahrheit« wurde zur Spielwiese des Unerlaubten, zur Oase der Unterhaltsamkeit, zum Kinderzimmer einer Zeitung, die beschloss, endlich erwachsen zu werden. Auf der »Wahrheit« durfte man weiter mit Klötzchen auf alles werfen, was einem missfiel. Umso seriöser würde die übrige Zeitung erscheinen.

Taz-unkundige Leser erkennen diesen Zusammenhang nicht immer rechtzeitig, und doch ist es sehr selten, dass »Wahrheits«-Pöbeleien ganze Staatsaktionen auslösen. So schrieb Autor Peter Köhler im Sommer 2006 in der Serie »Schurken, die die Welt beherrschen« einen satirischen Artikel über den polnischen Präsidenten Lech Kaczyński, den er beherzt als »Polens neue Kartoffel« bezeichnete. Kaczyński war so beleidigt, dass er nicht nur ein Treffen mit Jacques Chirac und Angela Merkel in Weimar absagte, sondern gar eine Entschuldigung der Bundesregierung forderte, die allerdings mit Verweis auf die Pressefreiheit jeglichen Kommentar verweigerte. Als »Kartoffel-Affäre« machte die Geschichte Schlagzeilen, und die taz freute sich: So viel Aufmerksamkeit hatte sie mit einer Satire schon lange nicht mehr ausgelöst.

Auch die »Fakes«, die erfundenen Geschichten und ausgedachten Interviews, die in den 80er Jahren zumeist Helmut Höge unter wechselnden Pseudonymen beigesteuert hatte, sollten in Zukunft auf der »Wahrheit«-Seite unterkommen, damit sie nicht länger mit richtigen Wahrheiten verwechselt werden konnten. Höge hatte beispielsweise berichtet, der mit den *Männerphantasien* berühmt gewordene Soziologe Klaus Theweleit habe im Harz eine Scheune gekauft, um dort rechtsradikale Jugendliche zu therapieren. Oder er erfand eine Geschichte über Pflanzenmusik und wie sie hörbar gemacht werden konnte. Ein ausgedachtes Interview mit »revolutionären Heimwerkern« über das Fällen von Strommasten klang so echt, dass es Bonner Politikern als Beweisstück des »zunehmenden Gewaltpotentials« diente. Und eine Rede des Bundespräsidenten Richard von Weizsäcker wurde so liebevoll nachempfunden, dass der sie vielleicht selbst für echt gehalten hätte. Jedenfalls signierte der Bundespräsident den Redakteuren diese Seite auf der Buchmesse. Solche Texte wirkten subversiv, gerade weil sie nicht sofort als Fälschungen zu erkennen waren. Sie unterminierten gezielt die Objektivität und die Glaubwürdigkeit der Berichterstattung und förderten den Zweifel an der medialen Wirklichkeit.

Die Ressortbezeichnung »Wahrheit« ist ein ironisches Spiel, denn es ist klar, dass auf dieser Seiten dem Gestus des Wahrheitsverkündens eher misstraut wird. Auch der Titel der einstigen West-Berliner Tageszeitung *Die Wahrheit*, der DDR-finanzierten Parteizeitung der SEW, kam damit als Witz ins historische Endlager. Doch mit dem Stempel »Wahrheit« war jede Satire von vornherein kenntlich gemacht. Was hier stand, brauchte nicht mehr ernst genommen zu werden. Verwechslungen mit der Wirklichkeit waren von jetzt an ausgeschlossen. So hervorragend die »Wahrheit« als Seite funktionierte, so sehr beendete die Institutionalisierung des Anarchischen die anarchische Phase der taz. Das merkten auch ihre Autoren. Ihr Hofnarrenstatus führte dazu, dass die »Wahrheit« heute manchmal mit so verbiesterter Ernsthaftigkeit daherkommt, als hielten ihre Autoren und Redakteure diesen Platz mittlerweile tatsächlich für den Hort der Wahrheit. Geschmäcklerisch und besserwisserisch wird dann abgekanzelt, wer oder was aus welchen Gründen auch immer missfällt. Und weil böse zu sein gewissermaßen zum guten Grundton gehörte, konnte der sogenannte »Gutmensch« zum Schimpfwort und zum Hauptfeind werden, als sei ausgerechnet er für das Schlechte auf der Welt verantwortlich.

Die Einsicht, Verantwortlichkeiten und damit so etwas wie eine Chefredaktion etablieren zu müssen, ist die zweite, langfristige Folge der »Gaskammervoll«-Affäre. Dem Bedürfnis nach politischer Korrektheit entsprach die wachsende Akzeptanz hierarchischer Strukturen. Es gibt eben auch eine strukturelle Korrektheit. Als Ende 1988 Wirtschaftsredakteurin Georgia Tornow zur Chefin gewählt wurde, hieß dieses Amt noch vorsichtig »Redaktionsleitung«, und Wiglaf Droste trug, animiert von Alice Schwarzers PorNo-Kampagne, ein T-Shirt mit der Aufschrift TorNo. »Redaktionsleitung« klang zwar schon deutlicher nach Autorität als die »Freigestellten« der Jahre zuvor. Eine richtige Chefredaktion war es aber noch nicht, denn sie besaß keine Weisungsbefugnisse. Stattdessen sollte sie sich um die »konzeptionelle Weiterentwicklung« der Zeitung kümmern, also möglichst weit weg von der Tagesproduktion und aktueller Einflussnahme operieren. Es handelte sich somit eher um eine kosmetische Veränderung. Die taz brauchte ihre Vorgesetzten, um sich an ihrer kleinen Autorität abzuarbeiten, und verbrauchte sie damit in großer Zahl.

Auf Tornow, der 1989 Martin Kempe und 1991 Andreas Rosteck zur Seite gestellt wurden, folgte 1992 das Trio Michael Sontheimer, Jürgen Gottschlich und Elke Schmitter. Sontheimer hatte anfangs zwar keinen eigenen Schreibtisch, durfte sich aber erstmals »Chefredakteur« nennen. 1994 übernahm für kurze Zeit Arno Widmann, der von der *Vogue* zur taz zurückkehrte, um von dort zum Feuilleton der *Zeit* zu wechseln. 1995 trat mit Arno Luik und Norbert Thomma auf der einen, Thomas Schmid auf der anderen Seite ein Trio an, das bald so zerstritten war, dass der einstige »Freigestellte« Thomas Hartmann als Supervisor und Schlichter zurückgeholt wurde. Vergeblich. Hartmann sagt, die taz sei ihm in dieser Zeit so vorgekommen »wie ein leeres Haus, in dem es keine Treppen gibt, keine inneren Strukturen. Die Leute sind wie auf Lianen von einer zur anderen Seite gependelt.« Da kann man sich im Vorbeigleiten vielleicht noch etwas zurufen, doch Zusammenarbeit ist nicht mehr möglich. Es folgten 1996 Klaudia Brunst und Michael Rediske und mit ihnen die zähe Konsolidierung. Ende 1998 stieß die Reporterin Bascha Mika dazu und blieb auch nach dem Abschied von Brunst und Rediske, die zurücktraten, weil sie die taz für »nicht reformierbar« hielten.

Bascha Mika, die dreizehnte, ist die erste, die sich in diesem Amt langfristig eingerichtet hat. Erst mit ihr, die intern keineswegs unumstritten ist, begann ab 1999 die Phase der grundsätzlichen Akzeptanz der Chefredaktion. Sie selbst sieht das als ein Resultat ihrer Anfangszeit in diesem Amt, als sie für acht Monate ganz auf sich allein gestellt war. Sie machte die seltsame Erfahrung, von einer bis dahin durchaus beliebten Kollegin, deren journalistische Qualitäten unumstritten waren, binnen weniger Tage zur Gegnerin zu mutieren und auch in ihrer journalistischen Kompetenz angegriffen zu werden. Dass sie sich in dieser Zeit nicht habe unterkriegen lassen, habe ihr Respekt eingebracht. Auch eine Reform innerhalb der Chefredaktion kam ihr zugute. Es sollte in Zukunft kein Führungstrio mehr geben, sondern mit Peter Unfried und Thomas Eyrich (der ein paar Jahre später durch Reiner Metzger ersetzt wurde) zwei Stellvertreter an ihrer Seite. Damit bekam die Hierarchie, die Bascha Mika gerne als »flach« bezeichnet, eine richtige Spitze. Auch das trug zur Stabilität bei.

Vielleicht hatte sie aber auch einfach nur das Glück, im richtigen Augenblick angetreten zu sein. Die alten Machtkämpfe waren ausgefochten. Für die Jüngeren, die in den 90er Jahren nachrückten, war es selbstverständlich, dass eine Zeitung eine Führung braucht, die in der Lage ist, Konflikte zu moderieren und eine Entwicklungsrichtung anzugeben. Die basisdemokratische Selbstverwaltung mit all ihren Freuden und Leiden hatten sie nur noch in Restbeständen kennengelernt, und was sie davon hörten, klang wenig verlockend. Die Einsicht, dass eine obere Entscheidungsinstanz nützlich ist, galt nicht mehr nur theoretisch, sondern war jetzt eine akzeptierte Notwendigkeit. Auseinandersetzungen laufen seither sachlicher und nüchterner ab. Und wenn es zu Auseinandersetzungen mit der Chefredaktion kommt, steht nicht mehr gleich die ganze Struktur in Frage, sondern man streitet um konkrete Inhalte. Darin ist die taz eine fast normale Zeitung geworden.

23.09.07

26.2.1990. Anbau Ost

Immobilienbesitz im Weltgeschehen. Oberwasser für die taz. Der erste
Ostler. Deutscher Herbst II. 300.000 Mark Reingewinn. Rank-Xerox-
Revolution. ZK steht für Zeitungs-Kaos. Das Steinbruch-Prinzip.
Bananen für alle! Kulturkampf: Streit um die Stasi-Liste. Spitzel Ost und
Spitzel West. »Müsste rausgefeuert werden«.

Wie leicht es doch sein konnte, eine Zeitung zu gründen! Die kleine
Delegation der taz wurde von Lothar Bisky empfangen, dem neuen
Medienbeauftragen der PDS. In einem dunklen, holzgetäfelten Saal
im ZK-Gebäude in Berlin Mitte, wo ein paar Wochen zuvor Egon
Krenz die DDR ein letztes Mal zu retten versucht hatte, nahmen
Hausherr und Gäste an einem langen Tisch Platz. Bisky, umgeben
von zwei Beratern, fragte: »Was kann ich für Euch tun?« – »Wir
wollen eine Ost-taz gründen.« – »Geht in Ordnung. Wenn es Arbeitsplätze gibt für unsere Leute, Bürger der DDR, und wenn ihr
zahlt. Das Papier nehmen wir dem *Neuen Deutschland* weg. Das
wird in jedem Fall runtergehen müssen mit der Auflage. Wieviel
braucht ihr?« Die tazler sagten versuchsweise: »60.000.« Also war
das die Auflage, mit der die Ost-taz starten würde. Und weiter ging
es wie im Märchen. »Wir brauchen Arbeitsräume für die Redaktion,
für Satz und Verwaltung.« Bisky breitete die Arme aus wie ein König, der auf sein Reich deutet. »Hier im ZK wird es bald viel, sehr
viel Platz geben.« – »Wir wollen lieber nicht ins ZK.« – »Das verstehe ich.« Bisky grinste und bot ersatzweise Räume am Gendarmen-
markt. Nach einer Besichtigung und einigem Hin und Her entschied
man sich dann doch dafür, das erste Angebot anzunehmen. So erzählt Arno Widmann, einer der Initiatoren der taz-Osterweiterung,
die Geschichte.[162]
   Die taz bezog fünf Räume in der einstigen Parteizentrale in der
Oberwasserstraße, gleich hinter dem Staatsratsgebäude und dem
Palast der Republik. Einen Staat weiter zurück in der deutschen
Geschichte residierte hier die Reichsbank Hjalmar Schachts. Heute

gehört der Gebäudekomplex zum Auswärtigen Amt. Der Vorteil bestand nicht zuletzt darin, dass es hier funktionierende Telefone gab – keine Selbstverständlichkeit in der DDR. Außerdem lag die West-Redaktion nahe genug, damit alle halbe Stunde ein Fahrradbote zwischen Ost und West pendeln konnte. Solange die Telefonnetze noch nicht verbunden waren, ging es so am schnellsten. Bei jedem Grenzübertritt musste man zunächst noch den Ausweis vorzeigen und ein Tagesvisum abstempeln lassen. Doch diese letzten bürokratischen Zuckungen des sterbenden Staates dauerten nicht mehr lange.

Oberwasser: Was für ein schöner, programmatischer Name. Auf dem selben Flur war bis vor kurzem die SED-Abteilung untergebracht, die mit linken Gruppen in der Bundesrepublik befasst war. Ein paar vergessene Aktenordner belegten das. Jetzt fand mit der taz ausgerechnet die Zeitung ein Domizil im alten Machtapparatsgehäuse, die in der DDR nicht einmal eine Akkreditierung erhalten hatte – im Unterschied zu den von der taz als »bürgerlich« bezeichneten Blättern, die der SED offensichtlich weniger gefährlich erschienen. Zehn Jahre lang mussten taz-Mitarbeiter, sofern sie nicht sowieso Einreiseverbot hatten, als Touristen getarnt über die Grenze kommen. Ihre Artikel schrieben sie unter Pseudonym, um sich weitere Einreisen nicht zu verbauen und um ihre Kontakte zu DDR-Dissidenten zu schützen. Die Stasi betrachtete diese Arbeitsweise als »konspirativ«, die Pseudonyme der Autoren als »Decknamen«. Die inoffiziellen Recherchen hatte ihre Vorzüge. Wenn es doch einmal gelang, eine amtliche Genehmigung zu bekommen, bekam man dazu auch noch einen amtlichen Begleiter als Aufpasser.

Die taz war nicht unbedingt prädestiniert dafür, im Februar 1990 als erste West-Zeitung in die DDR zu expandieren. Die Epoche des kapitalistischen Raubrittertums, die Zeit der Schnäppchenjäger und Geschäftemacher, die schon einmal das neue Terrain absteckten, begann zwar direkt nach dem Mauerfall. Doch wer hätte gedacht, dass ausgerechnet die linksalternative taz, der es erklärtermaßen nicht um Profite, sondern ums »Projekt« ging, am schnellsten sein würde. Ganz so einfach, wie es der Besuch bei Lothar Bisky nahelegt, gestaltete sich die Arbeit jenseits der Grenze nicht. Noch existierte die DDR, und westliche Unternehmen durften sich nicht einfach niederlassen. Die taz gründete deshalb den »Anbau-Verlag«, um – gewissermaßen mit sich selbst – ein »Joint Venture« einzufädeln. Der Name, ironische Reminiszenz an den Aufbau-Verlag, drückte genau das aus, was die Ost-taz sein würde: eine Erweiterung des Geschäftsbereichs. Juristisch aber handelte es sich um ein eigenständiges DDR-Unternehmen, das nach der Abschaffung der Zensur lediglich die Registrierung für den Vertrieb benötigte.

Anbau Ost: Dass die taz eine Metapher aus dem Immobilienbereich wählte, war kein Zufall. Ein Jahr zuvor, am 1. November 1988, hatte sie ein altes Geschäftshaus in der Kochstraße erworben. Im Juni 1989 waren Redaktion und Verlag dort eingezogen. Auf dem dazugekauften Nebengrundstück entstand 1990/91 ein Neubau; die Berlinförderung für Berliner Unternehmen und Spenden, die über eine eigens gegründete Kommanditgesellschaft flossen, machten diesen Kraftakt möglich. Wieder siedelte die taz, wie zuvor im Wedding, in unmittelbarer Mauernähe. Der Checkpoint Charlie, Grenzübergang der Alliierten, lag gleich um die Ecke, das Hochhaus des Axel Springer-Verlages mit *Bild* und *B.Z.* und *Morgenpost* in Sichtweite. Die taz hatte sich im alten Berliner Zeitungsviertel eingerichtet, ohne freilich zu ahnen, dass sie hier im Herbst 1989 ins Zentrum der Zeitgeschichte geraten würde. Ihr Blick ging nicht nach Ost-Berlin, sondern Richtung Springer. Nicht die deutsche Teilung, sondern das mediale Spannungsfeld definierte das neu zu verortende Selbstverständnis. Geschäftsführer Karl-Heinz Ruch schrieb nach dem Hauskauf: »Vielleicht bewirkt der neue Ort, dass sich die taz ein kleines Stück Zeitungsgeschichte aneignet. Auch eine Form der Enteignung von Springer.«[163] Kreuzberger Autonome hielten mit einem Flugblatt unter der Überschrift »kochstraße – eine front!« dagegen: »Die Landung der taz am bürgerlichen Ufer ist erfolgreich abgeschlossen.«

Als die Grenze geöffnet wurde, war die taz schon da. Redakteur Arno Widmann saß am Abend des 9. November 1989, wie fast jeden Tag, im Café Adler am Checkpoint Charlie. Im Hinterzimmer tagte die Frauenredaktion mit der Redaktionsleiterin Georgia Tornow. Ein Telefonanruf beendete die Sitzung. Die Nachricht, dass heute noch die Grenze geöffnet werde, sorgte für Aufregung. Widmann wollte es nicht glauben und machte den Test: »Ich zog meine

Jacke an und setzte mich in Bewegung. Georgia Tornow, die Frauen-redaktion und ein, zwei Kellnerinnen gingen vor die Tür, um zu sehen, was geschehen würde. Ich ging am ersten Grenzer vorbei. Der war so perplex, dass er mir nur noch hinterherrufen konnte. Der zweite stand ein paar Schritte weiter, rief mir ein Halt zu, stoppte mich aber nicht. Da kam mir ein dritter entgegen. Jetzt war ich ein-gekeilt.« Widmann wurde zurückeskortiert. Auf seine Beschwerde, die Grenze sei doch offen, erwiderten die Beamten: »Aber nur für unsere Leute.«

Vor dem Café Adler wurde er von den Kellnerinnen mit Sekt emp-fangen. Ein erster Fotograf, der von der Maueröffnung gehört hatte, machte seine Bilder, Stunden bevor die ersten Ostler den Westen be-traten. Dieser Vorsprung reichte. Das Foto mit Arno Widmann ging um die Welt. Amerikanische und japanische Zeitungen brachten es als symbolkräftige Illustration: Der erste DDR-Bürger wird im Wes-ten willkommen geheißen. Die Wiedervereinigung, sagt Widmann, begann also mit einer Lüge.[164] Trotz dieses taz-internen Erfahrungs-vorsprungs machte der Berliner Lokalteil am nächsten Tag mit einer Sitzung des Rechtsausschusses im Abgeordnetenhaus auf. Es dauerte 24 Stunden, bis man die welthistorische Bedeutung des Ereignisses in der Nachbarschaft begriff und ein Extrablatt mit dem schönen Titel »Abschied von der Insel – Berlin sieht Land« vorlegte.

Mit dem Mauerfall stiegen die Grundstücks- und Immobilien-preise. Das taz-Gebäude rückte vom Rand West-Berlins ins Zentrum der zukünftigen Hauptstadt und war plötzlich ein Vielfaches seines Kaufpreises wert. Dieser Volltreffer in der historischen Lotterie ret-tete der taz in den schweren Jahren nach der Wende die Existenz. Das eigene Haus garantierte die nötige Kreditwürdigkeit bei den Banken. Das war mehr als notwendig, denn mit der deutschen Ein-heit fiel auch die Berlinförderung weg, die der taz einen Teil ihrer Existenz sicherte. Die Steuervergünstigung war ja 1978 auch der entscheidende Grund gewesen, Berlin als Redaktionssitz zu wählen.

Ökonomisch gesehen war der Mauerfall Glück und Unglück zu-gleich. Überlebensexperte Karl-Heinz Ruch begriff sofort, dass man sich nach neuen Erwerbsquellen umsehen musste. Berlin würde nicht länger am Subventionstropf der Bundesrepublik hängen, aber dafür öffnete sich hinter der Mauer ein neuer Markt. Die Argumente, die dafür sprachen, die taz in der DDR zu verkaufen, waren rein ökonomischer Natur. »Es ging mir Null um eine Ostidentität«, sagt beispielsweise Arno Widmann. Es ging ums Geld. Man fand schnell heraus, dass der Postzeitungsvertrieb der DDR die Abnahme einer festgelegten Auflage garantierte und bezahlte – unabhängig davon, wie viele Exemplare an den Kiosken tatsächlich verkauft wurden. Das unternehmerische Risiko wäre minimal, solange die Ostfiliale mit Ostgeld betrieben werden könnte. Und die Einnahmen wurden sich mit der Währungsunion früher oder später in D-Mark verwandeln. Wie lange es bis dahin dauern und wie lange die DDR noch existieren würde, ließ sich im Herbst 1989 nicht absehen. Mit zwei bis drei Jahren Übergangszeit durfte gerechnet werden. Wäre klar gewesen, dass nach dem 26. Februar 1990, als die erste Ausgabe der Ost-taz erschien, nur vier Monate bis zur Währungsreform am 1. Juli blieben, dann hätte es dieses Experiment wohl nicht gegeben. Dennoch betrug der Reingewinn der taz am Ende 300.000 D-Mark. Finanziell ging die Rechnung auf. Doch lohnte sich der Aufwand auch politisch und marktstrategisch?

Glaubt man Arno Widmann, dann war das überhaupt nicht die Frage. »Ich habe nie gesehen, wie man den Osten für die taz hätte gewinnen können«, sagte er.[165] Georgia Tornow war grundsätzlich gegen die Ost-Erweiterung, weil dort »aus dem Label taz etwas gemacht wurde, was mit der taz nur sehr bedingt zu tun hatte«. Sie misstraute den Machern der Ost-taz, weil die eine »völlig andere Vorstellung vom Staat hatten. Das war eine sehr stark fixierte, autoritäre Linke.«[166] Wie sie zu dieser Einschätzung kam, ist allerdings schwer nachzuvollziehen. Autoritär gebärdeten sich in diesen Monaten vielmehr die antiautoritären Westler. Die Redaktion der Ost-taz, die vorwiegend aus Journalistik-Studenten und Berufsanfängern zusammengestellt wurde, lässt sich eher durch die politische Verunsicherung in einer sich rasend schnell wandelnden Gesellschaft charakterisieren. Die journalistische Ausbildung hatten die Ost-Redakteure den Westkollegen der Gründerzeit immerhin voraus. Allerdings ging es bei ihnen nicht weniger chaotisch zu als elf Jahre zuvor im Westen.

Die eher praktische als ideologische Orientierung ist der eine, grundlegende Unterschied der Ost-taz. Ihre stärkere kulturelle Ausrichtung der zweite. Ihre Macher kamen überwiegend aus dem künstlerischen und kulturellen Bereich. Sie waren nicht, wie einst die Gründer der West-taz, Vertreter politischer Bewegungen. Der erste Redakteur, André Meier, war Student der Kunstgeschichte, der nebenbei auch für den *Sonntag*, die Wochenzeitung des Kulturbundes der DDR, geschrieben hatte. Ein paar Tage nach dem Mauerfall klopfte er bei der taz an. Auf seinen ersten Spaziergängen durch Kreuzberg wurde er an der Grenze mit der türkischen Version der Internationalen begrüßt. Er bewunderte einen luxuriösen Kinderspielplatz und geriet in einen Senioren-Tanztee im Künstlerhaus Bethanien. Der Kapitalismus Kreuzberger Prägung erschien ihm als durchaus funktionsfähiges Gesellschaftsmodell. Entsprechend gering schätzte er die Chancen für einen erneuerten Sozialismus und einen Fortbestand der DDR ein. Sich im Westen um Arbeit und um Verdienstmöglichkeiten zu kümmern, gebot folglich die Vernunft. Und die taz zahlte, verglichen mit den üblichen Gehältern im Osten, nicht schlecht. In der historischen Ausnahmesituation der Wendezeit war der legendäre Einheitslohn wenigstens in Ost-Berlin konkurrenzfähig.

André Meier wurde nach ersten Artikeln als freier Mitarbeiter zum Organisator und Redaktionsleiter der Ost-taz. Er holte zunächst Jürgen Kuttner dazu, der sich ums Geschäftliche kümmern sollte. Kuttner hatte zuvor in der Abteilung »Junge Kunst« im Verband Bildender Künstler der DDR eine Arbeitsgruppe junger Kunstwissenschaftler geleitet und DDR-Generäle durchs Museum gelotst, um ihnen etwas über neuere Tendenzen der Kunst beizubringen. Er wurde Geschäftsführer des Anbau-Verlages. Die Rolle geistiger Mentoren übernahmen die Schriftsteller Martin Stade und Klaus Schlesinger, die auch als Verlagsgründer auftraten. Schlesinger, 1979 aus dem Schriftstellerverband der DDR ausgeschlossen, hatte sich nach seiner Übersiedlung nach West-Berlin der Hausbesetzer-Bewegung angenähert. Er war prädestiniert dafür, zwischen den unterschiedlichen Milieus in Ost und West zu vermitteln. Sein Name signalisierte, dass tatsächlich etwas Neues, Unabhängiges entstehen

Die Ost-taz: André Meier und Jürgen Kuttner

würde, auch wenn die Ost-taz auf dem Papier und den Druckma-
schinen des SED-Zentralorgans *Neues Deutschland* hergestellt werden würde. Berührungsängste gab es nicht. Die Geschäftsbeziehung
mit der *ND*-Druckerei war so praktisch wie hemmend. Das Papier-
format war damit auf die halbe Größe des *ND* festgelegt, der Umfang auf 16 Seiten. Kurzsichtige konnten das Blatt nur mit der Lupe
lesen. Der Redaktionsschluss musste schon auf 16.30 Uhr gelegt
werden, weil danach das *ND* gedruckt wurde. Aktualität war damit
ausgeschlossen. Aber ähnliche Einschränkungen kannte die West-
taz ja auch.

Bevor es so weit war, lud die Redaktion noch im Dezember 1989
zu einem »Brainstorming« in der Kochstraße alle ein, die sie aus dem
Osten kannte. Meier und Kuttner brachten ihre Leute dazu. Eine
merkwürdige Mischung kam so zustande, die von journalistischen
Star-Autorinnen wie Jutta Voigt, Redakteurin des für westliche Begriffe »bürgerlichen« *Sonntag*, bis zu Bürgerrechtlern wie Wolfgang
Templin oder Vera Wollenberger (Lengsfeld) reichte. »Die Bürgerrechtler haben vor allem ideologisch argumentiert«, erinnert sich
André Meier. »Der Wunsch, dann auch mal einen Kommentar zu

schreiben, war der Gipfel ihrer praktischen Arbeit. Und die anderen haben gefragt: Wie sieht es denn mit Arbeitsverträgen und Urlaubsregelungen aus? Das war für mich auch ein absurder Ansatz.« Die erfahrenen Journalisten zogen es vor, in übersichtlicheren Redaktionen anzuheuern. Bürgerrechtler suchten das Weite, weil sie Politik machen wollten, anstatt sich einer journalistischen Basisanstrengung zu unterziehen. Bärbel Bohley wäre gerne Bundespräsidentin geworden, aber doch nicht taz-Redakteurin, sagt Meier. So blieben die Jungjournalisten übrig, die bereit waren, sich auf unorthodoxe Arbeitsverhältnisse einzulassen.

Die Ost-taz war also keine Plattform der Bürgerrechtler. Das ist immerhin erstaunlich, hatte die taz der 8oer Jahre sich doch als natürliche Bundesgenossin osteuropäischer Dissidenten empfunden – nicht nur in der DDR, sondern auch in Polen, wo es gelang, einen eigenen Mann auf der Danziger Lenin-Werft zu platzieren, der über die Streiks der unabhängigen Gewerkschaftsbewegung »Solidarność« berichtete. Das Engagement für Robert Havemann begann demonstrativ in der allerersten Ausgabe im April 1979. Schon damals düpierte die taz die Staatssicherheit, weil es ihr gelang, Texte des unter Hausarrest stehenden SED-Kritikers aus der DDR herauszuschmuggeln.

Auch Wolf Biermann gehörte in den 8oer Jahren zu den Autoren der taz. Immer wieder steuerte er einen seiner Brachialkommentare bei und verstörte damit regelmäßig die taz-Leser- und Belegschaft. Im Februar 1988 kam es zu einem Streit zwischen Redaktion und Produktionsabteilung, weil ein Biermann-Text von so vielen »Säzzerbemerkungen« durchwirkt war, dass er sich kaum noch lesen ließ. Der verantwortliche Redakteur zog den Kommentar aus Rücksicht auf Biermann zurück, doch er erschien trotzdem – mit einer geschwärzten Säzzerbemerkung. Das sah dann so aus wie ein Fall von Selbstzensur und steigerte bloß die Neugier darauf, was die Setzer wohl Schlimmes geschrieben hatten. Ein paar Tage später wurde der Satz deshalb nachgereicht. Da stand: »Weißt du was, du bist wirklich ein absoluter Waschlappen geworden, die Säzzerin.«

Der *Spiegel* lag sicher falsch, wenn er die taz 1980 als »kommunistische westberliner tageszeitung« bezeichnete. KPD wurde in der taz mit »Kräuter, Pillen, Drogen« buchstabiert. Demnach bestimmte nicht das Sein das Bewusstsein. Chemische Substanzen wurden für Bewusstseinserweiterungen aller Art bevorzugt, auch wenn das nicht der marxistischen Lehre entsprach. Der DDR-Machtapparat, der diese seltsame Zeitung als »antikommunistisch« und als »Hetzblatt« einstufte, kam der Wahrheit damit schon näher. In einem Auskunftsbericht des Ministeriums für Staatssicherheit (MfS) aus dem Jahr 1986 hieß es aber auch, dass »eine klare, definierbare politische Linie nicht erkennbar« sei. Für das MfS war es schwer, die taz als ein »Sammelbecken von Anhängern unterschiedlicher politischer Auffassungen« ideologisch einzuordnen. Die Aufgabe, wie mit einem Kollektiv umzugehen war, in dem keine traditionelle Hierarchie herrschte, überforderte das autoritär strukturierte MfS.

Die DDR-treue DKP fand in der taz jedenfalls keine Sympathien. Genüsslich brachte die junge Sponti-Zeitung im September 1979 ein Foto der DKP-Parteizentrale in Kassel. Es zeigte ein Schaufenster mit Plakaten in typischer DDR-Ästhetik, stilisierte Blumen und Fäuste. Doch über dem Fenster hing ein Transparent mit der Aufschrift: »Freiheit für Rudolf Bahro«. In der ersten Etage des Hauses hatten sich Kasseler Linksradikale eingemietet, die sich einen Spaß daraus machten, die DKP mit dem Hinweis auf den inhaftierten marxistischen Regimekritiker zu ärgern. Die taz unterstützte den Aufruf »Freiheit für Rudolf Bahro« und apellierte an den Staatsrat der DDR, zum 30. Geburtstag des Landes eine Generalamnestie für politische Gefangene zu wagen: »Die West-Linke sollte sich nicht lumpen lassen. Wir brauchen ein würdiges Geburtstagsgeschenk zum 30. Jahrestag der DDR am 7. Oktober.«

Für diesen Geburtstag hielt die taz ein passendes Geschenk bereit: Die letzte Seite der Ausgabe vom 7. Oktober sah aus wie die Titelseite des *ND* und war – wie vorausschauend! – als Wendeexemplar konzipiert: »*Neues Deutschland* – Ganz hinten und auf den Kopf gestellt« versprach das Inhaltsverzeichnis. Man musste die taz umdrehen, um sie von hinten als *ND* zu lesen. Die Schlagzeile lautete: »Honecker geflüchtet!« Aus hundert Metern Stoff, überall in der Republik zusammengekauft, habe der Staatsratsvorsitzende nachts heimlich einen Ballon genäht, mit dem ihm nun, zusammen mit seiner Frau Margot, die Flucht in den Westen gelungen sei. Das MfS empfand die Persiflage als »hetzerischen Angriff auf den Generalsekretär der SED, Genossen Erich Honecker«. Die Ausgabe kam ins Archiv der fürs Ausland zuständigen HA XXII. Ob in den Räumen der Behörde heimlich darüber gelacht wurde, ist nicht bekannt. Weiter ausgearbeitet wurde diese Geschenkidee 1987 zur 750-Jahrfeier in Ost-Berlin. Dafür produzierte die taz eine komplette gefälschte Ausgabe des *Neuen Deutschland*, die in der Bundesrepublik Verbreitung fand, in einigen Exemplaren aber auch in die DDR geschmuggelt wurde.[167] Der Staatsbesuch Erich Honeckers in der BRD stand kurz bevor, und so titelte die taz in ihrer *ND*-Ausgabe: »Erich, nimm uns mit!« Ein großes Foto zeigte eine »machtvolle Manifestation« der Arbeiterklasse in der Prachtstraße Unter den Linden, wo zwischen FDJ-Bannern und roten Fahnen auch ein Transparent mit der Aufschrift »Nimm uns mit, Erich« zu sehen war. Der Kulturteil berichtete von einem Biermann-Konzert im »Ballast der Republik« und von der Eröffnung einer McDonald's-Filiale in Leipzig: »Als einen ›Beitrag für Frieden und Freundschaft unter den Völkern, der durch den Magen geht‹, würdigte der Bürgermeister der Stadt Leipzig, Hans Lommelt, die Eröffnung des amerikanischen Spezialitäten-Restaurants.« Aus dem Verzeichnis der rehabilitierten Bücher meldete »ADN« für diesem Monat Titel von Arthur Koestler, Wolfgang Leonhard, Heinz Brandt, Rudolf Bahro und Stefan Heym.

Die DDR war für die taz nie eine realexistierende Alternative zum Bestehenden. Ihr Interesse galt der demokratischen Opposition Ostmitteleuropas, in Polen, der CSSR und in Ungarn, doch man betrachtete diese bürgerlichen oder gar katholischen Oppositionellen auch mit Misstrauen. Innerhalb der Redaktion hatten diese Strömungen es schwer, mit den Befreiungsbewegungen Lateinamerikas zu konkurrieren. Erst mit Gorbatschows Reformpolitik wurde deutlich, dass sich im Osten etwas Welthistorisches ereignete, sagt der Ex-Maoist und SDS-Führer Christian Semler, der 1989 (»nach mehrjähriger Schamfrist wegen meiner schlimmen Vergangenheit!«) als Osteuropa-Experte die Redaktion verstärkte. An der DDR habe es zuvor nur mäßiges Interesse gegeben. Jetzt musste vieles nachgeholt werden.

An Wiedervereinigung verschwendete erst recht niemand auch nur einen Gedanken. Das war ein Projekt der politischen Rechten: Adenauer-Jargon, Rhetorik kalter Krieger ohne Wirklichkeitspotential. »Deutschland« bezeichnete im Alternativmilieu ein Gebilde, dem mit historischer Skepsis zu begegnen war. Nationale Gefühle wurden sofort nationalistischer Gefährdung verdächtigt. Noch im Sommer 1990, als die deutsche Mannschaft bei der WM in Italien Weltmeister wurde, sorgte die taz-Redaktion sich sehr, weil das Wort »›Sieg‹ aus deutschem Mund keine besondere Konnotation mehr« habe. Nationaler Jubel und begeistertes Fähnchenschwingen wirkten bedrohlich; nichts Schlimmeres als die Feststellung: »In deutschen Landen ist *Normalität* eingekehrt.«[168] Der unbeschwerte Jubel, wie er sich bei der WM im Sommer 2006 ausbreitete, wäre 1990 undenkbar gewesen.

Im Herbst 1989 lag eine Wiedervereinigung außerhalb des Denkbaren. Da wurde mit leuchtenden Augen der Aufbruch einer Bürgerbewegung unterstützt, wie es sie in der Bundesrepublik nie gegeben hatte. Plötzlich war die DDR eine revolutionäre Sehnsuchtslandschaft, auf die sich auch die eigenen Wünsche übertragen ließen. Dass »die Demokratie von unten den demokratischen Zentralismus zerbricht« – klang das nicht gerade so wie die frühen Träume der taz?

Klaus Hartung – einst SDS-Mitglied, dann Leitartikler der taz, bis er 1991 zur Wochenzeitung *Die Zeit* wechselte – feierte die »Massen der DDR« mit Worten, mit denen er auch die taz der Gründungszeit hätte charakterisieren können. Doch nun gab es für die alten Nischen-Ideale eine gesamtgesellschaftliche Realität: »Die Massen der DDR sprechen nicht nur eine neue Sprache, ein neues, noch nie gehörtes Deutsch voller Witz, Phantasie und sanfter Radikalität; es entfalten sich nicht nur Züge einer Basisdemokratie, die nicht eine Spur von Westimport hat. Nein, es ist auch möglich, dass die Massen an einen höheren Grad gesellschaftlicher Entwicklung ansetzen können. (...) Sie reden jedenfalls so selbstverständlich in gesamtgesellschaftlichen Kategorien, wie wir in Marktbegriffen denken. Der gescheiterte Realsozialismus hat nicht das Nichts hinterlassen. Die Herrschaft muß nicht umgestürzt werden, es genügt, die Herrschaften wegzujagen. Die Menschen sind eben nicht durch Kapitalbesitz voneinander getrennt, sondern nur durch Privilegien und Unterdrückung.«[169]

Das klang noch frisch nach Utopie und lebbarer Alternative zum Kapitalismus. Noch galt der erste Ruf der Straße: »Wir sind das Volk!« Noch war die Stimmung nicht auf die Wiedervereinigungsparole »Wir sind ein Volk!« eingeschwenkt, so dass Hartung euphorisch ausrufen konnte: »Die Massen von Ost-Berlin, von Leipzig, von Dresden, die nicht nur ›Das Volk sind wir‹ rufen, sondern auch so handeln, haben sich aufgemacht in eine zukünftige Gesellschaft. Dass die Resignierten, die Verbitterten jetzt noch fliehen, nein besser: wegreisen; dass die Opportunisten mitrennen, widerspricht dem nicht. Ex oriente lux.«

Im Dezember sah das schon ein wenig anders aus. Im Februar 1990, als die Ost-taz startete, und spätestens mit der Volkskammerwahl am 18. März, als die Bürgerbewegungen von Bündnis 90 bei trostlosen 2,9 Prozent landeten und die CDU triumphal siegte, hatten die Verhältnisse sich völlig gewendet. Aus der Euphorie des Aufbruchs wurde tiefe Melancholie. Die taz klagte schon im Januar: »Seit drei Monaten geht sie erst durchs Land, die real existierende Revolution in der DDR, und ist schon jetzt so öde. Nicht langweilig mangels Ereignissen, sondern mangels originären Inhalten. Zur Rank-Xerox-Revolution ist sie geworden, die Schnelligkeit nur in einem beweist: die BRD-Verhältnisse zu kopieren. Als ob wir nicht daran schon genug hätten. Nur wir?«[170]

Und doch machte die taz nichts anderes. Auch sie war damit beschäftigt, ihre eigene Kopie in den Osten zu entsenden, um sich dann genervt vom Altbekannten abzuwenden. Die Ost-taz krankte von Anfang an daran, dass dort etwas Neues entstehen sollte, was aber doch nichts anderes sein durfte als die alte taz. Schließlich stand hüben wie drüben »die tageszeitung« auf dem Titel. Doch während die Ostler sich mit großem Elan in die Herausforderung stürzten, schien für die Westler das Experiment schon beendet, sahen sie doch in der DDR keinen Neubeginn mehr, sondern nur noch Abrissarbeiten oder eben die Möglichkeit, ein wenig Geld zu verdienen. Bis zur ersten Ausgabe am 26. Februar blieb nicht viel Zeit. Nullnummern und andere Experimente entfielen. »Das ist eher 'ne Explosion als 'ne

Geburt«, meinte Verlagsleiter Jürgen Kuttner, dem der »Staub vor den Augen« tanzte.[171] ZK stand ab sofort für »Zeitungs-Kaos«. Die Ost-taz war juristisch eine eigenständige Zeitung. Sie sah der West-Ausgabe allerdings zum Verwechseln ähnlich und bestand zum großen Teil aus den selben Artikeln. Die West-taz wurde in der Oberwasserstraße wie ein Steinbruch verwendet. Mindestes drei Viertel der Zeitung wurden einfach übernommen, allerdings nicht, ohne die Texte zu »osten«, wie André Meier das nannte. Die Perspektive von »wir« und »ihr«, von »hüben« und »drüben« musste umgedreht werden, und den Ost-Lesern brauchte man auch nicht zu erklären, wo Dessau oder Radebeul liegen. Zu dieser Auswahl aus dem Westen, die mit eintägiger Verzögerung in die Ost-Ausgabe gelangte, kamen eigene aktuelle Berichte und eine neue Seite eins. Der andere Blick auf das DDR-Geschehen konnte ja nicht nur aus »geosteten« West-Artikeln bestehen.

Auch wenn es nicht darum ging, Inhalte oder Meinungen zu verändern, führte das Steinbruch-Prinzip zwangsläufig zu Konflikten. Die West-Redakteure schätzten es nicht, dass ihre Arbeit zum Rohstoff einer Zeitung wurde, auf die sie keinen Einfluss nehmen konnten und die doch »die tageszeitung« hieß. »Micky-Maus-taz« nannte man die Ost-Ausgabe in der Kochstraße. Mit Klaus Wolschner wurde ein Redakteur als Helfer in den Osten geschickt, der seine Verdienste beim Aufbau des Bremer Lokalteils erworben hatte. Die Ostler empfanden ihn als einen Aufpasser und verstanden seine Entsendung als Hinweis darauf, dass aus der Perspektive der Kochstraße die DDR so etwas Ähnliches wie Bremen sein musste.

Die unterschiedlichen Akzente lassen sich an den ersten Nummern deutlich erkennen. Die West-Ausgabe titelte am 26. Februar 1990: »Volksfront gewinnt die absolute Mehrheit. Die Litauer haben sich für die Unabhängigkeit von der Sowjetunion entschieden.« Darunter wurde gemeldet: »Hans Modrow führt die PDS in die Opposition.« Und: »Kohl mit Bush einig. Im Mittelpunkt von Camp David: Polens Westgrenze.« Die Ost-Ausgabe wirkt neben dieser Weltpolitikbündelung wie eine Lokalzeitung. Der Aufmacher von André Meier rückte das Geschehen im Roten Rathaus ins Zentrum: »Kulturstalinist regiert jetzt die Hauptstadt. Oberbürgermeister Hartenauer kein unbeschriebenes Blatt. Berlins Künstler sind entsetzt. Neuwahlen am 6. Mai wahrscheinlich. Keiner hat mehr Lust zu regieren. Leere Stühle im Rathaus.« Von besonderer Bedeutung daneben die Frage, in welchem Verhältnis die DDR-Währung in D-Mark konvertiert werden würde: »Bonner Experte: Westmark 1:1. Vertrauliche Studien beziffern die Kosten der Einheit: 100 Milliarden Westmark.« Wie sehr hier eigene Wünsche und Hoffnungen die Nachricht bestimmten, zeigt ein Blick in die West-taz, die auf Seite 4 ganz im Gegensatz dazu meldete: »Wechselkurs von 1:1 wird in Bonn dementiert.«

Noch weltenferner standen sich die Ausgaben vom 27. Februar gegenüber. Für die West-taz war das Thema des Tages Nicaragua, wo die Sandinisten die Präsidentschaftswahl verloren hatten und abdanken mussten. Die Revolution: abgewählt. Die internationalistischen Bemühungen eines ganzen Jahrzehnts: vergeblich. Die Hoffnungen auf eine andere Gesellschaft: begraben. Während für die West-taz eine Epoche zu Ende ging, interessierte sich im Osten begreiflicherweise niemand für diesen Abschied von fernen Illusionen. Da lautete die knackige Schlagzeile: »Das Obstsyndrom und der Zankapfel«. In den Konsum-Verkaufsstellen gab es endlich frisches Obst und exotische Früchte. Die Ost-taz machte den Test und meldete froh: »Bananen für alle!« Das war nur ein kleines bisschen ironisch.

Ironie gehörte wie Südfrüchte zu den Dingen, die aus dem Westen importiert wurden und an die man sich im Osten erst gewöhnen musste. Die Sprache, die hier gesprochen wurde, und die Schreibweisen unterschieden sich beträchtlich vom lockeren Szene-Jargon, der in der West-taz so verbreitet war. Sprachverliebter, spielerischer und metaphernreicher wirken die Texte in der Ost-Ausgabe. Sie sind mehr Poesie als Nachricht. Die Freude an der neuen Bewegungsfreiheit ist ihnen anzumerken, aber auch, wie ungewohnt es noch ist, sich deutlich zu artikulieren. Schön, eine Meinung haben zu dürfen, aber auf die Meinung selbst kommt es gar nicht an. Kommentare sind nicht die Stärke dieser Zeitung. Wichtiger sind die schöne Formulierung und die gelungene Wendung. Endlich glänzen dürfen. Es gibt noch keine Norm. Die Westkollegen fühlten sich vom Charme dieses Neuanfangs an die eigenen Anfänge erinnert. Das löste bei ihnen zunächst lauthals beteuerte »nostalgische Schübe«[172] aus, führte aber auch zu heftigen Aversionen. Den Dilettantismus der eigenen Frühzeit wollte so direkt vor der eigenen Nase nicht jeder noch einmal vorgeführt bekommen. Während man selbst gerade damit beschäftigt war, sich eine verlässlichere Struktur zu geben, die Nützlichkeit von Hierarchien nicht grundsätzlich abzulehnen und eine Chefredakteurin zu ertragen, erinnerte die Ost-taz in ihrem fröhlichen Chaos an die wilde Kindheit als eine überwundene Entwicklungsstufe. Diese Ungleichzeitigkeit des Gleichzeitigen konnte nicht gut gehen.

Die DDR-Redakteure wähnten sich autonom, und waren doch Angestellte der taz. Der Einheitslohn wurde ihnen in Ost-Mark ausgezahlt; außerdem gab es dazu dann bald 200 D-Mark in West. 60.000 Exemplare wurden gedruckt und anfangs wohl auch verkauft an den Kiosken der DDR, für 80 Pfennig Ost das Stück. Das war im Vergleich zu anderen DDR-Blättern wie *ND* oder *Berliner Zeitung* ein hoher Preis, spielte aber bis zur Währungsunion keine Rolle. Ost-Mark konnte man leichten Herzens ausgeben, sie würden sowieso bald nichts mehr wert sein. Mit der Währungsreform zum 1. Juli wurde die Ost-taz aber richtig teuer. Das neue Westgeld für eine Zeitung aus dem Osten auszugeben, die aber doch eine West-Zeitung blieb, kam nur für wenige in Frage. Schon deshalb hatte die Ost-taz über diesen Termin hinaus wohl keine Zukunft. Nur für kurze Zeit ließ die verdoppelte Auflage, die, rechnet man Ost und West zusammen, über 100.000 lag, Wahnphantasien von einer Zeitung blühen, die dauerhaft mit sechsstelligen Auflagenziffern operieren würde. Doch nach ihrem Ost-Abenteuer stand die taz im Jahr 1991 etwa da, wo sie vorher auch schon stand: bei rund 60.000 verkauften Exemplaren.

Wenn das Sein das Bewusstsein bestimmt, dann war es die bevorstehende Währungsunion, die im Juni 1990 die Debatten diktierte und den Konflikt zwischen Ost und West eskalieren ließ. Die Entwertung betraf nicht nur das Geld der DDR, sondern zugleich ihre Geschichte und all die uneingelösten Wechsel auf die Utopie. Die Währung, in der diese umfassende Um- und Abrechnung vollzogen wurde, lautete nicht DM, sondern IM. Je gründlicher die DDR-Gesellschaft als spitzeldurchsetzter Überwachungsstaat erschien, umso weniger blieb davon übrig. Im Begriff der »Aufklärung«, der dem Geheimdienstjargon ebenso angehört wie der Philosophiegeschichte, bündelte sich diese Zeitstimmung zu einem emphatischen Bekenntnis zur Öffentlichkeit. Öffentlichkeit bedeutete in diesen Wochen und Monaten, alles zu veröffentlichen, was bis dahin nicht-öffentlich oder gar geheim gewesen war. Die Bewältigung der DDR war identisch mit der Offenlegung ihrer hinterlassenen Aktengebirge.

Es erschien der taz deshalb als aufklärerische und wohl auch patriotische Pflicht, unverzüglich zur Veröffentlichung zu schreiten, als ihr eine Liste mit 9251 Objekten der Stasi zugespielt wurde: konspirative Wohnungen, Dienstgebäude, Freizeitanlagen, Grundstücke, Häuser quer durch die Republik. Die Liste dokumentierte im Detail die Allgegenwart der Stasi, war aber auch mit Vorsicht zu behandeln. Nicht jeder, der heute in einem der aufgelisteten Objekte wohnte, musste deshalb auch ein Mitarbeiter der Stasi gewesen sein.

Am 14. und am 15. Juni kündigte die taz in der DDR-Ausgabe die Veröffentlichung der kompletten Liste für Samstag den 16. so freudig an, als handle es sich um ein lustiges Gesellschaftsspiel: »Wer wissen will, wo genau im Lande die Stasi überall zu Hause war, kann ab Samstag selbst auf Recherche gehen. (...) Viel Spaß!« Doch dann der Rückzieher. Den Ostlern wurde angesichts dieses Tonfalls mulmig. Ein kümmerliches Kästchen auf Seite 1 informierte die Leserschaft: »Schnellschuss. Die seit mehreren Tagen angekündigte Veröffentlichung der rund 9000 Adressen ehemaliger Stasi-Objekte ist auf Bestreben der Redaktion in der Oberwasserstraße storniert worden. Uns und verschiedenen Bürgerinitiativen kamen Bedenken über unabsehbare Folgen. Über die Veröffentlichung ist eine Grundsatzdiskussion in Gang gekommen, am Montag sind wir schlauer. Die DDR-taz.«

Der Streit brach am Freitagabend beim Plenum der Belegschaft offen aus. Die Mehrheit der Westler war für die Veröffentlichung, die Ostler eher dagegen. Sie plädierten dafür, wenigstens die Hausnummern zu schwärzen, um möglichen Racheakten vorzubeugen.

Doch es ging um viel mehr als nur um die Liste. Ohne den Hintergrund der aktuellen Ereignisse dieser Tage lässt sich die Kontroverse nicht begreifen. Am 14. Juni begann der Abriss der Mauer, ein Ereignis von symbolischer Bedeutung. In Magdeburg wurde Inge Viett verhaftet, nach Susanne Albrecht die zweite ehemalige RAF-Terroristin, die in der DDR mit Hilfe des MfS eine neue, bürgerliche Existenz aufgebaut hatte. Am 16. Juni dann die Meldung, dass sieben weitere Ex-RAFler in der DDR festgenommen wurden. Die Stasi-Debatte bekam damit für die westdeutsche Linke eine neue Dimension: Jetzt ging es auch um die eigene Geschichte, die, verwickelt und verwandelt, wie ein fernes Echo aus der DDR zurückkehrte. In den 80ern hatte die autonome Linke unter dem Widerspruch zu leiden gehabt, die eigene Widerständigkeit gegen den Staat zu behaupten und sich doch vom bewaffneten Kampf der RAF zu distanzieren. Jetzt verschob sich das Staatsmisstrauen ostwärts. Indem die Stasi als Nachlassverwalterin der RAF erschien, konnte man sich von Staat und RAF zugleich distanzieren. Zwei Bewegungen, die bisher unvereinbar waren, fielen zusammen. Auch das ist ein Motiv für den Eifer, mit dem die taz Aufklärung im Osten betrieb und einforderte.

Ein zweites zentrales Thema dieser Wochen war die Debatte um Christa Wolf und ihre Erzählung *Was bleibt*. Die Erzählung, in der Wolf ihre Überwachung durch die Stasi an einem Tag des Jahres 1979 schildert, wurde von Frank Schirrmacher in der *FAZ* heftig angegriffen. Wolf inszeniere sich damit als Opfer der Diktatur, obwohl sie doch die DDR-Gesellschaft allenfalls als »kleinbürgerliche, autoritär aufgebaute Familie« begriffen habe. »Sozialismus, Solidarität, schöpferischer Widerspruch, das waren nur andere Worte für Unterwerfungs- und Gleichschaltungsprozesse«, schrieb Schirrmacher über die DDR als den »zweiten totalitären Sündenfall des Jahrhunderts«.[173] Seine Kritik provozierte erregte Für- und Widerreden. Viele Ostdeutsche fühlten sich in ihrer Integrität angegriffen, sahen sie Christa Wolf doch als Repräsentantin einer anderen, »besseren« DDR. Am 14. Juni brachte die taz einen kritischen Artikel von Arno Widmann zum Streit um Christa Wolf und dokumentierte einen solidarischen Brief des russischen Bürgerrechtlers Lew Kopelew. Einen Tag später druckte die Ost-taz Schirrmachers Artikel nach, allerdings ohne seinen Namen zu nennen, lediglich mit dem Hinweis versehen: »gekürzte Fassung aus der FAZ.«

Am Abend dieses Tages dann die Entscheidung des Plenums mit den Stimmen der West-Mehrheit: Die Stasi-Objekt-Liste wird veröffentlicht. Doch die Ostler widersetzten sich. Am Montag, den 18. Juni, teilten sie ihren Lesern mit, die Liste werde nur als Sonderdruck gegen Bestellung und fünf Mark in Briefmarken abgegeben. SPD- und PDS-Politiker, das DDR-Innenministerium, aber auch das Bürgerkomitee hätten dringend vor der Veröffentlichung und unabsehbaren Folgen gewarnt. Die Argumente, die Jürgen Kuttner und André Meier vorbrachten, lassen sich allerdings auch als Stellungnahme in der Christa-Wolf-Debatte lesen. Es ging um die Interpretation der DDR-Gesellschaft jenseits staatlicher Repression, um die Verteidigung eines Freiraums des alltäglichen Lebens, den jeder DDR-Bürger für sich beanspruchte. »Vor diesem Hintergrund«, so Meier und Kuttner, »erscheint uns eine undifferenzierte Aufarbeitung, wie sie von den bundesrepublikanischen Medien und leider zum Teil auch von der taz betrieben wird, wenig hilfreich. Stasi, SED und PDS werden zu Klischees, die die widersprüchliche Beziehung und eigentümliche Verquicktheit von totalitärem politischen System und deformiertem Lebensalltag in der DDR verdecken und den Verdrängungen der großen Mehrheit der Bevölkerung Vorschub leisten.«[174]

Die Westler hatten für diese Feinheiten wenig Verständnis. Als eines der »traurigsten Kapitel der taz-Geschichte« bezeichnete Redakteurin Brigitte Fehrle den »Versuch der MitarbeiterInnen mit DDR-Staatsbürgerschaft«, die Veröffentlichung »zu verhindern«. Die Zeitung, die mit dem Anspruch gegründet worden war, »Gegenöffentlichkeit« zu schaffen, dürfe sich nun nicht plötzlich in Zurückhaltung üben. »Es kann nicht sein, dass die taz in der BRD ein Jahrzehnt radikal dafür gekämpft hat, dass dem Volk Informationen nicht vorenthalten werden, um nun für das Volk der Noch-DDR das Erbe der SED-Funktionäre anzutreten, die 40 Jahre lang entschieden haben, was das Volk wissen darf.« Und weiter: »Es sind die alten Methoden, mit denen hier Politik betrieben wird. Wenn die taz dagegen nicht radikal Stellung nimmt – und dabei ist ihre erste Aufgabe die Weitergabe von Information –, kollaboriert sie mit diesem System.«[175] Da war, wie immer, wenn es um Prinzipien geht, viel Pathos im Spiel. Tatsächlich war die taz gegründet worden, um »Gegenöffentlichkeit« herzustellen – allerdings in einer historischen Situation, in der die westdeutschen Medien ihrer Informationspflicht nicht genügten. Davon konnte nun keine Rede mehr sein. »Gegenöffentlichkeit« wurde in Bezug auf die DDR zu einem Allgemeingut. Es gab geradezu einen Wettlauf um Enthüllungen. Mit Stasi-Themen wurde auf dem Medienmarkt konkurriert. Die taz konnte damit »Gegenöffentlichkeit« zelebrieren und zugleich mit der Mehrheit schwimmen. Sie konnte opportunistisch sein, ohne ihre Gründungsideale zu verraten. Auch das erklärt die innerredaktionelle Aufklärungsemphase.

Die Frage, wie nützlich die Daten der Stasi-Liste für die Aufarbeitung der DDR-Geschichte tatsächlich wären, wurde darüber gar nicht mehr gestellt. Kuttners und Meiers Einwand: »Wir sträuben uns nicht gegen eine lückenlose Aufarbeitung der Vergangenheit. Doch wir denken, dass uns diese Arbeit nicht von außen abgenommen werden kann«, erreichte die West-Redaktion nicht. Die Veröffentlichung der Liste galt hier der Mehrheit als »Beitrag gegen den Verdrängungsprozess, der im Gange ist«. Und das wiederum, so Klaus Wolschner, sei »ein Essential des journalistischen Selbstverständnisses der taz. Und das ist unteilbar.«[176] Damit war nicht nur für Wolschner »das Ende der Ost-taz besiegelt«[177].

Das Stichwort »Verdrängung« ließ die aktuellen Ereignisse mit anderen deutschen Geschichts-Schichten verschmelzen. »Parallelen zur Art und Weise der Verdrängung der Nazi-Mitläufer nach 1945« erkannte Brigitte Fehrle. Was das für das taz-Selbstverständnis bedeutete, wurde auf der Plenumsdiskussion klar, wo Parallelen zu den 6oer Jahren in der BRD gezogen wurden, als die 68er-Generation ihre Eltern dazu zwang, sich der Vergangenheit zu stellen. Jetzt sei es »die Aufgabe der taz, einen neuerlichen Verdrängungsprozess zu verhindern«. An der DDR wurden demnach die Versäumnisse bundesdeutscher Vergangenheitspolitik abgearbeitet. Deshalb verlautbarte die taz rigide und ganz ohne die ihr eigene Lässigkeit: »taz-Plenum in West-Berlin entscheidet, dass sich die BürgerInnen der DDR

Verteilung der Sonderausgabe mit Adressen von Stasi-Objekten auf dem Alexanderplatz, Juni 1990

mit ihrer Vergangenheit auseinanderzusetzen haben.«[178] Die Komik dieses fast schon diktatorisch anmutenden Beschlusses scheint im Aufklärungseifer niemandem aufgefallen zu sein. Man übernahm dieselbe Rolle wie einst die 68er, die aus ihrer empfundenen moralischen Unangreifbarkeit heraus andere zur Auseinandersetzung mit ihrer Schuld zwingen wollten.

Das Prinzip Basisdemokratie erwies sich in dieser unproportionalen Debatte nur noch als »fadenscheiniges Mäntelchen«, wie die Ost-Redakteurin Susanne Steffen feststellte: »Eine Abstimmung, bei der die Zahlenverhältnisse von vornherein klar sind, kann wohl kaum als demokratischer Akt gewertet werden.« Der Leserschaft musste das umständliche Pro und Contra, wie es die Ost-taz in ihrer Montagsausgabe vorführte, gar als bloße Show erscheinen, da doch zur gleichen Zeit eine Gruppe aus der West-Redaktion schon zur Tat schritt. Sie verteilten den Sonderdruck mit der Adressenliste auf dem Berliner Alexanderplatz. Das war eine Demonstration. Ob sie auch der Aufklärung diente, war von untergeordneter Bedeutung. Wäre es nicht sinnvoller gewesen, Bürgerkomitees und einigermaßen kompetente Stellen damit zu munitionieren anstatt sie wahllos zu verteilen? Die Liste sei ihnen von »DDR-Bürgern, die in langen Schlangen vor den Banken warteten, geradezu aus den Händen gerissen worden«, hieß es am nächsten Tag stolz in der West-taz. Zum erwarteten West-Geld die Stasi-Liste – wie passend. Die erste Kulturseite blieb an diesem Tag weiß, um auf das außerordentliche Ereignis und die Tapferkeit der taz-Redakteure hinzuweisen, die mit ihrer Aktion auch noch ein Stück Alexanderplatz-Revolutionsmythos für sich eroberten. Wenn die Ostler versagten mit der Revolution, dann nahmen die Westler nun die Angelegenheit selbst in die Hand. Kein Zweifel: Da wurde ein Kulturkampf ausgefochten.

Am 20. Juni begann in der West-taz der Abdruck der Liste als Fortsetzungsroman. Am 22. Juni wurde mitgeteilt, der Berliner Magistrat habe die Liste öffentlich ausgelegt und auch 115 Büchereien seien damit beliefert worden. Am 29. Juni meldete die Ost-taz etwas kleinlaut, dass von Übergriffen in Folge der Veröffentlichung nichts bekannt geworden sei. Mit der Währungsunion am 1. Juli war die Geschichte der Ost-taz beendet, deren gefühlte Autonomie für die Ost-Redakteure im Streit um die Stasi-Listen endete. Die eindeutige Klarstellung erfolgte schon am 20. Juni. »Die DDR-taz, die im Ost-Berliner ›Anbau-Verlag‹ erscheint, ist keine eigenständige Zeitung, sondern eine Ausgabe der taz«, hieß es da humorlos[179]. In resignierterem Tonfall konstatierte die Ost-taz, dass ihr »Anspruch auf Autonomie« zurückgewiesen worden sei. »Sie ist somit keine ›DDR‹-Zeitung, sondern eine von insgesamt fünf Ausgaben der taz.« Da war es nur logisch, dass die Ostberliner Redaktion aufgelöst und ihre Mitarbeiter nach und nach in die Westredaktionen integriert wurden. Zwei Jahre später hatten alle Ost-Redakteure das Blatt wieder verlassen. Nur in Verwaltung und Produktion blieben ein paar Ostdeutsche übrig. Und der Brite Dominic Johnson, der über den Umweg Ost in die Auslandsredaktion gelangte und seither eine profilierte Afrika-Berichterstattung betreibt. Die taz war ein für alle Mal eine Westzeitung.

Einen unguten Nachgeschmack erhielt die Debatte um die Stasi-Listen, als Jürgen Kuttner Anfang des Jahres 1995 bekannte, während seiner Armeezeit selbst Kontakte mit der Staatssicherheit gehabt zu haben. Auch wenn es sich bei diesen Gesprächen eher um Lappalien handelte, blieb die Frage, warum er davon während der taz-Debatte geschwiegen hatte und was seine Argumente dann noch zählen konnten. »Ich hätte damals gerne ein Statement abgegeben«, sagte Kuttner 1995 im taz-Interview, »aber ich fühlte mich in dieser ganzen Diskussion nicht wohl. Auch in der taz. Da war auch sofort dieser Vergleich DDR und KZ da und dieses Oberlehrerhafte, dass die Ostler erst mal ordentlich Staatsbürgerunterricht brauchen und so was.«[180]

Die taz nahm Kuttners Geständnis gelassen zur Kenntnis. 1995 hatte sich die Einsicht durchgesetzt, dass jeder Fall einzeln zu betrachten sei. Das galt sogar schon für den Leipziger taz-Autor Stefan Schwarz, dessen Name sich auf einer Liste von »Offizieren im besonderen Einsatz« fand, die in der taz vom 30. März 1991 veröffentlicht wurde. Die »Geheimsten der Geheimen« seien das gewesen, teilte Georgia Tornow dazu mit. Sie wies darauf hin, dass darunter auch Falschangaben sein könnten, verbürgte sich aber für die »authentische Quelle«. Die Liste nahm mehrere Zeitungsseiten ein, die sich lasen wie ein Telephonbuch. Dass ein eigener Mitarbeiter darauf zu finden war, fiel in der Redaktion zunächst niemandem auf – erst ein Anruf aus Leipzig brachte sie auf die Spur. Noch im März 1990, als er für die Ost-taz zu schreiben begonnen hatte, stand Stefan Schwarz in Diensten des MfS, das erst Ende März aufgelöst wurde. Die taz sprach milde von einem »Vertrauensbruch«. Es gelang ihr, den Fall nicht als Entlarvung zu inszenieren, sondern ihn tatsächlich dafür zu nutzen, Strukturen und Lebensläufe begreiflich zu machen. Im Gespräch erhielt Schwarz Gelegenheit, sich und seine Tätigkeit als »OibE« zu erklären. Er sprach dabei den denkwürdigen Satz: »Ich hatte vor Augen, dass ich den Journalismus mit der Tätigkeit für die Aufklärung verbinden könnte.«[181] Das nahm die taz ja auch für sich in Anspruch. Nur dass sie unter »Aufklärung« etwas anderes verstand.

Ganz andere Dimensionen hatte der Fall Till Meyer, der sich Anfang des Jahres 1992 zu seiner Agententätigkeit für das MfS bekannte. Damit rückte das Thema aus der DDR-Distanz ins Innere der taz. Auch Westdeutsche hatten für die Stasi gearbeitet und nicht davor zurückgeschreckt, Interna aus der Redaktion zu berichten. Auch Till Meyer verstand sich gewissermaßen als Offizier im besonderen Einsatz. Ob früher als Kämpfer in der »Bewegung 2. Juni« oder, nach seiner Haftentlassung, als realsozialistisch bekehrter Informant der Stasi als IM »Willy Waldorf« – er glaubte, damit immer nur seiner politischen Überzeugung zu dienen. Die taz war für ihn »nicht das Objekt, sondern Mittel zum Zweck«.[182] Das Alternativmilieu war ihm fremd. Er bewegte sich in der taz, wie er seinen ehemaligen Kollegen im Interview gestand, »wie im Feindesland, weil ich wusste, was ihr treibt. Ihr habt der DDR aufs Heftigste geschadet, und ich habe mich als Schützer der DDR gefühlt. In mir hattet ihr einen erbitterten Gegner.« Als Journalist erhielt er Einblicke in unterschiedlichste gesellschaftliche Bereiche, zu denen er ansonsten keinen Zugang gefunden hätte. Ob man darüber dann in der Zeitung berichtet oder aber einem Geheimdienst, macht, was das Handwerk der Recherche angeht, keinen Unterschied. Agenten und Journalisten unterscheiden sich, so sah es ja auch Stefan Schwarz, weniger in ihrer Tätigkeit als vielmehr in ihrem Begriff von Öffentlichkeit.

Die Stasi interessierte sich für die West-Berliner autonome Szene und wollten wissen, ob dort etwas über die in der DDR abgetauchten RAF-Leute bekannt wäre. Till Meyer verstand sich nicht als Verräter seiner Kollegen – »was in der taz geschah, konnte man jeden Tag im Blatt lesen. Wie weit Max Thomas Mehr oder Klaus Hartung rechts von mir standen – dazu brauchte ich niemanden auszuspähen, das wurde durch ihre Kommentare klar« –, sondern als Moderator und Erklärer dessen, was das taz-Milieu gedacht wurde: »Interessant war für sie Folgendes: Wohin geht diese Zeitung? Wie stark sind die Linken noch? Ist die taz nicht in der Lage, von dem Anti-DDR-Kurs abzukommen? Warum muss die einzige linke Zeitung so klar Position gegen sie beziehen? Darüber waren sie sehr traurig.«

Einen weniger sentimentalen Eindruck vermitteln die Akten-Hinterlassenschaften des MfS. Die Herren der Behörde wollten ja nicht nur ihre Traurigkeit genießen, sondern handfeste politische Ziele erreichen. Dass die taz ein »journalistisches Sammelbecken linksgerichteter extremistischer, antisozialistischer Gruppen und Kräfte des Operationsgebietes« war, wussten sie schon. Im Klassenkampf-Jargon handelte es sich dabei um eine »kleinbürgerlich-anarchistische Perspektive«, die »kein Verständnis für die Erfordernisse und Probleme des sozialistischen Aufbaus« aufbringe.[183] Im Januar 1986 wurde die taz als »Feindobjekt« eingestuft, also etwa zu der Zeit, als beim westdeutschen Verfassungsschutz die »Abklingphase« eingeläutet wurde. Als sich der westdeutsche Staat verabschiedete, übernahm die DDR die Überwachungshoheit, nicht ohne nach Kollegen vom VS Ausschau zu halten. »In der gesamten Bearbeitung der ›TAZ‹ konnten Geheimdienstbeziehungen und Steuerungen vermutet, aber nicht beweiskräftig nachgewiesen werden«, heißt es in einem »Sachstandsbericht zur Feindobjektakte ›Die Tageszeitung‹ (TAZ)« der Abteilung XXII/8 vom 22. April 1988.

In diesen Akten finden sich ein skizzierter Lageplan des Redaktionsgebäudes in der Wattstraße, Fotos der Hamburger Redaktion, Adressenlisten, die interne Telefonliste und immer wieder Dokumente, die das jahrelang vergebliche Bemühen der taz um eine ordentliche Akkreditierung in der DDR belegen. Das MfS zeigte sich dabei durchaus informiert über redaktionelle Interna. Es wusste beispielsweise von einer Berlin-Redakteurin, dass sie ihre Artikel über DDR-Oppositionelle möglichst kurzfristig einreiche, damit »eine Beratung in der Redaktion nicht mehr möglich« ist. Sie habe »sehr engen (intimen) Kontakt« zu einem ehemaligen DDR-Bürger und sei in der Vergangenheit »mehrfach in die DDR eingereist«, um bei »den Exponenten des politischen Untergrundes wie Templin, Hirsch und Krawczyk Informationen zu sammeln, die sie dann auch in ihren Artikeln auswertete. Diese Artikel verdeutlichen eine feindlich-negative Haltung zur DDR.«[184] Über Tagesvisiten von taz-Mitarbeitern in Ost-Berlin mit U-Bahnfahrten, dem Besuch einer Kneipe in der Schönhauser Allee und dem Buchladen am Alexanderplatz wurden minutiöse »Beobachtungsberichte« angefertigt. Das klang dann so: »21.05 Uhr betraten sie die Gaststätte, in der sie nur teilweise unter operativer Kontrolle standen. Bei mehreren Kontrollen wurde festgestellt, dass sie alle Bier tranken und sich wiederum angeregt unterhielten.«[185]

Dem MfS ging es um die »rechtzeitige und vorbeugende Verhinderung von staatsfeindlichen Aktivitäten gegen die DDR« und die »Beeinflussung der Berichterstattung«, sofern sie die Länder des »real existierenden Sozialismus« betraf.[186] Beunruhigend wirkte die Erkenntnis, die taz wolle den Nachweis erbringen, »dass in der DDR – ebenso wie im eigenen Lager – eine ›Alternativbewegung‹ notwendig ist«. Weiter hieß es: »Der vorherrschende Ton in der DDR-Berichterstattung tendiert zwischen herablassend-ironisch und aggressiv-verleumderisch. Versuche, sich mit der DDR unvoreingenommen auseinanderzusetzen, sind selten. (...) Einzelne Beiträge lassen erkennen, dass die ›TAZ‹ über Verbindungen zu staatsfeindlichen Gruppen und Kräften in der DDR verfügt.«[187]

Um diese Verbindungen herauszubekommen, betrieb das MfS einen absurden Aufwand, der in keinem Verhältnis zum dürftigen Ertrag stand. Mit Schikanen gegen einzelne Redakteure wurde der Frust kompensiert. Das war möglich am Flughafen Schönefeld, wo unliebsame taz-Mitarbeiter festgehalten und durchsucht wurden. Auch die Inventurlisten ihres Tascheninhalts finden sich in den Stasiakten.[188] Beliebt war auch das stundenlange Festhalten an den Grenzübergängen. Aktenkundig wurde die Festnahme einer Reporterin am 29. Juli 1986, die von Ost-Berlin aus die »Grenzsicherungsanlagen« fotografierte. »Aufgrund dieses Sachverhaltes wurde sie von der DVP zugeführt und anschließend einer Befragung durch die EG IX der BV Berlin unterzogen«, hieß es dazu im Stasi-Jargon. »Im Rahmen dieser Befragung konnte erarbeitet werden, dass die [geschwärzt] in Westberlin als freie Mitarbeiterin der ›TAZ‹ tätig ist.« Zähneknirschend musste die Stasi zur Kenntnis nehmen, dass am 13. August, zum 25. Jahrestag des Mauerbaus, ein Bericht über die Festnahme in der taz erschien.

Auch an der Anwerbung weiterer Spitzel war das MfS interessiert. »Dabei wurden in mehreren Fällen positive Ergebnisse erzielt.« Die Hamburger Redaktion erhielt 1985 Besuch von einem »Jan«, der aber nicht viel herausbekam: »Es ist unsauber und wenig einladend. Auch im Treppenhaus sind zahlreiche Infos, Beschriftungen, Parolen.« In Hannover entdeckte IM »Betty«, dass der gerade anwesende Redakteur den Grünen nahestehe. Was für eine Überraschung. Taz-Redakteurin Brigitte Heinrich, die als Quelle »Beate Schäfer« operierte, gab der Stasi 1982/83 genaue politische Einschätzungen einzelner Kollegen nebst ihrer Kontakte in die DDR. Ihr Kontaktmann war ihr Lebensgefährte, der ehemalige RAF-Anwalt Klaus Croissant. Er hatte sie mit der Stasi in Verbindung gebracht und lieferte auch selbst Berichte über die taz, die sich lesen wie Strategiepapiere eines sowjetischen Politkommissars. »Die Kräfteverhältnisse dort in der Redaktion sind im Moment so, dass die Reformisten/SPDler/ Glotzfraktion in der Mehrheit sind. Ein Vertreter davon ist M., der für die wütende DDR-Hetze verantwortlich ist. Von B. weiß ich, dass der Karriere im Kopf hat. (...) Weit schwieriger wird es, die Glotzfraktion rauszuschmeißen, weil dieser Bazillus resistent ist – in den Köpfen steckt. Bekanntlich hat ja nur eine knappe Mehrheit die Kampagne ›Waffen für El Salvador‹ gebilligt. Der Rest müsste rausgefeuert werden. Leider ist das – jedenfalls im Moment – nicht realistisch.«[189]

27.11.1991. Das Ende vom Anfang

Die taz wird verkauft. Ökonomie der Krise. Alternatives Beamtentum. Operation Grieneisen. Durchlauferhitzer. Alte und neue heilige Kühe. Abschied von der Basisdemokratie. Sanierer und Spalter. Die Genossenschaft, die Genossen schafft. Kirche und Kollekte. Werbungsangst und Kampagnenfreude.

Der Beschluss des Nationalen Plenums vom 2. Oktober 1991 war so weitreichend, dass sich die Konsequenzen nur schwer absehen ließen. »Erst in einigen Wochen werden wir wissen, ob die Entscheidungen der Mehrheit diesmal nur einen Scherbenhaufen angerichtet oder Klarheit über die weitere Entwicklung der taz geschaffen haben«, hieß es recht verzagt nach zweitägigem Sitzungsmarathon im Berliner »Haus der Kulturen der Welt«.[190] Sicherheitshalber wurde die Abstimmung sechs Wochen später noch einmal wiederholt, als hätte man das Ergebnis selbst noch nicht wirklich verstanden. Kein Verkauf der taz, war die Botschaft des 2. Oktober. Alles bleibt beim Alten. Am 18. November dann die ultimative Mitteilung: »Die taz wird verkauft. An ihre LeserInnen«. Das klang so, als würden letzte Schnäppchen zum Schlussverkauf angeboten. Und dann wäre alles vorbei. Aber die taz hatte sich bloß neu erfunden. Es konnte weitergehen.

Seit mehr als einem Jahr stand die Existenz auf dem Spiel, wenn man das über eine Zeitung, bei der die Krise als Normalzustand galt, überhaupt sagen kann. Noch nie war die Lage so ernst wie jetzt. Ein Unternehmen ohne eigene Kapitalbasis widerspricht allen Regeln des Kapitalismus. Doch die taz wollte kein kapitalistischer Betrieb sein. Als Alternativprojekt zielte sie nicht auf Profite, sondern erhoffte sich allenfalls so viel Gewinn, um ihr Produkt permanent verbessern zu können. Die Realität sah aber anders aus. Sich irgendwie durchwursteln, ohne dabei Pleite zu gehen, das war die lange Zeit gültige Devise, die nun, im neuen Deutschland nach der Wende, an ihre Grenzen stieß.

Der Immobilienbesitz in der Kochstraße und die Gewinne aus der Ost-taz hatten zunächst noch über die dramatisch veränderte Situation hinweggetäuscht. 1991 ließ sie sich nicht mehr verleugnen: Das Defizit betrug nach dem Wegfall der Berlinförderung Monat für Monat etwa 100.000 Mark. Ganz zu schweigen davon, dass der Einheitslohn von 1550 Mark nicht mehr ausreichte, um steigende Mieten und das immer teurere Leben in der Hauptstadt auszugleichen. Die Ost-taz war gescheitert und mit ihr die Hoffnungen auf eine dauerhaft höhere Auflage. Auch die Konkurrenzsituation hatte sich mit der deutschen Einheit verschärft. Sechzehn Zeitungen lagen in Berlin täglich an den Kiosken. Wie sollte die taz ohne Investitionsmöglichkeiten und mit dem Rücken zur Wand dagegen bestehen?

Der Vorstand des »Vereins der Freunde der alternativen Tageszeitung e.V.« – immer noch der Eigentümer – sprach im Sommer 1991 in einem internen Papier von einer »erdrückenden ökonomischen Situation«. Eine Sanierung des Unternehmens sei »unbedingt erforderlich«. Der Finanzbedarf fürs laufende Jahr betrage 700.000 Mark, fürs Jahr 1992 1,4 Millionen. Als Konsequenz dieser unerfreulichen Zahlen folgte der unscheinbare Satz: »Die taz muss so wirtschaften, dass Gewinn dabei herauskommt.« Das klang wie eine Selbstverständlichkeit und deutete doch eine Revolution an. Gewinnorientiertes Handeln würde die Alternativökonomie umwälzen.

»Vom Projekt zurück zur Zeitung« – so versuchte Redaktionsleiter Andreas Rosteck die Diskussionen dieser Monate zu umreißen.[191] Die Alternativstruktur drohe »vom Geburtshelfer zum Grab« zu werden, schrieb er in der dem Anlass angemessen schiefen Metaphorik. »Die taz hat immer über ihre Verhältnisse gelebt. Nicht die ökonomischen Möglichkeiten bestimmten das Machbare, sondern der Wunsch war der Maßstab der Ökonomie.«[192] Um Wünsche und Wirklichkeit einander endlich näher zu bringen, reifte in der Redaktion ein verzweifelter Gedanke: Nur der Verkauf der taz an einen potenten Investor würde Kapital und Rettung bringen. Ganz neu war die Idee nicht – schon 1984/85, als die taz in ihre erste ganz große Krise schlitterte, liebäugelten einige mit diesem Gedanken. Egal, wie groß das Chaos und das Defizit auch waren – die taz hatte immerhin ein Image und einen Namen, aus denen sich mit viel Geld etwas machen ließe.

Der Überdruss an basisdemokratischer Gesamtverantwortung brach nun offen aus: Man wollte sich nicht länger mit dem Dreck auf den Fluren, mit fehlendem Klopapier und dem finanziellen Desaster befassen müssen, sondern sich auf die journalistische Arbeit konzentrieren dürfen. »Selbstverwaltung ist nicht das Problem der Teilhabe an Entscheidungen – Selbstverwaltung wird zum Problem bei der Durchsetzung und Einhaltung von Entscheidungen«, schrieb Rosteck. »Reibungsverluste nennt man das im entsprechenden Jargon, und es braucht nicht viel Phantasie, um das in materielle Verluste umzurechnen.« In einem Betrieb mit 200 Beschäftigten war es nicht länger sinnvoll, wenn alle über alles abstimmten, hinterher aber niemand dafür verantwortlich sein wollte. »Wer entscheidet, muss auch Verantwortung übernehmen«, sagte deshalb Geschäftsführer Karl-Heinz Ruch. »Und wer Verantwortung hat, muss auch entscheiden dürfen.« Auch das klingt simpel, war aber keine Selbstverständlichkeit.

Selbstverwaltung und Einheitslohn wurden nun nur noch als »heilige Kühe« der Basisdemokratie bezeichnet. Heilige Kühe sind aber bekanntermaßen dazu da, irgendwann geschlachtet zu werden. Die »vermeintliche« Selbstverwaltung, wie es jetzt hieß, habe Klüngelei begünstigt, unkontrollierte Herrschaft etabliert und sei in einem Unternehmen mit 26 Millionen Mark Jahresumsatz zur Farce geworden. Leute ohne harte Ellenbogen hatten sowieso nie eine Chance, sich in diesem undurchsichtigen Beziehungsgeflecht durchzusetzen. Wo es keine Hierarchien gibt, bilden sich informelle Machtzentren, und anstatt an einem Strang zu ziehen, intrigiert jeder gegen jeden. Basisdemokratie war zur »öden Abstimmungsmaschine« verkommen.[193] Die Selbstverwaltung als »Organisationsform gegenseitigen Misstrauens« habe eine »Form alternativen Beamtentums« geschaffen und darüber hinaus »Unzufriedenheit und Gehässigkeit« in einer »Kultur der höfischen Intrige« produziert.[194] Der Kampf um Selbstbestimmung kostete so viel Kraft und Nerven, dass die Gleichung »ein Jahr taz-Zugehörigkeit = drei Lebensjahre« noch optimistisch gerechnet war.

Einheitslohn war nur noch ein nettes Wort für zunehmend zerstörerische Selbstausbeutung. Zwar konnte man es sich in der chef-freien taz auch bequem machen, wenig arbeiten und sich dafür ordentlich entlohnt fühlen. Eine Entlassung brauchte man in der sozialen Hängematte des Alternativbetriebs nicht zu fürchten. Andere, die sich mit Leib und Seele engagierten, waren dagegen hoffnungslos unterbezahlt. Dabei sollte der Einheitslohn doch auf simple Weise eine Gerechtigkeit herstellen, wie es sie in kapitalistischen Betrieben nicht gab. Jeder nach seinen Fähigkeiten, jeder nach seinen Bedürfnissen! Doch aus der Anfangsutopie, wonach jeder so viel Geld erhalten sollte, wie er brauchte, war ein miserabler Minimallohn für alle geworden, der gerade das Existenzminimum absicherte. Diese Form von Egalität habe, so Rosteck, dazu geführt, dass viele von denen, die einst die linke Geschichte des Blattes mitprägten, weggingen, um anderswo besser zu verdienen.

Der ständige Substanzverlust durch Abgänge schmerzte gerade diejenigen, die sehnlichst die »Professionalisierung« des Blattes erstrebten. Massive Lohnerhöhungen sollten deshalb Teil der Reformen sein. Andererseits – doch dieser Aspekt wurde in der Depressionsphase 1991 nicht wahrgenommen – setzte die hohe Fluktuation intern einen Mechanismus permanenter Erneuerung in Gang. Dadurch verjüngte sich die Redaktion kontinuierlich und wandelte sich fortwährend. Häufig erlebten Redakteure und Autoren gerade in der taz die Phase ihrer größten Produktivität, während sie später, bei anderen Blättern, kaum noch auffielen. Das sind Vorzüge, die der schlechten Bezahlung entgegenzusetzen sind.

Die Jüngeren, die in den 90er Jahren nachrückten, hatten weniger politische Bindungen und Ambitionen. Sie verstanden sich von vornherein als Journalisten, die in der taz eine gute Möglichkeit sahen, sich zu erproben und auf sich aufmerksam zu machen. Hier konnte sich jeder als Autor profilieren, ohne Rücksicht auf Anzeigenkunden oder domestizierende Chefs nehmen zu müssen – denn beides gab es nicht. Selbst Praktikanten bekamen die Chance, sich kreativ zu erproben, wie sie das in keiner anderen Zeitung dürften. Von der taz als einer Plattform schreibender Selbstdarsteller war der Sprung zu größeren, besser zahlenden und einflussreicheren Medien leicht. Die taz als Karrieremodell funktionierte wie ein Durchlauferhitzer. Sie entwickelte sich zur journalistischen Rekrutierungsanstalt der Mediennation. Aber das ist nur die professionelle Oberfläche. In einem größeren Zusammenhang gesehen entfaltete die taz gerade durch diese Streukraft ihre Wirksamkeit bis in entlegene Winkel der Gesellschaft. Wie ein zerfallender Atomkern streute sie permanent ihre Substanz: alternatives Bürgertum. Ex-tazler tauchten überall auf. Sie arbeiteten beim *Stern* und beim *Spiegel*, bei der *Welt* und beim ZDF, bei der Gewerkschaftszeitung *publik* und beim *Playboy*. Sie wurden zu Vermögensberatern und zu Bürgermeistern, zu Galeristinnen und Therapeutinnen, zu EDV-Beratern und Klinikleitern, zu Projektmanagerinnen und Lehrerinnen, zu Theaterregisseuren und Brezelfabrikanten, zu Bundesministerinnen und zu Geschäftsführerinnen, zu mönchischen Einsiedlern und zu Kanzlerredenschreibern. Aus ihnen wurden Linksradikale und Rechtsausleger, Aussteiger und Esoteriker, Prediger und Pragmatiker. Die enorme Spannweite der Möglichkeiten zeigt, welch heterogenes Gebilde sich in der taz zusammengefunden hat. Ihre Abstoßungskräfte wirkten dynamisch in die Gesellschaft hinein. Die Fähigkeiten, die man im Alternativbetrieb trainierte – Nervenstärke, Improvisationstalent, Durchsetzungskraft, Belastbarkeit –, ließen sich anschließend in allen bürgerlichen Betrieben nutzen. Wer das Stahlbad der taz-Arbeitswelt durchlaufen hatte, war zur hochqualifizierten Arbeitskraft einer Industrie ausgebildet, die Tugenden wie Eigenverantwortung und Selbstverwirklichung durch Arbeit als Produktivkraft zu nutzen verstand. Die taz als Keimzelle alternativer Bürgerlichkeit funktionierte wie ein Testgelände für diese Tendenzen.

Strukturreformen, Einsparungen, Entlassungen: Das angepeilte Sanierungskonzept des Jahres 1991 hätte in einem normalen kapitalistischen Betrieb auch nicht anders ausgesehen. Dort hätten die Beschäftigten aber nicht über die eigene Entlassung abstimmen müssen. Die Notwendigkeit der Reduzierung der rund 200 auf 130 Stellen war kaum umstritten. Das Plenum der Mitarbeiter konnte und musste diesen Beschluss treffen. So schlecht angesehen die Basisdemokratie nun auch war (»Jede große Versammlung ist dümmer als jedes einzelne ihrer Mitglieder, weil ihr kleinster gemeinsamer Nenner das Unumgängliche ist«, schrieb Elke Schmitter über das taz-Plenum[195]) – es gab doch auch eine Weisheit des Kollektivs, die sich nicht einfach nur als kleinster Nenner der Einzelinteressen berechnen ließ. So mühsam Entscheidungen gefunden wurden, so richtig waren sie größtenteils. Das galt auch für das historische Plenum am 2. Oktober 1991 und die entscheidende Frage, wer die taz in Zukunft besitzen sollte. Das Kollektiv war klüger als die Einzelnen.

Die Lage war so verzweifelt, dass Mathias Bröckers die nach einem Berliner Beerdigungsunternehmen getaufte »Operation Grieneisen« ins Spiel brachte. Dieser nicht ganz unernst gemeinte Plan sah vor, die Marke taz meistbietend zu verkaufen. Mit dem Erlös sollte ein Bürohochhaus auf der grünen Wiese errichtet werden. Die Mieteinnahmen würden ausreichen, um jedem Mitarbeiter eine solide monatliche Rente auf Lebenszeit auszuzahlen. Bröckers rechnete das filigran durch. Es wäre, wenn er dafür eine Mehrheit gefunden hätte, die elegante Liquidation der taz und ihre Umwandlung in eine Rentenbehörde gewesen. Die Alternativbewegung hatte ihre historische Mission erfüllt und neue Dynamik in die gesellschaftliche Entwicklung gebracht. Warum also nicht in Würde abtreten und als Revolutionäre in den wohlverdienten Ruhestand gehen?

Doch zum Scherzen war niemandem zumute. Die Fraktionen standen sich unversöhnlich gegenüber. Die Front verlief entlang der Trennlinie, die sich trotz anfänglicher Bemühungen, Arbeitsteilung abzuschaffen, im Lauf der Jahre immer tiefer eingegraben hatte: der Grenze zwischen der Redaktion auf der einen, den technischen Abteilungen und der Verwaltung auf der anderen Seite. Inlandsredakteurin Vera Gaserow, die ihre Kündigung schon zuvor eingereicht hatte, fragte: »Wer soll unter uns auch nur die psychologische Kraft zur Sanierung haben? Wer hat Lust hier weiterzuarbeiten, wenn ein Drittel der Leute gehen muss? Nur wenn über die Sanierung hinaus eine neue Wachstumsperspektive schon jetzt eröffnet wird, werden die Mitarbeiter der taz nicht weglaufen.«[196]

Die Redaktionsmehrheit war es leid, Jahr um Jahr und von Krise zu Krise am unteren Limit des Möglichen vor sich hin zu werkeln, ohne Aussicht auf Änderung, ohne Aussicht auf bessere Löhne und eine bessere Zeitung. »Fremdkapital« klang für sie so verlockend wie ein Zauberwort im Märchen. Irgendwo müsste er doch zu finden sein, der Erlöser, der gute Verlegerkönig, der sein Geld in die taz stecken würde, ohne ihr die Freiheit zu rauben. Der Vereinsvorstand hatte schon ein Jahr zuvor den Auftrag bekommen, sich nach Geldgebern umzuschauen, und hatte auch einige Gespräche mit möglichen Investoren geführt – darunter mit dem Münchner Anwalt Dietrich von Boetticher, der später die *Wochenpost* kaufte, und mit dem »Jahreszeiten-Verlag«, in dem dann die Wochenzeitung *Die Woche* erschien. *Wochenpost* und *Woche* gibt es längst nicht mehr.

Technik und Verwaltung sahen dagegen im Bewahren des Status quo die einzige Chance der taz: Das höchste Gut war die ökonomische Unabhängigkeit und die Selbstverwaltung des Betriebes im Besitz der Belegschaft. Wenn es nicht gelänge, diese Struktur im Wesentlichen zu erhalten, dann würde die taz ihre Existenzberechtigung verlieren. Hans-Christian Ströbele kämpfte an vorderster Front dafür, die »Eigentums- und Selbstverwaltungsverhältnisse zu bewahren«. Er habe leicht reden, sagten seine Kontrahenten, denn er müsse ja nicht in diesem Sauhaufen arbeiten. »Im Strudel der nicht gleichgeschalteten, aber gleichartigen Medien wird die taz untergehen, wenn sie sich anpasst«, meinte Karl-Heinz Ruch. Alle Solidaritätseffekte von außen und die Spendenbereitschaft der Leser beruhten darauf, dass die taz nicht nur eine linke Zeitung herstellte, sondern auch andere Arbeitsstrukturen erprobte. Mit ihrer Existenz führte sie den Nachweis, dass es eine Alternative zu kapitalistischer und zu staatssozialistischer Produktionsweise gab. Wäre sie kein Alternativbetrieb, sondern Teil eines Medienkonzerns, dann gäbe es auch keinen Grund mehr, um ihre Existenz zu kämpfen.

Auf modifizierter Ebene, radikal zugespitzt als Eigentumsfrage, brach der grundlegende Konflikt zwischen Professionalisierung und Alternativökonomie, zwischen Qualitätsjournalismus und Mangelwirtschaft, zwischen Produktorientierung und Projektcharakter auf. Dieser Widerspruch musste endlich gelöst werden, und zwar so, dass das Ergebnis für beide Seiten akzeptabel war. Der Ausweg, den die taz fand, glich der Quadratur des Kreises. Die taz wurde verkauft – aber gewissermaßen an sich selbst. Das neue Geschäftsmodell: eine

Genossenschaft. Alle Mitarbeitenden, Leser und Sympathisanten wurden aufgerufen, Anteilsscheine zu erwerben. Nicht der eine große Kapitalgeber, sondern die vielen kleinen Investoren sollten die Wende zum Besseren bringen. Kapital von unten: politisch motiviert und solidarisch. Die alternative Bürgergesellschaft fand ihre Wirtschaftsweise.

Es ist erstaunlich, dass die taz zwölf Jahre brauchte, um das Genossenschaftsmodell für sich zu entdecken, so sehr entspricht dieser basisdemokratische Kapitalismus als Erbe der Arbeiterbewegung den Prinzipien der Alternativökonomie. Doch ein Medienunternehmen genossenschaftlich zu organisieren, das hatte es zuvor noch nie gegeben. Schließlich ging es ja nicht darum, biologisch angebaute Kartoffeln zu vertreiben, sondern darum, mit großem ideellen und eben auch finanziellen Einsatz täglich eine Zeitung herzustellen. Würde es funktionieren, nicht nur das Produkt, sondern den ganzen Betrieb in die Hand der Leserinnen und Leser zu geben?

Für die Idee der Genossenschaft warb vor allem Geschäftsführer Karl-Heinz Ruch, der den Tipp vom SPD-Politiker Olaf Scholz bekommen hatte. Ein Sozialdemokrat belieferte die taz also mit dieser Überlebenstechnik der kleinen Leute. Ruch, den alle kumpelhaft »Kalle« nennen, obwohl sie ihn nicht als Kumpel empfinden, ist die graue Eminenz der taz, von einigen damals unfreundlich als ihr »Günter Mittag« bezeichnet. Eine Redaktion ist austauschbar, Chefredaktionen kommen und gehen, Kalle Ruch aber blieb. »Beschließt nur, kann sowieso keiner bezahlen«, gehört zu den bleibenden Sätzen, mit denen er gerne zitiert wird. Manche sagen, ohne ihn gäbe es die Zeitung schon längst nicht mehr. Andere behaupten, es sei ein Wunder, dass es sie trotz »Kalle« immer noch gibt, der in stoischer Ruhe im Zentrum des Chaos verharrt. Er war einer der wenigen, der in der Gründungsphase 1978 begriff, dass der Erfolg sich ökonomisch erweisen musste, und der sich um die betriebswirtschaftliche Struktur des Unternehmens kümmerte.

Als gelernter Volkswirt spielte er im linken Spektrum eine Außenseiterrolle. Leute, die sich mit Wirtschaftlichem befassten, waren dort suspekt. Doch während die Redaktion mit sich selbst und ideologischen Grabenkämpfen beschäftigt blieb, entwickelte sich hier, im Bereich der Geschäftsführung, das eigentliche Machtzentrum. Niemand außer ihm wusste so genau, wie es um die taz wirklich stand. Keiner sonst konnte entscheiden, ob Geld für eine Investition vorhanden war oder nicht. Sicher: Im Plenum musste auch »Kalle« für seine Positionen werben und Mehrheiten gewinnen. Aber er hatte die Zahlen auf seiner Seite. Und wer hätte ihm darin ernsthaft widersprechen können? Die Macht des Faktischen erweist sich auch in einem Alternativbetrieb in der Dominanz des Geldes. Allerdings regiert hier stärker als in jedem normalen kapitalistischen Betrieb die allgemeine Verachtung gegenüber der Ökonomie. Niemand wollte und konnte sich damit abgeben. Basisdemokratie war so gesehen von vornherein eine Illusion. Denn sie ereignete sich allenfalls in den engen Grenzen von nicht wirklich durchschauten wirtschaftlichen Voraussetzungen.

Der »Verein der Freunde der alternativen Tageszeitung e.V.« war der adäquate Ausdruck dieser halbherzigen Wirtschaftsweise. Nun sollte die Genossenschaft den Verein ersetzen und neuer Eigentümer der taz werden. Endlich Schluss mit der Vereinsmeierei! Wie erfolgreich die Genossenschaft sein würde und ob damit tatsächlich in kurzer Zeit mehrere Millionen Mark zu mobilisieren waren, ließ sich an diesem 2. Oktober, am Vorabend der Feiern zum ersten deutschen Einheitstag, nicht absehen. Da war die Idee der Genossenschaft noch gar nicht deutlich formuliert. Die Gegner sprachen verächtlich vom »Drei-Liter-Modell« mit Stottermotor, dem sie ihre Utopie der »Hunderttausender-taz« mit Großinvestor entgegensetzten.

Als die Entscheidung schließlich mit 80 zu 60 Stimmern für die »kleine« Lösung fiel, sprach Inlands-Chef Götz Aly von einem »Putsch der linkskonservativen Kräfte«. Auch die Sieger wirkten ratlos. *dpa* meldete gegen 22 Uhr einen »Eklat auf dem Krisenplenum«. »Wir fühlen uns wie Fremdlinge im eigenen Haus«, sagte Andreas Rosteck, bevor 66 Redaktionsmitglieder die Versammlung unter Protest verließen, um sich im taz-Haus in der Kochstraße zu sammeln. Erregt überlegten sie, in einen Streik zu treten, der aber aus Angst vor einer angeblich in Kreuzberger Hinterhöfen wartenden Schattenredaktion unterblieb. Die taz stand kurz vor der Spaltung.

Paradoxerweise waren es die zurückbleibenden Verlags- und

Technikmitarbeiter, die an diesem Abend nach dem Abgang der Redaktion mit einfacher Mehrheit den Einheitslohn abschafften, für dessen Erhalt sie jahrelang gekämpft hatten. Jetzt stimmten sie für differenzierte Löhne, abhängig von Berufsjahren, Anzahl der Kinder und auch abhängig von der Funktion im Betrieb. Und sie befürworteten eine stärkere hierarchische Organisation der Arbeit mit Chefredaktion und Ressortleitern.

Viele Redaktionsmitglieder verließen die Zeitung in den folgenden Monaten – unter ihnen Max Thomas Mehr, Klaus Hartung, Götz Aly und die Redaktionsleiterin Georgia Tornow. Als schließlich im November die Gründung der Genossenschaft mit großer Mehrheit von 132 gegen 58 Stimmen beschlossen wurde, besiegelte das in ihren Augen den unerträglichen Status quo. Die Gegner des Genossenschaftsmodells sahen darin bloß eine neuerliche, raffinierte Variante im bewährten Spiel, linke Spendenbereitschaft auszunutzen. Gepaart mit der fortgesetzten Perspektivlosigkeit komme das der »Verarschung dieser Spender« gleich. Sie täuschten sich gründlich. Die Genossenschaft, leidenschaftlich verfochten von Hans-Christian Ströbele, markierte einen Neuanfang und entfaltete eine ungeahnte Dynamik, auch wenn die Veränderungen nur allmählich wirksam wurden und der Reformprozess sich über mehrere Jahre hinzog. Die wirtschaftlichen Probleme wurden durch die Genossenschaft gemildert, aber nicht gelöst. Und doch war dies wohl der einzige Weg, um die taz als eigenständiges Unternehmen zu erhalten.

Die Gründung der Genossenschaft erfolgte am 27. November 1991, der Geschäftsbeginn am 1. Juni 1992. Im Berliner Genossenschaftsregister ist die taz als Konsumgenossenschaft mit der Registernummer 94 GnR 480 Nz eingetragen. Bis zum Jahresende 1992 zeichneten knapp 3000 Genossen Anteile im Wert von rund 5 Millionen Mark. Ende 2006 sind daraus 7 Millionen Euro geworden, die von rund 7000 Genossen gehalten werden. 1000 Mark, später 500 Euro, sind der Mindesteinsatz, zahlbar auch in Raten. Es ist klar, dass man dieses Geld nicht so schnell wiedersehen wird. »Wer hier mitmacht«, so die Sprachregelung der taz, »findet eine politische Rendite wichtiger als finanzielle Gewinne. Denn eine Investition in die taz ist immer auch ein Engagement für Pressefreiheit.«

Hans-Christian Ströbele im April 1992 vor dem Charlottenburger Amtsgericht, wo die taz als Genossenschaft eingetragen wird.

Ein weiterer Vorteil der Genossenschaft besteht darin, dass auch die Mitarbeitenden der taz Anteile erwerben können, ja sollen. Damit bekommen sie das Recht, an der »Versammlung der Mitarbeitenden« teilzunehmen, die nun die berüchtigten Plena ersetzt. Ähnlich wie beim *Spiegel* sind die Beschäftigten auf diese Weise Miteigentümer und vor allem Mitbestimmer. Sie haben ein Vetorecht bei Unternehmensverkäufen oder Beteiligungen, und sie wählen drei von fünf Vorstandsmitgliedern der Genossenschaft. Die Basisdemokratie der 8oer Jahre hat damit eine juristische Form erhalten. Sie ist im dialektischen Sinn des Wortes in der Genossenschaft »aufgehoben«: bewahrt, verwandelt und überwunden. Erstmals gab es in der taz nun auch einen Betriebsrat und ein Redaktionsstatut, das Rechte und Pflichten der Redaktion regelt und ihre Unabhängigkeit sichert.

Die Genossenschafter, die nicht bei der taz beschäftigt sind – und das ist die große Mehrheit –, haben dagegen nur wenige Rechte. Sie treffen sich einmal jährlich zur Generalversammlung, bei der sie über die Lage des Unternehmens informiert werden und den Aufsichtsrat als Kontrollinstanz nach innen und Gremium mit Außenwirkung wählen. 1992 wurden der Politologe Elmar Altvater, der Steuerberater Gerd Schmücker und der Anwalt und taz-Justitiar Johannes Eisenberg die ersten Aufsichtsräte. Im Unterschied zum Aktionär einer Aktiengesellschaft hat der Genosse immer nur eine Stimme, egal, wie viele Anteile er besitzt. Es ist also nicht möglich, über die Akkumulation von Anteilen stärkeren Einfluss zu gewinnen. Die taz bleibt so ein selbstbestimmtes Unternehmen, dessen Verkauf ohne die Zustimmung der Beschäftigten nicht möglich ist.

Die taz entdeckte ihre Leserschaft als finanzierende Klasse. Sie schaffte es, verstreute Einzelne, für die Zusammengehörigkeit ein hohes Gut ist, zu organisieren. Die Genossenschaft machte aus dem Alternativbetrieb ein gesellschaftliches Projekt, das nun weit mehr umfasste als nur die Mitarbeitenden. Die taz bietet Zugehörigkeit als Gegenleistung für politisches Investment. taz-Leser sehen besser aus und sind jünger als die Leser anderer Abonnementzeitungen, behauptet die Werbeabteilung. Sie sind gebildeter als der Bevölkerungsdurchschnitt und verdienen mehr. Sie sind eine Elite. Wer dazugehört, darf sich so fühlen. Wer Genosse ist, wird in diesem Gefühl bekräftigt.

Aus dem grün-alternativen Milieu der 80er Jahre ist in den 90ern eine Schicht der Besserverdienenden geworden, ein neues Bürgertum, das nicht nur Geld besitzt, sondern auch ökologisches Bewusstsein und soziales Engagement. Die taz verwandelte sich parallel dazu von einer Bewegungszeitung zum Gemeindeblatt. Die Gemeinschaftlichkeit der Szene funktionierte nicht mehr über direktes politisches Engagement wie einst in Gorleben oder an der Startbahn West, sondern über finanzielle Teilhabe: symbolisch und zugleich traditionsbewahrend. Die solidarische Gemeinschaft ist auch die Grundlage der gestaffelten Abonnement-Preise, die 1992 eingeführt wurden. Neben dem Standard-Abo gibt es seither einen »ermäßigten« und einen »politischen« Preis. Wer mehr verdient, soll freiwillig mehr bezahlen, um dadurch auch denen ein Abonnement zu ermöglichen, die es sich nicht zum vollen Preis leisten können. Wer noch mehr übrig hat, wird Genosse. Dieses Stufenmodell der Solidarität funktioniert erstaunlich gut. Die Abonnenten werden immer wieder angeschrieben, ob sie nicht in die nächst höhere Preisklasse wechseln wollen. Allerdings verschiebt sich das Schwergewicht seit 2005 stärker hin zu den ermäßigten Abonnements – Ausdruck der zunehmend prekären Lebensverhältnisse innerhalb der Leserschaft.

Mit der Genossenschaft gelang es der taz, aus der Gemeindehaftigkeit ihrer Klientel eine geldwerte Form zu machen. »Das funktioniert wie eine Kirche«, sagt Kalle Ruch. Im Bedarfsfall geht die Kollekte herum. Aufgabe des Verlages sind deshalb nicht nur die Herstellung und der Vertrieb der Zeitung, die Werbung von Abonnenten und die Kundenbindung, sondern vor allem die Pflege der Genossenschaft und die gute Behandlung der Genossen. Sie sind das Kapital der Zeitung, im finanziellen und im übertragenen Sinn. Per Mail-Newsletter erhalten sie in regelmäßigen Abständen Informationen zur Entwicklung der taz und reagieren kurzfristig auf Umfragen aller Art. Sie sind ein internes Stimmungsbarometer, eine engagierte Leserschaft, die Anteil nimmt und mitdiskutieren möchte. So ist es bei der taz immer gewesen, doch jetzt ist daraus eine Betriebsform geworden.

Es dauerte ein paar Jahre, bis die taz begriff, welches enorme Potential in diesem Geschäftsmodell steckte. Die Anwerbung neuer Genossen stagnierte nach dem ersten Boom, wurde dann aber professionalisiert. Seit 1996 kommen jährlich zwischen 500 und 1000 neue Genossen dazu. Die taz hat so eine finanzielle Stabilität gewonnen, von der sie in den 80ern nur träumen konnte. Die Gefahr der Überschuldung und der damit verbundenen Insolvenz ist dadurch – aber auch durch die Wertsteigerung der Immobilien – kleiner geworden. Und es sind genügend finanzielle Mittel für notwendige Investitionen vorhanden. Ein neues Computersystem konnte bezahlt werden, Trägerdienste in den Großstädten oder die Einrichtung des taz-Cafés im eigenen Haus als Kantine und öffentlicher Raum.

Trotz des permanenten Kapitalzuflusses wurde auch in den 90er Jahren weiter nach großen Investoren gesucht. Theoretisch können bis zu 50% der einzelnen Unternehmensteile – die »taz Verlags und Vertriebs GmbH« auf der einen, die »Contrapress Satz und Druck GmbH« auf der anderen Seite – verkauft werden. 1996 führte Kalle Ruch darüber Gespräche mit dem *Spiegel*, der dann auch mit 50% eingestiegen wäre. Weniger wäre uninteressant, denn es würde bedeuten, Kapital zu investieren, ohne Einflussmöglichkeiten zu erhalten. Doch wenn Genossenschaft und Investor jeweils 50 % halten, dann droht in Konfliktsituationen ein Patt. Die Handlungsfähigkeit wäre gelähmt. Die Vorsicht war deshalb auf beiden Seiten größer als das Interesse. Der *Spiegel* hielt sich zurück und investierte lieber in den Ausbau seiner Online-Ausgabe. Und auch der taz-Geschäftsführer ist froh, dass aus dem Deal nichts geworden ist: »Es wäre heute viel anstrengender als so, wie es jetzt ist.«

Ein strukturelles Problem konnte aber auch die Genossenschaft nicht lösen: den Mangel an Anzeigen. Tageszeitungen bestreiten normalerweise 60 Prozent ihrer Einkünfte durch Anzeigenerlöse. Bei der taz sind es nur 10 bis 15 Prozent. In der Anfangszeit war jede größere Anzeige umstritten. Sie musste nicht von Shell oder von der Bundeswehr sein, um Entsetzen auszulösen. Das war keine ökonomische, sondern eine moralische Frage. Reklame wurde als Verrat empfunden. Man verkaufte damit nicht nur Platz auf den Zeitungsseiten sondern sich selbst. Die Angst der taz vor kapitalistischer Infektion war noch stärker als die Zurückhaltung der Werbewirtschaft gegenüber dem linksradikalen Blättchen. Das Gründungsideal, ohne »Konsumwerbung« auszukommen, hielt zwar nicht einmal bis zur ersten Ausgabe. Doch in der Satzung des »Vereins der Freunde« blieb die »Unabhängigkeit von Anzeigen« erklärtes Ziel. Einigkeit besteht bis heute darin, sexistische, rassistische und militaristische Inhalte auszuschließen. Doch wo fängt man damit an, wo hört man auf? Welches kapitalistische Unternehmen ist moralisch akzeptabel? Die Basisfraktion hätte am liebsten nur Anzeigen anderer Alternativbetriebe gedruckt, aber die hatten selbst kein Geld und hofften ihrerseits auf die freundliche Solidarität der taz.

Wie das Amen in der Kirche folgte in den Anfangsjahren auf jede der wenigen Anzeigen eine Debatte in der Redaktion und die empörte Reaktion von Lesern. Ausgerechnet auf wirtschaftlichem Territorium tobten die heftigsten ideologischen Kämpfe. Vielleicht deshalb, weil die Redaktion hier am wenigsten Ahnung hatte und weil sich auf diesem Feld das eigene Autonomiebestreben symbolisch darstellen ließ. Die Leser, die auf Anzeigen wie Pawlowsche Hunde reagierten, bewiesen damit immer wieder, dass ihnen die Reinheit

»ihrer« Zeitung wichtiger war als deren Finanzierung – und damit deren Existenz.

Normalerweise folgt die Farce auf die Tragödie. Doch manchmal ist es auch umgekehrt. Dann lässt die Farce ahnen, was an Konflikten erst noch bevorsteht. So war der erste Anzeigenskandal der taz nicht mehr als ein lächerliches Missverständnis. In der Ausgabe vom 20. April 1979 (der vierten taz) erschien ein zweiseitiger Artikel mit dem Titel: »Psychopathen aller Länder, vereinigt Euch!« Er war mit vielen kleinen Bildern illustriert – unter anderem mit dem Ausriss einer Kleinanzeige aus einer Boulevardzeitung: »Charmante Frauen der Spitzenklasse verwöhnen Sie«. Ein paar Leserinnen und Leser begriffen nicht, dass es sich um eine Illustration handelte. Sie betrachteten das als bezahlte Anzeige für Prostitution und erregten sich entsprechend: »Ihr habt doch wohl ein Rad ab!« »Ich glaub, mich trifft der Schlag!« »Antichauvinistische Grüße«. Anzeigen wurden in der taz nie nur als Anzeigen wahrgenommen, sondern als Teil der alternativen Öffentlichkeit. Die taz-Leserschaft verhielt sich wie die Leser der neu gegründeten Tageszeitungen im wilhelminischen Deutschland des 19. Jahrhunderts, als man noch keinen Unterschied zwischen Anzeigen und redaktionellen Beiträgen kannte. Es war so, als ob die alternative Öffentlichkeit diese Entwicklung noch einmal ganz von vorn beginnen sollte, als ob sie das Zeitunglesen hätte erlernen müssen, während die Redaktion das Zeitungmachen übte.

In den 90er Jahren löste die Werbungszurückhaltung sich mehr und mehr auf. Zwar gibt es immer noch die empörten Leserbriefe der Vertreter der reinen Lehre und der unbefleckten Produktion, aber Geldverdienen wird nicht mehr als Schande und eine Anzeige nicht mehr als Schritt in die Abhängigkeit empfunden, sondern als Bedingung der Möglichkeit, eine unabhängige Zeitung zu machen. Zu einem höheren Anzeigenaufkommen hat das allerdings nicht geführt. »Es gibt keine Berührungsangst der großen Marken gegenüber der taz«, sagte Kalle Ruch. »Aber es gibt auch keine Notwendigkeit für die großen Marken, in der taz zu sein. Da ist die taz völlig überflüssig. Deshalb müssen wir so planen, dass wir ohne Werbung auskommen.«

Ihre schönste Anzeige verdankte die taz Mercedes-Benz. Sie erschien am 19. Dezember 2005 im Berliner Lokalteil, ganzseitig. Abgebildet ist ein Mannschaftswagen der Polizei, das Modell 508 D, das in Berlin schlicht »Wanne« heißt. Die Überschrift: »Seit 33 Jahren auf jeder Demo dabei. Und seine Ideale bis heute nicht verraten.« Darunter wurde die Geschichte der »Wanne« als treuer Begleiter Berliner Demonstrationen erzählt. Jetzt würde sie in Ruhestand gehen – ungebrochen, während aus Hausbesetzern Hausbesitzer geworden sind. »Hand aufs Herz«, schrieb Mercedes-Benz: »Wann waren Sie das letzte Mal auf einer Demo? Nutzen Sie doch die nächste Gelegenheit und verabschieden sich von der Wanne – einem der letzten Berliner Originale.« In den 80er Jahren wäre diese Anzeige in der taz sicher nicht durchgegangen. Sie wäre so aber auch nicht geschrieben worden. Sie zeigt, wie sehr die Verhältnisse sich verändert haben. Ironie war einmal die Domäne der taz. Heute kann sogar Mercedes-Benz ironisch operieren und die taz damit herausfordern. Da wird es schwer, Feinde zu haben.

Keine Probleme hatte die taz mit der Werbung eigentlich nur in eigener Sache. Wenn es darum ging, das Überleben zu sichern, war keine Kampagne zu dreist, kein Mittel zu plump. Die Rettungskampagne ist der strukturelle Ausgleich des Anzeigenmangels, weil es nie gelang, die Auflage auf das strategische Ziel von 70.000 bis 80.000 zu steigern. Die Genossenschaft war gerade gegründet, als eine massive Rettungskampagne begann. Das Motto »Keine taz mehr? Ohne mich!« stammte von einem Leser, die Drohung von der Redaktion: »5000 Rettungsabos, sonst ist am Jahresende Schluss.«

Das funktionierte zuverlässig. Doch die taz wäre nicht die taz, wenn sie nicht auch diese regelmäßig wiederkehrende Drohung ironisch gebrochen hätte. Im Jahr 1999 sorgte eine »Erpressungs-Kampagne« für Aufmerksamkeit: Wenn bis Ende nächster Woche nicht 300 neue Abos gezeichnet werden, lassen wir für einen Tag die Überschriften weg. In der nächsten Woche dann die Fotos, und so weiter. Die Machtprobe mit der Leserschaft wurde schnell zu einem Bumerang, denn wer wollte sich schon die angedrohte Adels-taz, die tazlight (»meinungsreduziert, kritikarm, magenschonend«) oder gar die »Titten-taz« im Boulevard-Stil mit viel nacktem Fleisch und miesen Zoten entgehen lassen? Kein Wunder, dass das Ziel von 4000

taz-Layouterinnen bei der Produktion der »Titten-taz«, 1999

neuen Abos bin zum Jahresende nicht erreicht wurde. Nur die Zwangsverschickung der Auslandskorrespondenten in Berliner Vororte verhinderten anteilnehmende Neuabonnenten. Doch die taz erhielt mit diesen Kampagnen wieder einmal flächendeckende mediale Aufmerksamkeit. Die Wochenendausgaben, in denen sie »freiwillig auf ihre Ideale verzichtete«, gehörten für die *FAZ* »zum Besten, was die Zeitung in den letzten Jahren zustande gebracht« habe, zeugten sie doch von »einer Kreativität und Spielfreude, wie sie die taz im Tagesgeschäft oft vermissen lässt«[197]. Und im *Tagesspiegel* wollte auch Henryk M. Broder seine Begeisterung über die »Titten-taz« nicht verhehlen.[198]

Im Jahr 2000, während der nächsten und vorerst letzten schweren Krise, setzte man auf Prominente, die sich zur taz bekannten – von Harald Schmidt (»Die taz ist unsterblich. Ich kenne das Gefühl«) bis zum Dalai Lama, der »die Kampagne dieser wichtigen alternativen Zeitung von ganzem Herzen« unterstützte. Die journalistische Devise der Zeit lautete, Themen über Personen zu »verkaufen«. Wenn es früher darum ging, politische Inhalte zu analysieren, ohne auf die Personality-Show der Polit-Bühne einzugehen, so fanden sich mittlerweile in der taz sehr viel mehr Porträts, Interviews und persönliche »Geschichten«. Die Werbekampagne mit »Promis« entsprach diesem Trend. Und die Prosperität der Leserschaft zeigte sich bei der »Solitaz«, einer Sonderausgabe zur Frankfurter Buchmesse, die für 50 Mark verkauft wurde. Über 10.000 Exemplare konnte die taz absetzen. So unpopulär das Schlagwort »Solidarität« auch geworden sein mag – im Zusammenhang mit der taz funktionierte es nach wie vor.

Es ist deshalb gar nicht so erstaunlich, dass die große Zeitungskrise in den folgenden Jahren relativ unbeschadet überstanden wurde. *FAZ, Süddeutsche* und *Frankfurter Rundschau* hatten mit massiven Anzeigenverlusten zu kämpfen. In den Jahren zuvor waren die Umsätze mit dem Boom am »Neuen Markt« in die Höhe geschnellt. Jetzt machte sich die wirtschaftliche Rezession massiv bemerkbar, aber auch das Internet als neuer Marktplatz für das Anzeigengeschäft, der die Tageszeitungen bedroht. Die taz war erfahren genug, um lässig mit der Krise umzugehen. Weil sie immer schon mit wenig Anzeigen auskommen musste, traf sie der Anzeigenrückgang der Branche kaum. Und sie hatte ein tragfähiges Geschäftsmodell: die Genossenschaft, die Karl-Heinz Ruch eine Kirche nennt. Was könnte dauerhafter sein? Im ersten Halbjahr 2003 bilanzierte sie zum ersten Mal in ihrer Geschichte einen Gewinn. »In der großen Zeitungskrise hat sich gezeigt, dass die taz mit ihrer Konstruktion gut aufgestellt ist«, sagt Ruch. »Nicht weil sie eine Genossenschaft ist, sondern weil es uns gelingt, von der engen Leserschaft viele zu begeistern, noch mehr zu machen.«

28.1.1992. Briefe an Rushdie

Gibt es eine alternative Kultur? Neue alte Bürgerlichkeit. Schlapp
gefüllter Kulturbeutel. Herrschende Ignoranz. Literatur und Sprache.
Steckenpferdreiter. Hanfdampfender Hausgott. Interne Feindbilder.
Die Poststrukturalisten. Gruppe 87: Dichter übernehmen die taz.
Moralische Avantgarde.

Briefe sind eine aussterbende Mitteilungsart, die historisch durch
schnellere Technologien, durch Telefon, E-Mail und die Schrumpf-
form SMS in den Hintergrund gedrängt worden ist. Das Konversa-
tionslexikon definiert den Brief schön altmodisch als »schriftliche,
von einem Boten überbrachte Nachricht, die meist in einem Um-
schlag steckt«. Damit ist aber noch nichts über den Charakter des
Briefes gesagt, der ja im besten Fall nicht nur Werbung oder Rech-
nungen enthält, sondern die persönliche Botschaft eines besonderen
Menschen. Briefe sind idealerweise handschriftlich verfasst, weil sie
etwas Persönliches darstellen, das über das bloße Übermitteln von
Nachrichten hinausgeht. Sie sind ein typisch bürgerliches Medium
der Reflexion und der Selbstreflexion.

Das Aussterben der Briefkultur am Ende des 20. Jahrhunderts hat
vermutlich nicht nur mit dem Aufkommen neuer Technologien zu
tun. Es hängt auch mit dem Verlust des Glaubens an das Individuum
in seiner prächtigen Einmaligkeit zusammen. Der französische Strukturalismus und die Poststrukturalisten gaben sich alle Mühe, die
großen bürgerlichen Mythen der »Person« oder des zur »Autorfunk-
tion« geschrumpften Dichters zu zerstören. In den Texten Michel
Foucaults blieb der Autor nur noch als Chiffre für etwas Verschwun-
denes übrig: Diskurse schreiben sich selbst und bringen auch ihre
Produzenten hervor. Briefe in ihrem Glauben an die individuelle Besonderheit des jeweiligen Absenders erscheinen vor diesem Hintergrund wie Zeugnisse einer versunkenen Religion.

Mit ihrer Aktion »Briefe an Rushdie« zu Beginn des Jahres 1992
stellte die taz sich in diese zutiefst bürgerliche Tradition – auch wenn

offene Briefe in einer Zeitung nur die Simulation einer doch eigentlich als intim und nichtöffentlich zu denkenden Mitteilungsweise sein können. Zum dritten Jahrestag der Fatwa gegen Salman Rushdie am 14. Februar wollte die taz ein Zeichen setzen. Die Routine fristgerechten Gedenkens und Mahnens war nicht genug angesichts des nach wie vor gültigen Mordbefehls, den der iranische Revolutionsführer Ayatollah Khomeini gegen den Autor des Romans *Die satanischen Verse* in die Welt geschleudert hatte. Seither lebte Rushdie abgeschottet und von der Polizei bewacht abseits der Öffentlichkeit.

Die Solidaritätsaktion mit Rushdie ging weit über die persönliche Anteilnahme hinaus. Sie bedeutete, das Engagement für Pressefreiheit auf eine neue, globale Basis zu stellen. 1989, als die Fatwa ausgerufen wurde, hatte Arno Widmann versucht, ein deutsches Medienbündnis herzustellen: Möglichst viele Tageszeitungen und Zeitschriften wie *Stern* und *Spiegel* sollten am selben Tag die inkriminierten Stellen aus den *Satanischen Versen* abdrucken. Widmann verschickte zahlreiche Faxe an die Redaktionen, doch er erhielt nur eine einzige Anwort. Allein Frank Schirrmacher von der *FAZ* war bereit mitzumachen. Doch weil es auch ihm nicht gelang, andere Zeitungen zur Teilnahme zu überreden, scheiterte der Plan. Sicher: So eine Aktion wäre gefährlich gewesen und verlangte Mut, denn die Morddrohung galt auch für Übersetzer und Verleger. Der deutsche Verlag Rushdies zögerte deshalb mit der Publikation. Aber die taz mit dem Image der linksradikalen Zeitung erschien damals wohl vielen Medienunternehmen auch noch nicht als standesgemäßer Partner. taz und *FAZ* hätten jedenfalls ein sehr seltsames Bündnis ergeben.

Drei Jahre später ging die Aktion »Briefe an Rushdie« auf eine Idee des deutschen PEN-Zentrums zurück, die von der taz aufgegriffen wurde. Jetzt suchte sie nach internationalen Bündnispartnern, das war leichter. Seit 1990 gehörte sie *World Media* an, einem Verbund von Tageszeitungen aus verschiedenen Ländern, der 1989 von der französischen *Libération* gegründet wurde. *El Pais* aus Spanien gehörte dazu, *La Stampa* aus Italien, *Al Ahram* aus Ägypten, der britische *Guardian* oder *Nesavisimaja Gaseta* aus Russland. *World Media* sollte nicht nur als Plattform für den Austausch von Artikeln dienen, sondern als Presse-Netzwerk für eine globale Welt, die sich in ihrer Unterschiedlichkeit nur aus vielen verschiedenen Perspektiven beschreiben und begreifen lässt. »Die neue Welt-Unordnung« war das Thema einer 96-seitigen Sondernummer, die zu Weihnachten 1990 gemeinsam produziert wurde. 15 Zeitungen aus 14 Ländern waren daran beteiligt.

»Vernetzung« ist das Schlagwort der 90er Jahre. Für die taz war es eine neue Erfahrung, sich in einem größeren Bündniszusammenhang zu bewegen. Allerdings hielt die Mitgliedschaft nur zwei Jahre vor. Als im August 1992 in einer Ausgabe von *World Media* die französische Firma Aérospatiale den erfolgreichen Export ihrer »zivilen und militärischen« Hubschrauber bewarb, verweigerte die taz den Abdruck der Anzeige und wurde deshalb aus dem Verbund ausgeschlossen. Neuer Partner in Deutschland wurde die *Süddeutsche Zeitung*.

Mit ihrer Initiative für Rushdie konnte die taz aber noch auf diesem »Syndikat« aufbauen. Schriftstellerinnen und Schriftsteller aus aller Welt sollten sich mit offenen Briefen an Salman Rushdie zu Wort melden. Nadine Gordimer war dabei, José Saramago, Paul Theroux und Kazuo Ishiguro, Margaret Atwood und Elfriede Jelinek, Fahimeh Farsaie und Manuel Vázquez Montalbán. Die taz alleine hätte weder diese vielfältigen Kontakte gehabt, noch wäre sie als kleines, rein nationales Publikationsorgan bedeutend genug gewesen, um all diese Autoren zum Mitmachen zu bewegen. Doch ein internationales Netzwerk bot den Schriftstellern eine enorme Publizität, die sie kaum ausschlagen konnten. Aus Deutschland machte Günter Grass den Auftakt, Ralph Giordano war dabei, Martin Walser folgte. Der Wunsch der taz, auch solche Schriftsteller zum Mitmachen zu bewegen, die sich bei Solidaritätskampagnen eher zurückzuhalten pflegten, ging nicht in Erfüllung. »Sie sollen ihre Namen schließlich nicht unter eine Unterschriftenliste setzen – sie sind frei, ihre Solidarität mit ihren eigenen Mitteln, ihrem Witz, der Kraft ihres Wortes zu erklären«, kündigten die Redakteure Thierry Chervel und Michael Rediske die Aktion an und fügten voller Begeisterung hinzu: »Schließlich handelt es sich um die Briefe von Dichtern! ›Redefreiheit‹, sagt Rushdie, ›ist das Leben.‹«[199]

Die Dichteremphase ist ebenso wie die demonstrativ gewählte Form des Briefes eine bürgerliche Gewohnheit. In der taz wurde sie immer wieder gerne gepflegt. Mit Schriftstellern schmückte man sich, auch wenn Kultur ansonsten ein eher vernachlässigtes Gelände blieb. Schriftsteller brachten bei Bedarf den kulturellen Mehrwert, den das journalistische Tagesgeschäft so schmerzlich vermissen ließ. Schon im Herbst 1980 überließ die Redaktion die Oberhoheit für die Literaturbeilage zur Buchmesse den Schriftstellern Helga M. Novak, Hans Christoph Buch, Martin Grzimek und Klaus Schlesinger. Sie entwarfen die erste »Literataz«. Das Quartett fühlte sich herausgefordert, weil die taz ihnen »sympathisch« war und, so schrieben sie im Editorial, »weil sie noch kein ausgeprägtes Feuilleton hat: ihr Verhältnis zur Literatur ist sozusagen noch jungfräulich.«[200] Dazu gab es auf 64 Messe-Sonderseiten Texte von Antonio Negri, Michel Foucault, Oktoberfestnotizen von Hans Jürgen Syberberg, einen Auszug aus der *Geschichte der Eisenbahnreise* von Wolfgang Schivelbusch und ein Interview mit Paul Virilio: was für ein fulminantes Angebot. Es wirkt wie ein Vorschau auf die Zeitschrift *Lettre International*, deren deutsche Ausgabe ein paar Jahre später durch den ehemaligen taz-Redakteur Frank Berberich ins Leben gerufen wurde – mit finanzieller Beteiligung der taz.

Die erhofften Leserreaktionen auf die »Literataz« blieben aus. Nur die Schriftstellerin Anna Rheinsberg meldete sich zu Wort, um vorzurechnen, dass neben 39 Männern nur 4 Frauen vertreten waren. »Das ist klarer Zynismus: kommt mir nicht mit Wenn und Aber. Die Verhältnisse liegen offen dar: Den Herren die Kultur, den Frauen das Quer-beet.«[201] Ansonsten weder Anregungen noch Kritik. Kultur gehörte jenseits von geschlechterparitätischer Erbsenzählerei und ideologischem Beckmessertum nicht zu den Bereichen, die in der politisch bewegten taz-Leserschaft auf besonderes Interesse rechnen konnten.

Innerhalb der Redaktion verhielt es sich ähnlich. Ein bestürzendes Beispiel der vorherrschenden Ignoranz erlebte Arno Widmann in der Anfangsphase. Widmann wandte sich damals an Joseph Beuys, der zusammen mit Andy Warhol eine Performance in New York plante. Die Idee war, dabei täglich eine aktuelle taz einzubeziehen. Beuys sagte zu und überzeugte auch Warhol. Bessere Werbung hätte die taz sich kaum wünschen können. Widmann, voller Begeisterung, stellte das Konzept auf dem nächsten taz-Plenum vor. Und was geschah?

Das Plenum lehnte den Vorschlag ab. Begründung: Beuys sei ein Scharlatan, der die Menschheit belüge, das sei nichts Politisches, da dürfe die taz nicht mitmachen. Vielleicht, so Widmann, hätten ihm manche den Erfolg nicht gegönnt. Es könnte auch um interne Eifersüchteleien und Konkurrenzen gegangen sein. Kleinmütig wurde die große Chance verspielt, das enge Alternativmilieu mit einer gelungenen PR-Aktion aufzusprengen und sich selbstbewusst auf der Welt-Kunst-Bühne zu präsentieren. Wenn es nach dem Plenum ging, dann hatte Kultur im überschaubaren Nachbarschaftsbereich zu bleiben.

Im Dezember 1980 legten die vier Schriftsteller eine zweite »Literataz« vor, die sie als Versuch, eine »Alternative zum bürgerlichen Feuilleton zu verwirklichen«, bezeichneten.[202] Sie brachten eine Gutenachtgeschichte von Ulrich Plenzdorf, Gedichte von Johannes Schenk, Klaus Schlesinger, Bettina Wegner, Jürgen Theobaldy und anderen, darunter auch dem taz-»Säzzer« Georg Schmitz. Die Alternative zum »bürgerlichen« Feuilleton bestand darin, an die Stelle von Rezensionen literarische Originaltexte zu setzen, Lyrik vor allem. Es sollte nicht über Literatur gesprochen werden, sondern mit der Poesie eine andere Art und Weise, über die Welt zu sprechen, Raum erhalten. Die Einsicht, dass Weltveränderung – und nichts Geringeres stand auf den Fahnen der jungen taz – auch etwas mit Sprache zu tun hatte, mit der Genauigkeit von Wahrnehmung, mit Beschreibungsintensität, blieb allerdings als große Ausnahme dem weihnachtlichen Feiertagsprogramm vorbehalten. Im Alltag dominierte der Glaube, schon lockerer Szene-Jargon, saloppe Lässigkeit und ein paar ironisch frotzelnde Wendungen würden einen anderen, subversiven Zugriff auf Wirklichkeit garantieren. In weiten Teilen der Zeitung klappte nicht einmal das. Da reichte es nur für ein flüchtig redigiertes Agentur-Deutsch, für Nachrichten-Sprech und die üblichen, nichtssagenden Sprachhülsen.

Gabriele Goettle, eine der profiliertesten und mit ihren hoch gelobten »Freibank«-Reportagen profilprägende taz-Autorin, beklagte den »unreflektierten Jargon der Verlautbarungssprache«. Im März 1987 wurde sie von der Redaktion zur Zeitungskritik eingeladen und nutzte die Gelegenheit zu einer grundsätzlichen Sprach- und Ideologiekritik. Die taz druckte diesen wenig schmeichelhaften Beitrag auf zwei ganzen Seiten ab. Goettle mokierte sich über »Abrüstungspakete«, die in einem Artikel gleich mehrfach »aufgeschnürt« und »zugeschnürt« wurden. Sie zitierte Sätze, die bewusstlos vor sich hin stolperten wie dieser: »Die Pershing II und Cruise Missiles gelten für die CDU als militärisch notwendige Waffensysteme, um die BRD wieder stärker an den amerikanischen Atomschirm zu koppeln.« Und wenn »SPD wie die Grünen wiederholt ›Befürchtungen geäußert‹ haben«, dann befürchtete auch sie das Schlimmste und riet den Lesern zur Abokündigung. Wie viele »Reformen« seither auch in der taz »auf den Weg gebracht« worden sind, ohne der hohlen Formelsprache zu misstrauen, geht auf keine Kuhhaut – und die ist bekanntlich auch nur die Spitze des Eisbergs.

»Was will die taz eigentlich sagen?«, fragte Gabriele Goettle. »Sie weiß es selbst nicht mehr. Sie redet immer dem das Wort, der gerade spricht. Ist es der Konzern oder die Regierung, so wird sie zu deren Sprachrohr, ist ausnahmsweise ein Opfer dran, so spricht sie dem aus dem Herzen. Sie produziert sprachgeregelte Berichterstattung: ganz bürgerlich reaktionär. *Auffassungen* werden *geäußert* ebenso wie *Befürchtungen* auf *Grund der Ereignisse*, die angeblich immer etwas *zeigen*. *Fragen* werden *erhoben* oder *aufgeworfen*, nicht um sie zu beantworten, sondern damit sie sich *entzünden* im *Vorfeld* des absoluten Schwachsinns. Irgendwo dazwischen verteilt sich das Geschehen so, als sei schicksalhaftes Walten am Werk.« Nicht zuletzt auf Grund der Diagnose sprachlicher Gedankenlosigkeit kam Goettle zu einem vernichtenden Urteil: Die taz sei neun Jahre nach ihrer Gründung »ein altbackenes, verbürgerlichtes, staatstragendes und deshalb überaus langweiliges Tagesblättchen« [203].

Im Alltag der taz wurden journalistische »Professionalisierung« und politische »Radikalität« zumeist als Gegensätze gesehen. Eine linke, radikale Zeitung zu bleiben und zugleich immer breitere Leserschichten zu erobern schien ein unauflöslicher Widerspruch zu sein. Goettles sprachkritischer Ansatz hätte, wenn er ernst genommen worden wäre, einen Ausweg bieten können. Professionalität hätte sich dann im sorgfältigen Umgang mit der Sprache bewiesen: Im Misstrauen gegen mediengerechte Floskeln und Leitartikelphrasen. In der Skepsis gegen überschäumende Meinungsfreude ohne eigenen Standpunkt. Und in der kritischen Distanz gegenüber einem Aktualitätsdruck, der alle Flüchtigkeiten entschuldigt und oft nur dazu führt, die Nachrichten vom Vortag schon wieder zu vergessen, bevor man Zeit hatte, sie zu verstehen. Dem Kulturteil kommt in diesem Arrangement stets eine Sonderrolle zu, weil es hier leichter ist, Abstand von der verbreiteten »Aktualitätshechelei« (Goettle) zu halten. Die Kultur in der taz war immer eine Spielwiese, auf der Steckenpferde geritten werden durften. Schon aus Platzgründen war es zu keiner Zeit möglich, mit der umfassenden Berichterstattung der bewunderten *FAZ* zu konkurrieren. Dagegen setzte die taz hemmungslos auf die Spezialgebiete ihrer Redakteure. Wenn sich da jemand für albanische Literatur interessierte, dann fand sie im Blatt breite Beachtung. Wenn jemand arabische Musik bevorzugte, dann bot die taz ein Forum und wurde führend in der Berichterstattung über diesen Bereich. Und wenn eine Redakteurin den lateinamerikanischen Film besonders schätzte, dann hinderte sie niemand daran, dieser Vorliebe in aller Breite nachzugehen. Die taz-Kultur war immer ein Minderheiten-, Außenseiter- und Spezialistenprogramm. Darin lag ihre besondere Stärke, aber auch ihre Begrenzung.

Ermöglicht wurde dieser programmatische Individualismus auch dadurch, dass das prägende Milieu der taz mit Kultur sowieso nicht allzu viel anfangen konnte. Es gab keinen Begriff von linker oder gar linksalternativer Kultur. Die Ratlosigkeit, was Kultur bedeuten könnte, drückte sich schon darin aus, dass die frühen Kulturseiten bemüht witzig »Kulturbeutel« hießen. Da passte nicht viel hinein außer dem Nötigsten für die tägliche Seelenhygiene, und das war von ausgesuchter Biederkeit und journalistischer Unbedarftheit. So hieß es damals zum Beispiel im Bericht über ein Konzert der auf revolutionäre deutsche Volkslieder spezialisierten Gruppe »Liederjan«, man sei »von den Textinhalten zwischen Schmunzeln und Betroffenheit hin- und hergerissen« worden.

Klassische Musik und Oper galten dagegen als »bürgerlich« und fanden deshalb kaum statt. Aber auch die Punk-Bewegung der frühen 8oer Jahre spielte nur eine kleine Rolle, weil sie als unpolitisch eingestuft wurde und weil man vielleicht schon zu alt war für die neueste Jugendrevolte. Die »jungen Wilden«, die die Kunstszene prägten, kamen nicht vor, weil man sie für geschäftstüchtige Imitatoren hielt. Der Umgang mit Literatur musste jenseits einer schlichten, politisch ausgerichteten Lektüre erst gelernt werden. Erfreulicherweise blieb auch das Interesse an linker Heimatkultur mit der Liedermacherszene oder dem Anti-Atom-Barden Walter Mossmann gering. Dann schon lieber die guten alten Sex & Drugs & Rock'n'Roll-Geschichten und das Patti-Smith-Konzert auf Seite 1. Oder den hanfdampfenden Alt-Kabarettisten Wolfgang Neuss, den die taz aus der inneren Versenkung in seiner Charlottenburger Wohnung zurückholte und 1982 zum Kolumnisten machte.

Neuss wurde zu einem inoffiziellen Hausheiligen. Er war ein Nonkonformist, ein Verweigerer, Paradebeispiel eines Menschen, der nicht zum Faschisten taugte. 1943, als Soldat in Weißrussland, schoss er sich einen Finger der linken Hand weg, um ins Lazarett zu entkommen – angeblich am selben Tag, an dem Professor Albert Hofmann in Basel das LSD entdeckte. Mit den Worten »Auf deutschem Boden darf nie wieder ein Joint ausgehen« begrüßte der ungekrönte König der Kiffer 1983 den Regierenden Bürgermeister Berlins, Richard von Weizsäcker, in einer Fernseh-Talkshow. Wie eine alte Indianerin sah er aus, zahnlos und mit langen, fettigen Haaren. Seine Mitarbeit in der taz knüpfte er an die Bedingung, dass Mathias Bröckers, der den Kontakt herstellte, ihn dreimal wöchentlich besuchen sollte: einmal, um das Thema zu besprechen, dann, um den Text abzuholen und schließlich, um das Honorar vorbeizubringen. Und jedes Mal, das war klar, musste er mit ihm eine ausgewachsene Tüte rauchen.

In jedem fachmännisch gerollten Joint befanden sich exakt 1,5 Gramm Haschisch. Der ungeübte Besucher war nach wenigen Zügen platt, doch Neuss verlangte Durchhaltewillen: »Wer bei der besten Zeitung Deutschlands das angeturnteste Feuilleton machen will, muss doch wissen, wie man mit Drogen – mit Ekstase – umgeht.« Dazu ließ man sich in Neuss' Wohnung auf Kissen nieder, die auf dem Boden lagen, denn Stühle gab es nicht. So, in Dampf gehüllt, sprach er seine aberwitzigen, buddhadaistischen Monologe auf Band, vermischte hemmungslos Lokalklatsch und Kapitalismuskritik, Kleinkunst und Großkultur und überließ es dem Redakteur, daraus eine Kolumne zu formen. »Nach Diktat abgefahren«, pflegte er unter seine Briefe zu schreiben. Neuss verschenkte seinen Witz und seine Weltsicht und erhielt dafür von der taz Hausbesuche als sozialen Dienst, die bis zum sonntäglichen Kuchenessen im Stammcafé ausgedehnt wurden. Auch solch intensive Betreuung ist eine Funktion alternativer Arbeitsweise.

Doch Hanf-Kultur allein macht noch keinen Kulturteil. Alle anderen Ressorts konnten sich durch ihre Gegner definieren und hatten eine politische Bestimmung: »Die Ökologie hat AKWs und Östrogen, das Inland Polizei und Bundeswehr, das Ausland hat seine Juntas, die Frauen den Sexismus und die Männer. Die Konzeption der gesamten taz bestimmte sich wesentlich durch ihre Feindbilder«, schrieb Bröckers im Dezember 1980. Der Kultur blieb da nur eins: Sie musste sich gegen sich selbst wenden, also gegen die eigene Klientel: »Nicht dem Kulturbetrieb, sondern dem taz-Publikum – der Art und Weise, wie es mit Kultur umgeht – gilt es ins Bein zu beißen. (...) Also doch ein Feindbild? Ja! Die linke Lebenskultur ist ein parfümierter Leichnam, der zum Stinken gebracht werden muss.« Ähnlich, wenn auch weniger derb, formuliert es Arno Widmann, der sich vornahm, »Leser vor den Kopf zu stoßen, damit sie nachdenken«.

Politisch gesehen war die taz für viele ihrer Macher und Leser eine Organisatorin der linken Bewegungen. Kulturell gesehen erfüllte sie eine andere, geradezu gegensätzliche Funktion: Abstand zu gewinnen und Möglichkeiten anzubieten, über das Linkssein nachzudenken. Kultur ist Reflexion statt Aktion, Erinnerung statt Aktualität, Verlangsamung statt Beschleunigung. Wenn der Politikteil die Welt mit Leitartikeln erklärt, dann stellt die Kultur herrschende Gewissheiten in Frage. Ihr Ziel muss es sein zu stören. Damit reproduzierte sich jedoch in der taz der klassische Gegensatz zwischen »Politik« und »Feuilleton«, der jede Zeitung mehr oder weniger stark prägt. Dieser Antagonismus ist ein Kennzeichen der »bürgerlichen« Presse, von der die taz sich doch gerade abheben wollte. Aber sie war eben nicht schon deshalb weniger bürgerlich, weil sie auf Opernberichterstattung verzichtete und sich stattdessen lieber mit popkulturellen Phänomenen befasste. Es gibt keine antibürgerliche Kultur. Es gibt nur anregende, aufstörende, weiterdenkende Kultur – oder aber langweilige Berichterstattung.

Verdienste erwarb sich die taz-Kultur der 8oer Jahre im Bereich der Theorie, in der Verbreitung und Popularisierung der poststrukturalistischen französischen Philosophen. Baudrillard, Derrida, Virilio, Deleuze, Foucault, Irigaray, Lyotard mussten gegen das restmarxistische Misstrauen der westdeutschen Linken durchgesetzt werden. Da war die taz Avantgarde. Sie druckte deren Texte, als sie noch nicht en vogue waren, als Suhrkamp noch zögerte und allenfalls der Merve-Verlag erkannte, welches Potential zu heben war. Die taz brachte Foucaults Essay *Was ist Aufklärung? Was ist Revolution?* und ließ Jürgen Habermas darauf antworten. Sie führte ein langes Interview mit Habermas, das unter dem koketten Titel »Vier Jungkonservative beim Projektleiter der Moderne« erschien. Sie veröffentlichte ein in Deutschland unpubliziertes Gespräch mit Roland Barthes über die Lust am Text und am Körper und druckte einen Vortrag des Philosophen Jakob Taubes über Carl Schmitt. Die Lust an der Theorie, ein Erbe der Studentenbewegung, war der Linken noch nicht vergangen. Die 8oer Jahre waren eine Zeit der theoretischen Neuorientierung nach den marxistisch dominierten 7oern. Für eine wache, neugierige und vor allem ideologisch nicht festgelegte Redaktion ein idealer Tummelplatz.

Am besten war die taz immer dann, wenn sie etwas wagte, ja mehr noch: wenn sie darauf verzichtete, Tageszeitung zu sein. Legendär sind die Ausgaben der »Literaten-taz« zur Buchmesse im Oktober 1987. Für drei Tage übergab die Redaktion Arbeit und Verantwortung an eine Gruppe von dreißig »DichterInnen« oder vielmehr »Schrifties«, wie sie im taz-Jargon hießen. Nur die technische Abteilung, Satz und Layout, blieb im Dienst, denn deren Jobs ließen sich nicht kurzfristig erlernen.

Die Zusammenstellung der illustren Autoren-Runde überschritt souverän ideologische Grenzen und den Graben zwischen Ost und West. Das sagt einiges aus über die Spannweite der taz, über ihre Wirkungskraft und über die Sympathie, die linke Intellektuelle dem »Projekt« entgegenbrachten. Hans Magnus Enzensberger sicherte sich mit einem eleganten Sprung über den Konferenztisch den Platz an der Stirnseite. Gisela Elsner, Libuše Moníková, Herta Müller und Elfriede Jelinek kümmerten sich um die Kultur und überließen die Frauenseite

Dichter übernehmen die taz: Gabriele Goettle, Reinhard Lettau, Gisela Elsner,
Hermann Henselmann, Erich Kuby (v.l.n.r.), Oktober 1987

Horst Tomayer, der sich mit der Bemerkung, er habe »Frauen nämlich
sehr gern«, für das Ressort qualifizierte. Heiner Müller vernebelte beharrlich die Räume mit seinem Zigarrenqualm. Auch der 82-jährige
Hermann Henselmann, Architekt des Berliner Fernsehturms, kam aus
dem Ostteil der Stadt. Er betonte immer wieder, von der SED zur Teilnahme ermuntert worden zu sein. Reinhard Lettau machte sich auf
die Suche nach anti-amerikanischen Nachrichten. Die beiden Ungarn
István Eörsi und György Dalos wollten sich um den Staatsbesuch des
ungarischen Ministerpräsidenten in der Bundesrepublik kümmern.
Gabriele Goettle wurde zur Chefin der Nachrichtenredaktion erklärt.
Ingomar von Kieseritzky übernahm die Fernsehseite. Der 80-jährige
Hans Mayer meinte beeindruckt, die *FAZ* würde platzen vor Neid,
»wenn sie uns hier so sehen würde«, und diktierte dem Setzer 300
Zeilen aus dem Kopf. Der Publizist Erich Kuby, der einzige Redakti-
onserfahrene der Runde, erkannte gar eine »pervertierte Gruppe 47«
und prägte den Begriff von der »Gruppe 87«. Als presserechtlich Ver-

antwortlichen bestimmte man »den Reichsten von uns«. Bestsellerautor Johannes Mario Simmel musste sich fügen.[204]

Um eine ganz andere taz zu machen, war die Zeit zu knapp und der Produktionsdruck zu groß. Da erging es den prominenten Schriftstellern nicht anders als den tazlern. Sie übernahmen deshalb zunächst die gewohnte Seitenstruktur und die üblichen Rubriken, und sie übernahmen sogar den üblichen Streit. Claudio Magris trat unter Protest aus der Redaktion aus, weil er nicht damit einverstanden war, dass ein Beitrag von Erich Kuby über die RAF zum Aufmacher wurde. Kuby beklagte unter der Überschrift »Verstummungsgebot« den geschichtsklitternden Umgang mit dem Phänomen RAF und kritisierte das aktuelle Verbot eines Buches mit Briefen von RAF-Häftlingen. Weniger radikal als die normale taz wollten die Dichter nicht sein, und sie brachten auch wieder das alte Chaos und die Experimentierlust zurück. Am dritten Tag, zum Abschied, gab es ein »Extrablatt« und damit dann doch eine ganz andere Zeitung: die taz als Endlos-Roman, inspiriert von Texten, die aus dem Ticker kamen. Nachrichtenmaterial wurde zum Rohstoff für Geschichten, die hintereinander gelesen die Welt einmal ganz anders darstellten als in der üblichen Übersichtlichkeit. Wenn Geschichten erzählt werden, fällt die Einteilung in Ressorts und Rubriken, in Nachricht und Kommentar weg. Ein Lama in Tibet war nicht weniger wichtig als ein russischer Spion, Aids in der Bundeswehr oder die Lage im Iran. Nie war die taz realistischer als an diesem Tag, selten radikaler.

Die »Literaten-taz« war mehr als nur eine gelungen PR-Aktion. Die Frage nach der Bedeutung eines linken Kulturteils musste für diese Tage nicht gestellt werden, denn nun war die taz selbst Kultur geworden. Nachrichtensicherheit und Utopie, Wirklichkeit und Kunst bildeten für einen Tag keine Gegensätze. Was die taz in der Gründungszeit verpasst hatte, als ihr die Gesellschaft von Beuys und Warhol zu undurchsichtig war, holte sie nun nach. »Kunst ist ein Mittel, um die Wirklichkeit unmöglich zu machen«, schrieb Heiner Müller für die taz. Das wäre ein Motto für eine linke, radikale Zeitung.

Mit der Fatwa gegen Salman Rushdie kehrten sich diese Bedingungen um: Die Wirklichkeit versuchte, die Kunst unmöglich zu machen. Mit Rushdie wurde die Kunst zum Feld politischer Auseinandersetzungen. Der Gegensatz zwischen Kultur und Politik war aufgehoben; jetzt waren gerade im kulturellen Raum Aktion und Solidarität gefordert.»In Rushdies Buch schießen alle Erwartungen und Hoffnungen zusammen, die wir an das geschriebene Wort noch richten«, schrieb Literaturredakteurin Elke Schmitter, die im Mai 1992 neben Michael Sontheimer und Jürgen Gottschlich in die Chefredaktion aufstieg.»Die ›satanischen Verse‹ sind also Kunst im allerhöchsten Sinne, eine postmoderne Attacke des Fortschritts auf jene böse Unschuld des Glaubens, die den Namen Fundamentalismus trägt: ein brauchbares Stigma für politische, religiöse und soziale Erscheinungsformen, die uns nicht geheuer sind.«[205]

Zweifellos waren die Briefe an Rushdie auch eine PR-Aktion in eigener Sache; warum auch nicht. Die taz verschaffte sich damit gleich mehrere strategische Vorteile. Mit der Dichter-Brief-Aktion konnte sie traditionelle Formen bedienen und zugleich das rebellische Image schärfen. Sie bewahrte ihre Prinzipien der Pressefreiheit und der Toleranz und bewährte sich zugleich als radikale bürgerliche Avantgarde. Sie leistete internationale Solidarität und stand damit nicht länger in Opposition zur bundesdeutschen, westlichen Gesellschaft, sondern wurde als moralischer Schrittmacher erkennbar. Und zugleich fand sie in der Rushdie-Aktion endlich eine Antwort auf die Frage, was Kultur in einer linken Zeitung bedeuten könnte. Das Ideal der 8oer Jahre, die eigene Leserschaft vor die Köpfe zu stoßen, hatte sich spätestens mit dem Epochenwechsel von 1989 erledigt. Provokation als Programm taugt allenfalls für die Pubertät. Das linksalternative Milieu zerbröselte, sozialistische oder sonstige Utopien mussten nicht mehr demontiert werden; jetzt galt es eher, nach neuen, einigenden Themen zu suchen.»Was ist links?« oder gar »Was war links?« lautete die nun immer öfter gestellte Frage. Die Auseinandersetzung mit dem islamischen Fundamentalismus nahm bei dieser weltanschaulichen Umorientierung eine zentrale Rolle ein. Links zu sein ließ sich in dieser Frontstellung als Verteidigung der bürgerlichen Demokratie und ihrer revolutionären Werte – Freiheit, Gleichheit, Brüderlichkeit – definieren, für die doch der Staat stand, der in den 8oer Jahren so erbittert bekämpft worden war. Die taz hatte einen Weg gefunden, Protest und Teilhabe miteinander zu verbinden.

27.9.1998. Wir sind Regierung

Rot-grüne Potenzen. Geboren aus Pragmatismus. »Parteinehmer, nicht Parteigänger!« Die Entdeckung des Parlaments. Eine Hassliebe. Aufgebrauchte Illusionen. Verzicht oder Hedonismus? Ökologischer Lifestyle. Politik als Geschmacksfrage. Jenseits der Moral. Raus hier, aber dalli!

Die Gesellschaft für deutsche Sprache kürte »Rot-Grün« zum Wort des Jahres 1998. Im Wahlkampf sei es als Warnung ausgegeben, später als Erfolgswort weiterverwendet worden. Kurz und treffend stehe es für die Gemeinsamkeit von SPD und Bündnis 90/Die Grünen. Auf Platz zwei setzten die Sprachforscher »Viagra«, vielleicht um damit zu signalisieren, dass die Politik ausnahmsweise einmal die Potenzprobleme hinter sich gelassen hatte. Aber wie potent war die neue rot-grüne Bundesregierung unter Gerhard Schröder und Joschka Fischer? Und was bedeutete der Regierungswechsel für die taz? Nicht dass sie sich plötzlich als Regierungszeitung gefühlt hätte, aber eine Verunsicherung war doch zu spüren. Wohin mit den Beißreflexen gegen die Mächtigen, wenn die Partei, die von der großen Mehrheit der Mitarbeitenden und der eigenen Klientel gewählt wurde, nun ganz oben mitmischte? Wieviel Solidarität, wieviel Kritik brauchte diese Regierung?

Am Tag nach der Bundestagswahl überwog die Erleichterung, Helmut Kohl als Kanzler nach sechzehn bleiernen Jahren losgeworden zu sein. »Endlich!« titelte die taz – ein gedruckter Stoßseufzer. Dass es für eine rot-grüne Koalition reichen würde, war erst einen Tag später sicher. »Los jetzt« lautete dazu die ermunternde Schlagzeile. Und doch bemühte die taz sich sofort darum, die Erwartungen herunterzudimmen. Das Wahlergebnis wurde mit nüchternen Worten kommentiert: »Es wird eine rot-grüne Bundesregierung geben – aber sie ist kein Wunschkind, sondern geboren aus Pragmatismus und einem Mangel an Alternativen. Kein Aufbruch, keine politische Leidenschaft, sondern Business as usual.«[206]

Seltsam: Jahrelang begleitete die taz intensiv das Schicksal der Grünen als einer Partei, die aus den selben Wurzeln entstand. Sie nahm innigen Anteil an parteiinternen Zerwürfnissen, am erbitterten Kampf von Fundis und Realos und an der Hoffnung auf einen ökologischen Wandel der Gesellschaft. Wenn es in der taz ein parteipolitisches Projekt gab, dann war es dies: die Grünen an die Macht zu bringen. Und weil das nur im Bündnis mit der SPD gelingen konnte, hieß das Ziel Rot-Grün. »Die taz war ein politisches Projekt zur Durchsetzung von Rot-Grün«, meint Christian Semler, Ex-Maoist und Elder Statesman der Redaktion, der Jahr für Jahr unverdrossen seine Zigaretten dreht und die tiefenhistorischen Analysen liefert. Jetzt war dieses Ziel erreicht, und in der taz herrschte schulterzuckende Gleichgültigkeit. Der Regierungswechsel wurde als Selbstverständlichkeit betrachtet und fast schon gelangweilt durchgewunken. Kein Aufbruch zu neuen Ufern: »Eine gesellschaftliche Akzeptanz für Tempo 100 gibt es nicht? Na gut, man wird sich über Tempo 120 einig werden.«[207] Aber auch dafür reichte es dann nicht.

Wie minimal die Erwartungen waren, belegt eine Blitzumfrage unter taz-Kollegen, die das Stimmungsbild kurz vor der Wahl wiedergibt. Da bekamen die Grünen allenfalls noch als kleineres Übel Zustimmung. Die Hoffnung aber, dass sie einen anderen Politikstil entfalten könnten, war aufgebraucht. Dialektisch vertrackt formulierte Medienredakteur Lutz Meier das Dilemma, das auch die widersprüchliche Haltung der taz beschreibt: »Solange sie sich selbst Hoffnung auf die Macht machten, aber diese Hoffnung vergeblich war, waren sie die Hoffnung. Seit die Hoffnung auf die Macht real ist, ist sie keine Hoffnung mehr. Da müsste nicht die Hoffnung auf die Macht, sondern die Hoffnung auf die Opposition die Hoffnung der Grünen sein.«[208] Denn der Macht ist immer zu misstrauen. Das gilt auch dann, wenn man selbst die Macht hat (was auch immer das dann konkret bedeutet). Auf die taz angewandt lässt sich dieses Paradigma linker Ohnmacht so umformulieren: Je professioneller die Zeitung wurde, umso überflüssiger wurde sie auch. Die größten Hoffnungen entfachte sie in den ersten Jahren, als sie am schlechtesten war. Professionell gemachte Zeitungen gab es schließlich schon genug.

Grüne und taz sind neben- und miteinander entstanden. Den Grünen thematisch eng verwandt, kämpfte die taz gerade wegen dieser Nähe sofort um ihre parteipolitische Autonomie. Sie wollte keine Parteizeitung sein und nicht zum Grünen-Blatt degenerieren. Autonomie galt es auch und vor allem im eigenen Milieu zu erkämpfen. Der Konflikt zwischen parteipolitischer Loyalität und journalistischer Unabhängigkeit ist jedoch keine Besonderheit der taz. Er ist typisch für alle im Zusammenhang mit einer politischen Bewegung neu entstehenden Tageszeitungen. In der Bundesrepublik war der Fall einer erfolgreichen, überregionalen Neugründung – sieht man einmal von der *Bild*-Zeitung ab – überhaupt noch nicht eingetreten. Um Vergleichsbeispiele zu finden, muss man weiter in die Geschichte zurückgehen, bis in die Kaiserzeit, als sich das parlamentarische System mit bürgerlichen Parteien und einer vielfältigen, unabhängigen Presselandschaft überhaupt erst herausbildete.

Es war die Gründerzeit der Berliner Presse, die Zeit von Leopold Ullstein, August Scherl und Rudolf Mosse. Zwischen 1870 und 1900 entstanden nicht nur zahlreiche neue Zeitungen, es änderte sich auch der Tenor der Presse. Dominierte anfangs noch der salbungsvolle Ton unkritischer Hofberichterstattung, so setzte bald die politische Differenzierung ein. Fortgesetzte Lobreden auf den Kaiser konnten kein dauerhaftes Interesse mehr erwarten. Einzelne Zeitungen und politische Parteien gehörten zunächst eng zusammen. Im Bündnis waren sie stärker und wagten Kritik an Kaiser und Regierung. Schließlich war es Leopold Ullsteins *Berliner Morgenpost*, die mit der Tradition parteipolitischer Bindung brach und damit einem verbreiteten Bedürfnis nach größerer Vielfalt der Meinungen nachkam. »Parteinehmer, nicht Parteigänger!« hieß die neue Programmatik der 1898 gegründeten *Morgenpost*, deren Leitartikler Arthur Bernstein die Veränderung skizzierte:

»Die Zeitungen alten Stils hatten in der Hauptsache noch an der Berufung aus jenen Tagen festgehalten, da man um die Grundlagen des staatsbürgerlichen Rechtes kämpfte. Es war damals fast ein Erfordernis der Respektabilität, sich zu einer politischen Partei zu bekennen, wobei dann freilich eine Zeitung gleich ins Schlepptau dieser Partei geriet, auf die sie fördernd und anregend einwirken sollte. Die

Parteien suchten durchaus nicht, von draußen her Anregungen zu empfangen, sondern waren mehr geneigt, zu verlangen, dass die Presse sich ihren Anregungen kritiklos füge, damit die Zahl der Parteigänger sich mehre. Kritik wurde rundweg als Quertreiberei oder als Anmaßung zurückgewiesen. Nicht selten pflegten die Parteien selbständigen Blättern, die für die Sache als solche große Opfer brachten, dennoch den Vorwurf des Verrates zu machen (...) So löste sich denn manches Blatt vom Parteidogma los. Auch die ›Berliner Zeitung‹ ging schließlich die Wege ihrer eigenen Überzeugung. Ähnliches hatte sich in allen politischen Lagern vollzogen.«[209] Damit entstand der Typus der liberalen, bürgerlichen Tageszeitung als Zeitung »neuen Stils«. Ironie der Geschichte, dass ausgerechnet die heute im Axel-Springer-Verlag erscheinende *Morgenpost* das historische Modell dieser Entwicklung abgab. Es ist, als hätte Arthur Bernstein auch schon die Entstehung der taz und ihr Verhältnis zu den Grünen 80 Jahre später beschrieben. Im Alternativbereich wiederholte sich noch einmal der bürgerliche Prozess einer Parteien- und Zeitungsgründung. Alternative Bürgerlichkeit: Da ist es nicht verwunderlich, dass sich dieser Vorgang mit den selben Worten beschreiben lässt wie am Ausgang des 19. Jahrhunderts. Wie oft kam in Leserbriefen der taz das Wort »Verrat« vor! Wie oft erhoben sich mahnende Stimmen innerhalb der Redaktion, die darauf drängten, die Distanz zur Ökologiebewegung und ihrer Partei zu wahren: »Wir sind doch kein Sprachrohr der Grünen, höchstens – wenn schon was Hohles – Hörrohr in die Bewegungen, für deren Kopf sich viele Grüne mittlerweile halten.« Wie oft fühlten Vertreter der Grünen sich unsolidarisch behandelt. Und hatten sie damit nicht recht? Die taz bewies ihre Unabhängigkeit immer wieder auf Kosten der Grünen. Selbstkritik gehörte zum linken Erbe der K-Gruppen. Solidarität gab es nicht ohne eine gelegentlich ins selbstzerstörerische gehende Kritik.

»Mit ihrer pluralen Widerborstigkeit sucht die ›taz‹ den unter orthodoxen Linken verbreiteten Denkzwängen zu entgehen. Durch Selbstkritik verschafft sie sich Atem zur Attacke«, schrieb der *Spiegel* im Frühjahr 1983, als die Grünen mit Sonnenblumen in der Hand zum ersten Mal in den Bundestag einzogen. »Zur linksunabhängigen

Linie gehört auch, dass die Grünen keineswegs immer auf die ›taz‹ bauen dürfen. Ein Teil der Redaktion sympathisiert mit ihnen, bei einem anderen aber herrscht ausgeprägte Abneigung. Ätzender als die ›taz‹ die vom ›grünen Boom berauschten‹ Ökopaxe von links kritisiert, konnten ›FAZ‹ und ›Welt‹ sie auch nicht von rechts attackieren.«[210] Zum Beleg zitierte der *Spiegel* einen taz-Bericht von einer Bundesdelegiertenkonferenz der Grünen im westfälischen Hagen, in dem es hieß:»Dass diese Grünen Schwierigkeiten mit der Logik haben, lässt sich ja noch ertragen, aber nun schicken sie sich auch an, das Feld der Ökonomie zu erobern. Nachdem die verschiedenen Positionen über ein Wirtschaftspapier durch die ›Gurus‹ – ›Gurus‹ nennt die Basis jene Menschen, die das eine oder andere Buch gelesen haben und die sich ein paar Gedanken machen, bevor sie in ein Mikrophon sprechen – dargestellt worden waren, meldeten sich jene zu Wort, die meinen, dass es ausreicht, wenn man Ökonomie buchstabieren kann, um sich an einer wirtschaftspolitischen Debatte zu beteiligen.«

Das Autonomiebedürfnis der taz wäre berechtigter gewesen, wenn die Zeitung darüber nicht versäumt hätte, ihre inhaltliche Nähe zu den Grünen für eine besonders kompetente Berichterstattung zu nutzen. Schließlich gab es enge persönliche Beziehungen zu grünen Politikern wie Hans-Christian Ströbele oder Andrea Fischer, die Anfang der 8oer Jahre als Setzerin bei der taz begann, von dort in die Sozialredaktion wechselte, nicht lange blieb und schließlich bei den Grünen Karriere machte: 1998 wurde sie Gesundheitsministerin im Kabinett Schröder. Der Einzug der Partei in den Bundestag erwischte die taz 1983 völlig unvorbereitet. Die Chance, zusammen mit den Grünen einen eigenen Zugang zur Welt der Bonner Politik zu finden (in der die taz auch vier Jahre nach ihrer Gründung keine Rolle spielte), wurde verschlafen. Erst mit Verspätung entschied man sich, ein Büro in Bonn einzurichten und damit so etwas wie eine ernsthafte Parlamentsberichterstattung zu versuchen.

Ein internes Diskussionspapier des Redakteurs Thomas Schmid aus dieser Zeit belegt, welch mühsamer Überzeugungsarbeit es bedurfte, um sich zu diesem Schritt durchzuringen. Schmid schrieb: »In der FAZ lese ich, dass es in der neuen Bonner Fraktion der Grünen Konflikte gibt, es werden Namen genannt und – natürlich in der Art der FAZ – Probleme bezeichnet. In der taz dagegen erfahre ich über das Treiben der Grünen in Bonn fast nichts. Ich finde das, gelinde gesagt, absurd. Wäre es denn nicht Aufgabe der taz, erst einmal alle Abgeordneten mit Bild, Biographie und Interview vorzustellen? Über das zu berichten, was da nun in Fraktionszimmern beraten wird (die taz hätte ja wohl immerhin die Chance, auch dann noch geduldet zu werden, wenn die bürgerlichen Zeitungen den Raum verlassen müssen)? (...) Wenn ihr nicht völlig verpennt seid, dann richtet ihr schnellstens eine Bonner Redaktion ein.«

Immerhin: Der Weckruf hatte Erfolg. Aber es waren die Grünen, die die taz nach Bonn lockten, und nicht umgekehrt. Doch auch so, widerwillig und zögerlich vollzogen, läutete dieser Schritt einen Paradigmenwechsel ein: weg von der Orientierung auf die außerparlamentarische Protestbewegung, hin zur Parteienförmigkeit der Politik und dem Parlament. Gemeinsam mit den Grünen näherte die taz sich dem etablierten System an. Das Selbstverständnis,»Gegenöffentlichkeit« zur»bürgerlichen« Presse herzustellen, veränderte sich dadurch zwangsläufig. Die taz wurde allmählich Teil dieser Öffentlichkeit und setzte damit eine erneuernde, gesellschaftsverändernde Dynamik in Gang. Mit der rot-grünen Regierungsübernahme im Herbst 1998 fand dieser Prozess seinen symbolischen Abschluss. Wer angekommen ist, kann nicht mehr auf dem Weg sein. Vielleicht ist das auch eine Frage des Alters. Schon deshalb wollte in der Redaktion kein Triumphgefühl aufkommen.

Die Entwicklung verlief lange Zeit parallel. Grünen und taz wurden in der Anfangszeit gleichermaßen die Überlebenschancen abgesprochen. Sie galten als Ausdruck der neuen sozialen Bewegungen und würden deshalb auch mit ihnen untergehen. Als das nicht der Fall war, galten sie als Generationenprojekt, das sich irgendwann von allein erledigen würde. Aber die taz, mehr noch als die Grünen, demonstrierte, wie man sich permanent erneuert, verjüngt und verwandelt und die eigenen Themen modifiziert.»Keine Partei – und keine Zeitung – hat sich in der Zeit ihres Bestehens so gewandelt wie Grüne und taz«, behauptete taz-Chefredakteurin Bascha Mika im Jahr 2006 auf einem Zukunftskongress der Grünen. Eine»Hassliebe« bestehe zwischen ihnen. »Beide verstehen sich nach wie vor als links. Doch beide mussten im Laufe ihrer Veränderung ständig fragen: Was gehört zum Kern unseres Selbstverständnisses und muss unbedingt erhalten bleiben, wenn wir unsere Identität nicht verlieren wollen? Und was ist nichts als konservativer Ballast, der weg muss, wenn er nicht die weitere Entwicklung hemmen soll?«[211] War Rot-Grün nun selbst zum Ballast geworden, der weg musste?

Seit Mitte der 8oer Jahre, spätestens seit Tschernobyl, war die programmatische Nähe zwischen SPD und Grünen unübersehbar. Seither gab es eine gesellschaftliche Mehrheit für den Atomausstieg und die energiepolitische Wende. Doch die deutsche Einheit walzte alle alternativen Reformansätze nieder. Aus der »Wende« wurde eine nationale Unternehmung, und Helmut Kohl gewann im März 1990 triumphal die Wahl. Ohne den Untergang der DDR und die Wiedervereinigung hätte es womöglich damals schon für Rot-Grün gereicht. Stattdessen durchlebten sowohl Grüne als auch taz Anfang der 9oer Jahre ihre tiefsten Krisen: Die Grünen scheiterten an der Fünf-Prozent-Hürde und mussten sich im Parlament von Bündnis 90 vertreten lassen. Die taz verspielte leichtfertig ihre ostdeutschen Möglichkeiten und rettete sich schließlich mit letzter Kraft in die Genossenschaft.

Die Bundestagswahl 1994 bedeutete einen neuen Aufbruch und die Erwartung des 1990 bloß aufgeschobenen Wechsels. »1994 waren die auf Rot-Grün gesetzten Hoffnungen in der taz viel größer als 1998«, sagt Christian Semler. Entsprechend gewaltig dann die Enttäuschung, als es wieder nicht reichte, obwohl den Grünen die Rückkehr ins Parlament gelang. Vielleicht, sagt Semler, waren danach die Illusionen aufgebraucht, die sich jede Schicht oder Klasse oder Bewegung notwendigerweise über die Universalisierbarkeit der eigenen Forderungen macht. So wie die Jakobiner als radikaler Flügel der Bourgeoisie der Auffassung zuneigten, sie würden die ganze Nation vertreten, so wie die Intellektuellen der Arbeiterbewegung glaubten, für die ganze Menschheit zu arbeiten, so glaubten auch die Grünen lange Zeit an ihre Welterrettungsmission.« Klimapolitik und Menschenrechte waren ja nun wirklich universale Themen, die alle angehen mussten. Es gibt in der Geschichte immer wieder dieses Moment einer notwendigen Selbsttäuschung. Je stärker sie ist, umso größer die politische Kraft, die eine Bewegung entfaltet.

Aber es war nicht nur der Illusionsverschleiß, der sich 1998 so ernüchternd auswirkte, sondern auch die Dominanz realpolitischer Zumutungen. Die Grünen mussten bis zur Regierungsfähigkeit ihre Ideale Stück für Stück demontieren – am radikalsten in der Außenpolitik, wo sie sich über den ersten Golfkrieg, Bosnien und Kosovo allmählich mit der Notwendigkeit sogenannter »friedenssichernder Maßnahmen« abzufinden lernten. Joschka Fischer, das Außenministerium fest im Blick, brachte seine Partei auf realpolitischen Kurs. Ob nun das Kabinett über einen Einsatz der Bundeswehr beschließen würde oder, wie die Grünen verlangten, ein UN-Mandat dafür erforderlich wäre, das waren eher Verfahrensfragen als ideologische Meinungsverschiedenheiten. 1998 waren die Grünen nicht mehr in der Lage, einen spürbaren Bruch mit der bisherigen Außenpolitik durchzusetzen. »Es gibt keine grüne, sondern nur eine deutsche Außenpolitik«, sagte Joschka Fischer.

Die Regierungsbeteiligung würde, so kommentierte Jürgen Gottschlich 1997, »nur noch eine Reduktion auf professionelle Politikverwaltung bedeuten«. Es gebe kein einziges gesellschaftliches Reformprojekt, das die Grünen mit der SPD durchsetzen könnten. »Entweder fehlt das Geld oder die Bereitschaft des Partners oder die Akzeptanz in der Gesellschaft – nicht zuletzt fehlt aber auch das Projekt. Alle wichtigen langfristigen Entscheidungen im Gefolge der deutschen Einheit sind spätestens nach der Wahl 94 gefallen. Angefangen bei den vertanen Chancen der Vereinigung über die verfehlte Industriepolitik im Osten, die Art und Weise, wie die Währungsunion durchgesetzt wird, bis hin zu Hypotheken wie dem Eurofighter. Nichts von alldem ist rückholbar. Auch Rot-Grün könnte nur dort weitermachen, wo Kohl aufhört.«[212]

So gesehen wäre die Zeit für Rot-Grün abgelaufen, bevor sie begonnen hätte. Die Regierungsbeteiligung konnte für die Grünen nur noch zu spät kommen. Demnach wäre allein die historisch offene Situation im Jahr 1990 ein günstiger Moment für den Wechsel gewesen, und es ist nicht einzusehen, dass Gottschlichs Rat, vier Jahre zu warten, irgend etwas geändert hätte. Eine neue Regierung muss, um erfolgreich zu sein, auf mehreren Politikfeldern einen wirklichen Durchbruch erzielen, meint Christian Semler. »Die Grünen hatten mit Atomausstieg und Migrationspolitik die Chance dazu. In der Sozialpolitik war es schwieriger. Das interessierte auch die taz weniger. Aber das wurde ihnen aufgedrückt in den letzten Jahren.« Die Stimmen der Skeptiker, die in der taz dominierten, bewahrheiteten sich. Da war schon am Tag nach der Wahl absehbar, dass mit und gegen den überragenden Wahlsieger Gerhard Schröder keine fundamentale Umorientierung der Gesellschaft durchsetzbar sein würde. Bei der Reform des Staatsangehörigkeitsrechts und einem neuen Einwanderungsgesetz oder bei der Schwulenehe drohe gar ein »Kulturkampf gegen Rot-Grün«.[213]

Den »Kulturkampf« hatten die Grünen allerdings selbst angezettelt und waren damit auch von der taz mit viel Häme bedacht worden. Fünf Mark für den Liter Benzin stand symbolisch für die drohende Politik des Verzichts. Als die tourismuspolitische Sprecherin der Grünen dem Wahlvolk empfahl, Flugreisen in den Urlaub aus Rücksicht aufs Klima nur noch alle fünf Jahre zu unternehmen, titelte die taz: »Grüne kämpfen tapfer gegen jede Stimme.«[214] Der latente Widerspruch, der den Grünen von Anfang an zu schaffen machte, trat nun, mit der nahen Regierungsverantwortung, offen zu Tage. Einerseits stand die Alternativbewegung für Emanzipation, individuelle Freiheit und radikale Selbstverwirklichung. Der Kampf gegen »das System« in Gestalt von Politik und Industrie hatte immer die Komponente der Befreiung des Einzelnen aus den Zwängen der Gesellschaft. Andererseits setzte ökologische Lebensweise hohe moralische Standards. Wer fortgesetztes Wirtschaftswachstum gefährlich fand, musste auch die Bereitschaft für individuellen Konsumverzicht einfordern. Belastet mit der Regierungsverantwortung, verschob sich das Schwergewicht grüner Politik zwangsläufig auf dieses vormundschaftliche Element.

Die taz begriff die Bedeutung dieses Konflikts rasch und fragte danach, wie die Grünen »gleichzeitig ökologischen Verzicht fordern und die hedonistische Mittelschicht repräsentieren« können.[215] Diese Frage war nicht nur wahltaktisch zu beantworten. Sie betraf auch die taz selbst und ihre Klientel, das akademische, alternative Bürgertum. Ökologische Veränderungen, das war klar, konnten nur dann erfolgreich sein, wenn sie nicht mit Verzicht, sondern mit Lebensqualität verbunden würden. Es ging um einen Imagewandel des Ökologischen, darum, einen grünen Lifestyle zu entwickeln, der modern, cool und lustvoll wirkte. Die Symbole der alten Alternativbewegung – Jutebeutel, Müsli, Latzhosen und Landkommunen – wirkten am Ende der 90er Jahre extrem uncool. Ökologische Lebensweise drohte damit in den Ruch der Vorgestrigkeit zu geraten. Die Grünen waren die Spaßbremsen, die Überflussverbieter, die Tempolimitadepten. Mit diesem Prestige konnte man keine Mehrheit gewinnen.

Die taz arbeitete zielstrebig daran, dieses Image zu verändern, es beispielsweise populär zu machen, dass Bioprodukte einen Gewinn an Genuss und Lebensqualität darstellen, dass Sonnenkollektoren nicht nur moralisch, sondern auch energiepolitisch sinnvoll sind und man damit Geld sparen kann, und so weiter. Damit hat sie womöglich mehr für die Durchsetzung ökologischer Orientierung getan als die rot-grüne Regierung. Sie begann damit gleich nach der Wahl, als die extra zu diesem Zweck gebildete Redaktion »Lebenshilfe« einen Eignungstest für 16 Jahre Rot-Grün entwarf. In schöner Ironie (»Das Politische ist privat«) mussten Fragen wie diese beantwortet werden: »Sie fahren ihren neuen silbergrauen Audi A4 stolz im Schrittempo über den Firmenparkplatz. Ihre Chefin kommt Ihnen im Armani-Anzug auf dem Fahrrad entgegen. Was nun? A) Ich kaufe mir ein Tandem. B) Das ficht mich gar nicht an. Lässig parke ich den Wagen und biete ihr eine Fahrgemeinschaft an. C) Wie blöd von mir: Käme ich mit dem Fahrrad, könnte ich mir von der Entfernungspauschale auch einen tollen Armani-Anzug kaufen.« Der Effekt solcher Spaßaktionen: Ökologie und Ironie vertragen sich doch. Der Weltverbesserungsernst ist überwindbar. Auch das macht die Welt besser.

Im Jahr 2006 startete in der taz eine Kolumne mit dem Titel »Ökosex«, die sich erklärtermaßen mit »der emotionalen und kulturellen Seite von Energieversorgung und Klimaproblematik« befasst. Ihr Autor Martin Unfried unterzog beispielsweise die Zeit-Autotester einem Test – mit dem vernichtenden Resultat, dass sie sich kein bisschen um den CO_2-Ausstoß kümmern. Oder er erörterte die Frage, ob man Fan des VfB Stuttgart bleiben kann, seit die Spieler auf ihren

Trikots für den Atomstromer EnBW werben. In »Ökosex« droht jederzeit »ein provokativer Akt bürgerlicher Energieemanzipation«. Ökosex heißt: »Es sich selbst energiemäßig besorgen.« Da geht es um nichts anderes als um Lustgewinn durch ökologisches Verhalten, das damit endlich von der Moral- auf die Geschmacksebene verlagert wird.

Das Label »Bio« ist längst aus der Ökonische in die Discounter vorgerückt. Die taz ließ deshalb den Fernsehkoch Vincent Klink die Bioprodukte aus Supermärkten testen – im Dienst der umweltbewussten Verbraucher.[216] Wer da immer noch keine Bioprodukte kauft, ist selber schuld. Und wer noch keinen billigeren Ökostrom bezieht, ist wohl zu doof dazu. Und wer Autos fährt, die unverantwortlich viel CO_2 ausstoßen, ist extrem unsexy. Diese Verschiebung der Ebenen – weg vom Politischen, hin zum guten Geschmack – bedeutet aber auch, dass es auf die Grünen gar nicht mehr ankommt, weil Parteien in Geschmacksfragen keine Kompetenz besitzen. Der ökologische Wandel wird zu einem kulturellen Problem, das über Legislaturperioden und Koalitionsfragen weit hinausweist. Das ist sicher auch eine Folge der Desillusionierung durch Rot-Grün, falls es dieser überhaupt noch bedurfte. Denn die Illusionen waren ja schon vorher verbraucht.

Nach dem Terroranschlag auf das World Trade Center am 11. September 2001 verschoben sich die Schwerpunkte der Regierungspolitik auf Sicherheitsfragen. Schröder profilierte sich mit seinem Nein zum Irak-Krieg, Otto Schily punktete mit einer relativ besonnenen Innenpolitik. Die Grünen schafften es nicht, neuen pazifistischen Kredit zu erwerben. In den letzten rot-grünen Regierungsjahren standen Sozialpolitik und die Durchsetzung der Hartz-IV-»Reformen« im Mittelpunkt. Die Grünen schwammen mit, ohne der Politik ihren Stempel aufdrücken zu können. Die Konsequenz daraus, wie sie in der taz ablesbar ist, war die Entdeckung der Ökologie als kultureller Frage. Und böser Spott gegen die Grünen, die nach einer Klausurtagung im September 2006 mit der Überschrift »Überraschender Kurswechsel: Grüne werden Ökopartei!« geärgert wurden.

Mit der schroffen Schlagzeile »Raus hier – aber dalli!«[217] zu Schröders Ankündigung vorgezogener Neuwahlen im Frühjahr 2005 verabschiedete die taz Rot-Grün betont locker, als gehe ihr der Abschied von der eigenen Herkunft nicht nahe. Die zutiefst opportunistische Zeile wirkte wie ein Tritt, den man jemandem verpasst, der sich schon zum Gehen wendet. Die taz reihte sich damit in den großen Chor der Stimmen aus dem Spektrum von *Stern* und *Spiegel* über die Springer-Blätter bis zur *FAZ* ein, die Rot-Grün von Anfang an heftig befehdet hatten. Dass sie ihre Abneigung nun noch derber als die anderen formulierte, hatte damit zu tun, dass es sich gewissermaßen um einen Trennungsprozess innerhalb der Familie handelte. Die Formel »Raus hier – aber dalli!« bedeutet aber noch mehr. Sie enthält eine Aufkündigung parteipolitischer Veränderungserwartungen, die von Schröder in dieser Regierung nachhaltig ruiniert wurden. Dennoch hielt die taz weiter an einer breiten Berichterstattung über parteipolitische Ereignisse fest. Das wirke ein wenig wie die Kompensation früheren Desinteresses, meint Christian Semler. Als in den 8oer Jahren schon die pure Präsenz der Grünen im Parlament für Wirbel sorgte, nahm die taz daran nur zögerlichen Anteil. Dafür überschätzt sie heute die Bedeutung der Parteienbühne, wo sie doch längst begriffen hat, dass sich die großen gesellschaftlichen Verschiebungen – sei es die Transzendierung der Arbeitsgesellschaft oder die Etablierung eines breitenwirksamen, ökologischen Bewusstseins – nicht aus Parteienpolitik ergeben, sondern aus kulturellen Entwicklungen, Moden, Images und Geschmacksbildung. So wichtig die Auseinandersetzungen um Hartz IV oder die Gesundheitsreform sozialpolitisch auch sein mögen – es handelt sich dabei nicht um perspektivische Zukunftsfragen der Gesellschaft, sondern eher um Ausweichmanöver vor der Notwendigkeit eines viel grundlegenderen Wandels von Arbeit und Konsum.

Deshalb ist es auch von untergeordneter Bedeutung, ob in der taz nun die einen schwarz-grüne Bündnisse »publizistisch interessant« finden, weil die Dinge damit in Bewegung geraten, oder andere eine rot-rot-grüne Perspektive suchen. Relevant ist das allenfalls auf einer symbolischen Ebene. Das öffentliche Kokettieren mit Schwarz-Grün setzt den Schlusspunkt unter das einstmals »rot-grüne Projekt« der taz. Die Verbürgerlichung der Alternativbewegung kommt darin zu einem Abschluss. »Alternativ« und »bürgerlich« sind deckungsgleich geworden.

»Ich wünsche mir die taz als relevante mediale Stimme für die Zivilgesellschaft«, sagt Chefredakteurin Bascha Mika, »für den Teil der Gesellschaft, der nicht nur auf Institutionen und Politiker starrt, sondern versucht, das gesellschaftliche und politische Leben in hohem Maße mit zu beeinflussen. Da gehört politische Partizipation genauso dazu wie bürgerschaftliches Engagement.« Mika bezeichnet die taz als »Zeitung eines aufgeklärten Bürgertums mit hohem sozialen Verantwortungsbewusstsein«, schreckt dann aber vor dieser Formulierung zurück, weil ihr das allzu altmodisch klingt. »Mit Zivilgesellschaft meine ich eine Berichterstattung, die die Leute zu eigenem Engagement befähigt. Das macht eine linke Zeitung aus. Aufklärung gibt es ja auch im *Spiegel*, aber der betreibt das in einer zynischen Form, wo die Verhältnisse nur bestätigt werden, nach dem Motto: So ist es, aber man kann nichts daran ändern. Eine linke Zeitung muss darüber hinaus positive Freiheitsrechte definieren. Man muss ja auch ein hohes Engagement mitbringen, um in der taz zu arbeiten – oder Genossenschaftsmitglied zu werden.«

Ähnlich, aber ohne den linken Akzent, sieht es Peter Unfried, einer ihrer beiden Stellvertreter. Er bezeichnet die taz-Leserschaft als »lockeren Verbund von Elite-Kleinbürgern oder Elite-Bürgern«, Leute mit guter Bildung, mit genügend Geld, hohen Ansprüchen und großem sozialen Interesse. Das ist die grüne Mittelschicht, nach der die taz sich streckt. Bisher ist es allerdings nicht gelungen, diese Klientel auch nur halbwegs zu erreichen. Das hat mit begrenzten Werbemöglichkeiten zu tun, aber, sagt Unfried, auch damit, »dass wir es von der Anmutung her nie überzeugend geschafft haben, für das Milieu in der Mitte zum Beispiel in Berlin eine Alternative zum *Tagesspiegel* zu sein«.

24.12.2004. Geschichte als Gegenwart

Straßenkampf mit Rudi Dutschke. Nachbarschaft mit Springer. Selbsthistorisierung und linke Folklore. Penis-Prozess und Feindes-taz. Gegenöffentlichkeit heute. Alleinstellungsmerkmale. Die Lust an der Unterhaltsamkeit. Internet-Community. Überholen, ohne einzuholen. Vergangenheit als Zukunft.

Die Idee stammte ursprünglich nicht aus den Reihen der taz. Vielmehr war es die als dauerzeternde Treppenhausputzfrau in der Fernsehserie »Lindenstraße« berühmt gewordene Else Kling alias Annemarie Wendl, die damit erstmals an die Öffentlichkeit trat. Mit dem obligaten Kopftuch und mit Schürze angetan stand sie Mitte April 1996 vor dem Roten Rathaus in Berlin, um gegen die Umbenennung der Lindenstraße in Axel-Springer-Straße zu demonstrieren. »Ich bin die Lindenstraße!«, rief sie aus, doch niemand von den Regierenden wollte auf die Münchnerin hören. Also stürmte sie kurzerhand das Rathaus, um den Senatssprecher zur Rede zu stellen. Als der die Rückbenennung kategorisch ausschloss, brachte sie einen kompensatorischen Gegenentwurf vor: Dann, bitteschön, sollte wenigstens die kreuzende Kochstraße in Rudi-Dutschke-Straße umbenannt werden. Harry Rowohlt, seinerseits Lindenstraßen-erprobt, plädierte in seiner Kolumne »Pooh's Corner« in der *Zeit* dafür, endlich Nägel mit Köpfen zu machen und Unter den Linden gleich auch noch umzubenennen: in Unter den Axeln.

Achteinhalb Jahre später griff die taz die schöne Kling-Idee auf. Anlässlich des 25. Todestages von Rudi Dutschke am 24. Dezember 2004 beantragte sie offiziell die Umbenennung der Kochstraße. Mit Dutschke, so hieß es im Antrag von Geschäftsführer Karl-Heinz Ruch, solle »ein Mann gewürdigt werden, der die jüngere Vergangenheit Berlins wie der Bundesrepublik Deutschland maßgeblich geprägt hat, der als Studentenführer eine gesellschaftliche Bewegung mit ausgelöst und getragen hat und der zum Symbol der Gegenöffentlichkeit und Meinungsfreiheit geworden ist«[218]. Die Kochstraße als eine zentrale Straße des alten Berliner Zeitungsviertels war eine gute Wahl, um seinen Namen im Stadtbild zu verankern. An ihrem oberen Ende liegt das taz-Gebäude, am unteren Ende siedelt der Springer-Verlag. Dort würde die größere Rudi-Dutschke- auf die kleinere Axel-Springer-Straße treffen. Diese Kreuzung wäre eine »Ecke der Versöhnung«, schrieben Dutschkes Söhne Marek und Hosea Che in der taz.[219]

Die Kochstraße verknüpft die Geschichte der taz mit der Geschichte des Springer-Verlages. Auch Rudi Dutschke stellt eine direkte Verbindung zwischen beiden Adressen her. 1967, nach dem Tod des Studenten Benno Ohnesorg, der während einer Demonstration gegen den Besuch des Schahs von Persien von einem Polizisten erschossen wurde, gehörte Dutschke zu den Initiatoren der Kampagne »Enteignet Springer«. Auf ihn konzentrierten sich die Hetzkampagnen der Springer-Zeitungen gegen die Studentenbewegung. Der Hilfsarbeiter Josef Bachmann gab am 11. April 1968 drei Schüsse auf ihn ab und verletzte ihn schwer. Weil bei Bachmann die *Nationalzeitung* gefunden wurde, hielt man ihn für einen Rechtsradikalen. Die Studentenbewegung machte aber vor allem die *Bild*-Zeitung verantwortlich, die ein paar Tage zuvor zum Ergreifen der »Rädelsführer« aufgerufen hatte. Wolf Biermann schrieb das Lied »Drei Kugeln auf Rudi Dutschke«, wo es heißt: »Die Kugel Nummer eins kam / Aus Springers Zeitungswald / Ihr habt dem Mann die Groschen / dafür auch noch bezahlt.«

Die taz erhob Dutschke 1993 zu ihrem Namenspatron, als sie ihr Gebäude in der Kochstraße »Rudi-Dutschke-Haus« taufte. Eine Gedenktafel neben dem Eingang erinnert an ihn: »Am 11. April 1968 wurde Rudi Dutschke von einem Rechtsradikalen auf dem Kurfürstendamm angeschossen. Am selben Abend demonstrierte in der Kochstraße die Außerparlamentarische Opposition. Mehrere tausend Menschen versuchten, die Auslieferung jener Tageszeitungen zu verhindern, in denen die Bewegung und die Person Rudi Dutschke denunziert wurden. Aus der Einsicht in die Notwendigkeit einer alternativen Öffentlichkeit entstand 1979 die tageszeitung. Rudi Dutschke starb am 24. Dezember 1979 in Aarhus an den Spätfolgen des Attentats.«

Dutschke, der sich zuletzt im Entstehungsprozess der Grünen engagierte, gehörte auch zu den taz-Unterstützern der Gründungszeit. Im Oktober 1979, zwei Monate vor seinem Tod, besuchte er mit einer Akkreditierung der taz eine Pressekonferenz des chinesischen Parteichefs Hua Guofeng und von Bundeskanzler Helmut Schmidt in Bonn. Er wollte die öffentliche Aufmerksamkeit auf die Frage der Menschenrechte in China lenken, doch er kam nicht zu Wort und verließ schließlich unter Protest den Saal, eskortiert von Sicherheitskräften. Sein Bericht füllte zwei Tage später die Titelseite der taz. Schlagzeile:»Schwierigkeiten beim Fragen nach der Wahrheit.«[220] Dutschke beschrieb die»künstliche Atmosphäre« der Pressekonferenz und die»totale Kontrolle«, die dort herrschte. Er sah eine Inszenierung, die unter der geschickten Leitung von Regierungssprecher Klaus Bölling allein der Verhinderung kritischer»Fragen nach Wahrheit« diente.

Der Bericht dokumentiert eindrucksvoll eine Haltung, die auch die taz prägte: die völlige Entfremdung gegenüber dem Staat und die penetrante Selbstgewissheit, dessen»Halbwahrheiten und Lügen« mit der eigenen»Wahrheit« entlarven zu können. Da erkennt einer die Spielregeln des politischen Alltags nicht an, weil er sie als Herrschaftsinstrumente durchschaut hat. Er beharrt auf dem Nicht-Gesagten, dem Verschwiegenen. Er demonstriert»Gegenöffentlichkeit« und betrachtet seine Anwesenheit als eine Art verhindertes Sit-in. Anders formuliert ereignete sich dies: Ein antiautoritärer 68er verirrte sich nach Bonn und stieß dort an die Grenzen seiner strategischen Fähigkeiten. Für die heutige taz wäre so ein Auftritt einfach nur unprofessionell.

Mehr Anlässe, Dutschke als einen der Ihren zu betrachten, gab es für die taz nicht. Sie war ja auch keine Zeitung der 68er, sondern der folgenden Generationen. Dutschke war ein Vorgänger, keiner der ihren. Nach seinem plötzlichen Tod wurde er auf vier Themenseiten gewürdigt. Es gab Nachrufe von Frank Wolff, Dany Diner, Daniel Cohn-Bendit, Jürgen Fuchs und anderen, dazu eine Seite mit Auszügen aus der Springer-Presse von 1968. Auf Seite 1 titelte die taz in grammatischer Verdrehung der Tatsachen:»Sprin-ger Mör-der, Ru-di Dutsch-ke!«[221] Leserbriefe, die in geballter Betroffenheit»vom

Umgang mit der Trauer« handelten, wurden auf einer »Rudiseite« gebündelt. Das wirkte wie ein Todesfall in der Familie.

1984, zum fünften Todestag, gelang gegen diese linke Gefühligkeit eine taz-typische Provokation. Ein kleines Dutschkebildchen neben dem taz-Titelkopf erinnerte an ihn, der in der Badewanne gestorben war. Daneben stand, in winziger Schrift: »Rudi, wir baden weiter!«[222] Dutschke hatte einst am Grab von Holger Meins die geballte Faust erhoben und gesagt: »Holger, der Kampf geht weiter!« An Dutschkes Grab hatte Christian Semler diese Geste zitiert und die Worte: »Rudi, der Kampf geht weiter!« gesprochen. Jetzt war der Vers im Kabarett angekommen. Mathias Bröckers bekannte sich schuldig. Er hatte das Sprüchlein von Wolfgang Neuss übernommen. Angeblich erhielt Neuss an diesem Tag Besuch von Dutschkes Bruder Helmut, der ihn fragte, ob er gesehen habe, was die taz sich da mal wieder geleistet habe. »Ja«, habe Neuss erwidert, »das war von mir.«[223]

Die Straßenumbenennungsaktion knüpfte an den Ernst der Frühzeit, aber auch an den tabubrecherischen Gestus der 80er Jahre an. Sie diente dazu, den Springer-Verlag zu ärgern und zugleich eine geschickte PR-Maßnahme einzufädeln. Während der Vorschlag den Weg durch die demokratischen Niederungen der Bezirkspolitik antrat, wurde immer wieder in aller Breite über den Kreuzberger »Straßenkampf« berichtet – und damit eben auch über die taz, die sich so gerne als kleiner, mutiger Herausforderer des mächtigen Konzerns sieht. Indem sie die Rudi-Dutschke-Straße zu ihrer Sache machte und Dutschkes Geschichte zu ihrer Geschichte, schuf sie sich eine Tradition und tat einfach so, als wäre Dutschke für sie so etwas wie Willy Brandt für die SPD.

Tageszeitung zu sein reicht nicht mehr aus fürs Überleben. Die taz kehrt deshalb zu ihren Anfängen als Bewegungsblatt zurück, nur dass es heute keine Bewegung mehr gibt. Deshalb muss sie Aktionen erfinden, die Spaß machen und imagebildend sind. Frontaler Widerstand ist out, es lebe die hedonistische Subversion. Der Kampf um die Rudi-Dutschke-Straße ist dafür nur ein Beispiel. Eine ähnliche Funktion hat der 2005 zum ersten Mal verliehene »Panter-Preis« für »HeldInnen des Alltags«. Der »Panter« ist eine Auszeichnung für besonderes zivilgesellschaftliches Engagement. Man könnte auch sagen: Er ist ein Preis für alternatives Bürgertum. Die Leser können aus neun Kandidaten ihren Favoriten wählen. Auszeichnungswürdig ist der Einsatz für sauberes Trinkwasser in Kuba, die Gründung eines Betriebsrates im Drogeriemarkt »Schlecker«, das Engagement für Kinder und Jugendliche aus Kriegs- und Krisengebieten oder die Bereitschaft zweier türkischer junger Männer, sich als Modells für eine Postkartenkampagne gegen Ehrenmorde und Zwangsverheiratung zur Verfügung zu stellen.

Weniger eindeutig war der imagebildende Faktor zu erkennen, als die taz im Jahr 2003 mit einer eigenen Kandidatin an der Vorausscheidung zum Europäischen Song-Contest teilnahm. »Dass die einzige ›linke alternative Tageszeitung‹ bisweilen trashig ist, ist für niemanden neu, der sie liest und ihr in Hassliebe verbunden ist. Dass die taz sich dazu bekennt, müssen einige noch schlucken«, hieß es dazu lapidar im Blatt.[224] Die Hamburger Sängerin Senait wurde mit einem eigenen Text gebrieft, der als Sieger aus einem Leser-Wettbewerb hervorging. Wochenlang wurde für das Ereignis getrommelt, als entscheide der Grand Prix über die Zukunft der taz. Platz vier für den Song »Herz aus Eis« war schließlich aller Ehren wert, aber gewonnen hat dann doch wieder einmal Ralph Siegel.

Im August 2005 entschied das Bezirksparlament von Kreuzberg-Friedrichshain mit der Mehrheit von Grünen und Linkspartei für die Umbenennung der Kochstraße. Im Hause Springer hielt man sich klugerweise zurück und behauptete, nichts gegen diesen demokratischen Beschluss zu haben, reichte dann aber doch zusammen mit anderen Anwohnern Klage ein. Auch die CDU empörte sich und startete eine Unterschriftenaktion für ein Bürgerbegehren, um die Dutschke-Straße doch noch zu verhindern. In der taz sorgte das für Heiterkeit: Bisher war die CDU nicht gerade durch eine Vorliebe für die Instrumente basisdemokratischer Willensbildung aufgefallen. Dass sie nun in Sachen Dutschke einen demokratischen Schnellkurs absolvierte, durfte man als ersten Erfolg verbuchen. Die Volksbefragung passte gut zu Dutschke und setzte einen schönen Kontrast zu der ohne vergleichbare Präliminarien durchgesetzten Axel-Springer-Straße.

Außerdem rief die taz zum Wettstreit auf: Sie begann ebenfalls damit, Unterschriften für ihr Anliegen zu sammeln, auch wenn das nur von symbolischer Bedeutung sein konnte. Die taz war schneller, aber auch die CDU – in Kreuzberg nicht mehr als eine Splittergruppe – erreichte das Ziel der gesetzlich vorgeschriebenen 5000 Unterschriften. Am 21. Januar 2007 fand das dadurch erforderliche Bürgerbegehren Pro und Contra Dutschke-Straße statt. Die taz gab sich alle Mühe, die Bürger zur Wahl zu motivieren. Sie lud zum »Rudi-Impro-Slam« – ein Polit-Karaoke für die Kreuzberger Szene. Als Hauptgewinn lockte ein Wochenende in Dutschkes Geburtsort Luckenwalde. Sie veranstaltete eine Podiumsdiskussion, brachte Sonderseiten zur Argumentationshilfe und verbreitete ein von »Tom« gezeichnetes Wahlkampfposter. Am taz-Haus war schon lange die neue Adresse angebracht: Rudi-Dutschke-Straße 23. Im taz-Shop konnte man das zugehörige taz-Journal mit Basiswissen und Strickanleitung für den legendär gestreiften Dutschke-Pullover erwerben. Außerdem das T-Shirt mit der Aufschrift »Rudi-Dutschke-Straße«. »Rudi« entwickelte sich zum Che Guevara für die Heimatfront. Eine Mehrheit von 57 Prozent stimmte schließlich für die Umbenennung. Die taz feierte das Ereignis, als hätte die Revolution doch noch gesiegt, dabei stand die juristische Entscheidung über die Klage der Anwohner noch aus. Mit der neuen Adresse schlug sie Wurzeln im Stadtplan und tat es damit dem Springer-Verlag gleich.

Der Hang zur Selbsthistorisierung gehörte von Anfang an zu ihren Besonderheiten. Bürgerliche Traditionspflege und die Erbschaft historisch-materialistischen Denkens gingen darin eine fruchtbare Verbindung ein. Schon der erste Jahrestag 1980 war Anlass zur Rückschau. Seither wurde die Feier der eigenen Geschichte zu einem Ritual, für das jede sich bietende Gelegenheit dankbar aufgegriffen wurde. Bei ihrem beschränkten Werbeetat konnte die taz sich nicht in vornehmer Zurückhaltung üben. Vielleicht hatte die ausgeprägte Selbstbezüglichkeit aber auch etwas mit mangelndem Selbstbewusstsein zu tun, das kompensiert werden musste. Die Vorliebe, das eigene Überleben zu feiern, war deshalb so stark, weil dieses Überleben immer neues Erstaunen auslöste: Es gibt uns immer noch, unglaublich. Dieses Gefühl, in dem bürgerliche Selbstdarstellungslust und alternative Besorgtheit verschmolzen, prägte die taz vom ersten Tag an. Es hat sich bis heute nicht verloren.

Dem Axel-Springer-Verlag und speziell der *Bild*-Zeitung kam im Koordinatensystem der Selbstverortung die Rolle des Gegenpols zu. So labil die eigene Existenz, so gewiss und unumstößlich war die des Rivalen. So gering die eigene Auflage, so gewaltig die der *Bild*-Zeitung. So begrenzt der eigene Einfluss, so grenzenlos die politische Macht der Boulevard-Presse. So prekär die eigene ökonomische Situation, so gewaltig die kapitalistische Dominanz des Konzerns am anderen Ende der Straße. Die *Bild*-Zeitung erschien als der mediale Gegensatz schlechthin, aber auch als Faszinosum und Erfolgsmodell. Eine linke *FAZ* galt in den 80er Jahren als richtungweisende Vision der taz. In den 90ern wurde sie allmählich durch das Wunschbild einer linken *Bild*-Zeitung überlagert. Aus dem alten Gegner der Jahre 1968ff. wurde ein Gegenüber, aus der Feindschaft eine folkloristisch gepflegte, eher spielerisch betriebene Aversion. Immerhin waren *Bild* und taz die einzigen erfolgreichen Neugründungen einer überregionalen Tageszeitung in der Geschichte der Bundesrepublik. Auch das verbindet.

Den 50. Geburtstag der *Bild*-Zeitung am 24. Juni 2002 beging die taz mit einer Titelseite, die *Bild* graphisch so liebevoll nachempfunden war, dass sie an den Kiosken für einige Verwirrung sorgte. Die fette Schlagzeile auf dicken roten Balken lautete: »BILD wird 50. Jetzt reicht's«. Die Verärgerung hatte einen aktuellen Anlass. Einen Monat zuvor war auf der »Wahrheit«-Seite einer der dort beliebten Fakes erschienen. Gerhard Henschel hatte eine derbe Satire über das Elend des *Bild*-Chefredakteurs Kai Diekmann verfasst. Unter seinem kleinen Penis leidend, habe Diekmann sich einer allerdings missglückten Penisverlängerungsoperation in Miami unterzogen, bei der auch »Adern, Schwellkörper und Fleischteile aus den Genitalien einer männlichen Leiche« verwendet worden seien. Weil *Bild* gerade eine Fehlgeburt in Prominentenkreisen mit den Worten »Sex Schock – Baby verloren« vermarktet hatte, lautete Henschels Überschrift »Sex Schock! Penis kaputt?«[225]

Die Technik der Satire war simpel. Sie nutzte die Methoden von *Bild*, um sie gegen den Urheber zu richten. Doch Diekmann verstand in eigener Sache keinen Spaß. Er klagte gegen die taz und verlangte ein Schmerzensgeld von mindestens 30.000 Euro. Im November 2002 ging vor dem Berliner Amtsgericht der sogenannte »Penis-Prozess« als kultureller Schaukampf oder eher als »mittelmäßige Boulevardkomödie« über die Bühne, wie die Berichterstatterin des neutralen *Tagesspiegel* vermerkte: »Hier die große, mächtige ›Bild‹ mit Professor Peter Raue – ein älterer Herr mit weißem Haupt, Anwalt, Mäzen und herausragende Figur des Berliner Bildungsbürgertums; dort Johannes ›Johnny‹ Eisenberg, Anwalt der kleinen, alternativen ›taz‹ und Schrecken aller bürgerlichen Zeitungen, in verwaschenen Jeans, die Robe locker übers grüne Hemd gezogen. ›taz‹ und ›Bild‹, zwei in Hassliebe einander verbundene Zeitungen aus gegensätzlichen ideologischen Traditionen, aber gleichsam von ihren Lesern für ihre Frechheit und Respektlosigkeit geliebt.«[226]

Das Gericht urteilte salomonisch. Zwar verletze Henschels Satire die Persönlichkeitsrechte des Klägers, doch als *Bild*-Chef dürfe der sich darüber nicht beschweren: »Die Kammer hält dafür«, so das Urteil, »dass derjenige, der – wie der Kläger – bewusst seinen wirtschaftlichen Vorteil aus der Persönlichkeitsrechtsverletzung anderer sucht, weniger schwer durch die Verletzung seines eigenen Persönlichkeitsrechts belastet wird. Denn er hat sich mit Wissen und Wollen in das Geschäft der Persönlichkeitsrechtsverletzungen begeben und wird daher – nach allgemeinen Regeln menschlichen Zusammenlebens – davon ausgehen, dass diejenigen Maßstäbe, die er anderen gegenüber anlegt, auch für ihn selbst von Belang sind.« Die Forderung nach Schmerzensgeld wurde abgewiesen. Die taz erhielt die Auflage, den Artikel nicht mehr zu verbreiten. Die Gerichtskosten wurden im Verhältnis 2/5 zu 3/5 zu Lasten des Klägers geteilt. Einen »Punktsieg« reklamierte die taz für sich.

Und dann wurde Kai Diekmann Chefredakteur der taz. Wenn auch nur für einen Tag. Zum Jubiläum der ersten Nullnummer sollte am 27. September 2003 eine spektakuläre Sonderausgabe erscheinen: die »Feindes-taz«. Für einen Tag wurde die Redaktion den »Lieblingsfeinden« übergeben, Politikern wie Eberhard Diepgen, Rudolf Scharping, Gabi Zimmer, Jörg Schönbohm oder Guido Westerwelle, dazu Fernsehpfarrer Jürgen Fliege, RTL-Chefredakteur

Hans Mahr, dem ehemaligen BDI-Chef Hans-Olaf Henkel und dem ehemaligen *Bild*-Chef und Regierungssprecher Peter Boenisch. Die »Feindes-taz« stand in einer guten Tradition: Immer wieder zu besonderen Anlässen überließ die Redaktion die Amtsgeschäfte für einen Tag speziellen Gästen. Angefangen hatte es mit der Literaten-taz im Oktober 1987. Es folgten unter anderem Ausländer und Karikaturisten, 1998 durften Aktivisten des Jahres 1968 ran, und schließlich, zu Ostern 2006, produzierten Verleger und Lektoren eine taz-Ausgabe. Die Idee war so gut, dass auch Springers *B.Z.* im Oktober 2006 eine von 34 Schriftstellern verfasste Sonderausgabe wagte. Nicht nur die taz wollte immer mal wieder *Bild* kopieren – manchmal verlief der Lernprozess auch umgekehrt.

Für die »Feindes-taz« schrieben Frank Schirrmacher, Stefan Raab, Dieter Bohlen und Joachim Fest. *Bild*-Kolumnist Franz Josef Wagner verfasste einen Liebesbrief an Bascha Mika. Oskar Lafontaine und Michael Glos kommentierten einträchtig auf einer Seite. Das hatte durchaus seinen Reiz. Diekmann brachte ein langes Interview mit Helmut Kohl mit. Der Altkanzler hatte der taz 25 Jahre lang jedes Wort verweigert, jetzt erhielt er gleich eine Doppelseite. Zudem nutzte Diekmann die Gelegenheit, auf der »Wahrheit« noch ein paar Peinlichkeiten in Sachen Penisverlängerung abzulassen und den obersten Richter des Prozesses als »Gurke des Tages« unterzubringen. Bei den anwesenden Redakteuren der taz hinterließ Diekmann durchaus Eindruck: Die Art, wie er Themen zu delegieren verstand und dabei doch alle Fäden in der Hand hielt, imponierte ihnen. So einen Chef als leibhaftige Kommandozentrale wünschte man sich heimlich, doch tolerierbar war er nur für einen Tag.

Mit 43.339 zusätzlichen Exemplaren wurde die »Feindes-taz« die bestverkaufte Einzelausgabe aller Zeiten. Die Schmach, dass dazu ein *Bild*-Chef das Blatt übernehmen musste, hat die Redaktion sich selbst eingebrockt, und nicht alle im Haus waren vom gelungenen Werbegag begeistert. »Wer benutzt hier wen?«, fragte Doris Benjack von der EDV-Abteilung, eine der wenigen, die seit der Anfangszeit dabei ist. »Handelt es sich um ein gegenseitiges Kennenlernprogramm für Mittelschichtler? Einen Grund für den ganzen Zirkus würde ich akzeptieren: Wenn wir einen Tag die *Bild*-Zeitung übernehmen könnten.« Bascha Mika hielt dagegen: Die taz sei die einzige Zeitung mit der Gabe der Selbstironie, die »die Grenzen des Mediums« zu sprengen vermöge. An ihrer kritischen Grundhaltung ändere das nichts. Die faksimilierte Titelseite der ersten Nullnummer aus dem Jahr 1978 wirkte in der »Feindes-taz« allerdings wie eine sehr ferne Erinnerung an vergangene Zeiten. Harmonischer fügte sich die ganzseitige Anzeige der *Bild*-Zeitung mit der umarmenden Botschaft »Klasse Feind!« ein. Die Verbrüderung stand kurz bevor.

Doch dann folgte gerade noch rechtzeitig die nächste juristische Auseinandersetzung. Der Springer-Verlag klagte im Herbst 2005 gegen einen Kinospot der taz, der auf witzige Weise mit dem Image beider Zeitungen spielte. Er zeigt einen notorischen *Bild*-Leser im Unterhemd, der am Zeitungskiosk statt seiner angeblich ausverkauften Lieblingszeitung eine taz angeboten bekommt. Er ist entsetzt – »Wat is dat denn? Mach mich nicht feddich, Du!« – und kriegt schließlich doch seine *Bild*. Der Kioskbesitzer hat sie versteckt, um einen Scherz zu machen, über den sie nun gemeinsam herzhaft lachen. Schnitt und zweite Szene: Der Mann, jetzt im lila Trainingsanzug, kommt wieder zum Kiosk. Er sagt: »Kalle, gib mal taz.« Entsetzte Blicke diesmal im Inneren des Büdchens, worauf der Käufer in Gelächter ausbricht. Er hat sich revanchiert, jetzt steht es eins zu eins. Es folgt der Schriftzug: »taz ist nicht für jeden. Das ist okay so.«

Das sei »nicht unwitzig«, gaben die Anwälte des Springer-Verlages zu, zeuge aber von »einer erheblichen intellektuellen Hybris«. Sie meinten, es handle sich um rufausbeutende, vergleichende Werbung, die gegen das Wettbewerbsrecht verstoße und *Bild*-Leser herabwürdige. Das Hamburger Landgericht folgte dieser Argumentation und untersagte die Verbreitung des Spots, der doch auf gelungene Weise die antagonistische Verschwisterung von taz und *Bild* thematisiert.[227] Der Spot, den zwei Studenten der Münchner Hochschule für Fernsehen und Film entwarfen, macht sichtbar, dass die alte Feindschaft nur mehr als Folklore überdauert und damit eine ähnliche Funktion übernimmt wie das Dutschke-Gedenken.

Was unterscheidet die taz heute von anderen Tageszeitungen? Was an ihr ist »alternativ« oder gar »radikal«? Solche Fragen rufen intern allenfalls ein mildes Lächeln hervor. Man spricht lieber von einer

Die Feindes-taz, 27. September 2003: Der ehemelige Regierende Bürgermeister von Berlin, Eberhard Diepgen (CDU), Wahrheit-Redakteur Michael Ringel, Brandenburgs Innenminister Jörg Schönbohm (CDU), Stadtentwicklungssenator Peter Strieder (SPD), BILD-Chefredakteur Kai Diekmann, Bascha Mika (v.l.n.r)

»kritischen Qualitätszeitung« oder, wie Chefredakteurin Bascha Mika, von der »Marke taz«. Auch von einem »Projekt« würde heute niemand mehr reden – auch wenn die Arbeitsbedingungen in der taz immer noch spürbar demokratischer sind als in gewöhnlichen Betrieben. In welcher anderen Redaktion würde Politaktivist Christian Specht einen eigenen Schreibtisch mit Telefonanschluss erhalten? Specht, der Lesen und Schreiben nie gelernt hat, ist von Geburt an geistig behindert. Seine Defizite gleicht er durch einen politischen Aktivismus aus, der sich gewaschen hat. In Kreuzberg ist er allerorts bekannt. Bei den Grünen und bei der PDS hat er mitgearbeitet. Ausgerüstet mit einer selbstgebastelten Holzkamera, zog er jahrelang von Demonstration zu Demonstration. Seine Arbeitsstation in der taz nutzt er dazu, durchs Haus zu laufen, Unterschriften für dringliche Petitionen zu sammeln und sich hartnäckig für die freie Stelle des Faktotums zu empfehlen. Und wo ihm die taz nicht radikal genug ist, fordert er weitergehende Maßnahmen. Eine Dutschke-Straße ist ihm viel zu wenig. Er möchte einen offiziellen Gedenktag mit

Marsch zum Friedhof, so wie das die Sozialisten mit Karl Liebknecht und Rosa Luxemburg machen.

Doch was ist vom Konzept der Gegenöffentlichkeit geblieben? Was ist davon in der veränderten Medienwelt überhaupt noch zu gebrauchen? Was ist alternativ an der Bürgerlichkeit der taz? Gibt es noch »unterdrückte« Nachrichten wie in der mythenfernen Gründungszeit? »Nein«, sagt Bascha Mika. »Aber dafür gibt es umso stärkere Nachrichtenkonjunkturen. Dagegen anzuschreiben hat auch etwas mit Gegenöffentlichkeit zu tun.« So habe man beispielsweise immer über Rechtsradikalismus berichtet, auch wenn sich gerade niemand dafür interessierte. Es gebe eine kontinuierliche Berichterstattung über Afrika und nicht nur einzelne Reportagen in der Adventszeit, wenn »Brot für die Welt« gesammelt wird. Menschenrechtsfragen seien immer ein Thema und nicht nur dann, wenn sie auf der Wochenagenda der Medien stehen.

Aber es ist schwierig, die Balance zwischen Aktualitätsanspruch und eigener Themensetzung zu finden: »Eine Tageszeitung kann sich nicht aus dem Mainstream ausklinken und immer ihre eigene Agenda fahren. Das wäre nicht nur publizistischer Selbstmord, es wäre auch falsch. Die taz ist immer dann am besten, wenn es ihr gelingt, aktuelle, brisante Themen aufzugreifen, sie aber anders zu bewerten und zu gewichten.« Bestes Beispiel dafür ist für Bascha Mika Bushs »historische Rede« im Reichstag, die als riesiges Ereignis inszeniert wurde. Die taz brachte eine leere Titelseite mit einer winzigen Sprechblase. »Das war mehr als ein Gag, das war eine Bewertung. Und auf Seite 3 druckten wir Auszüge aus der Rede, so dass die Leser sich selbst ein Bild davon machen konnten.«

Geschäftsführer Karl-Heinz Ruch antwortet auf die Frage nach den Besonderheiten weniger inhaltlich als formal. Er beschreibt die taz als »eigene Gattung« einer Tageszeitung, die »zwischen Boulevard und Abonnementzeitung« steht: Sie arbeitet auf der Titelseite mit großen Bildelementen und prägnanten Überschriften wie eine Boulevardzeitung, die am Kiosk um Aufmerksamkeit buhlt, verkauft aber rund 80 Prozent der Auflage über Abonnements. Ihr kleines Format ist einzigartig, ebenso wie der Witz in vielen Überschriften. Es gibt zudem keine zweite Überregionale mit Regionalteilen in verschiedenen Bundesländern. Versuche der *FAZ* mit den *Berliner Seiten* und der *Süddeutschen* mit einer Ausgabe für das Ruhrgebiet sind gescheitert. Für Ruch sind das »Alleinstellungsmerkmale« der taz. Neue Leser hätten es zunächst schwer, weil sie sich in dieser ungewohnten Zeitungsform erst einmal zurechtfinden müssten. »Aber wenn sie das geschafft haben, dann sind sie langfristig gebunden.« Jedoch, das gibt Ruch unumwunden zu, die langfristigen Bindungen in der Gesellschaft nehmen ab. Das bekommt auch die taz zu spüren.

Die publizistische und die ökonomische Unabhängigkeit – das eine hängt mit dem anderen zusammen – bezeichnet Bascha Mika als »wichtigstes Pfund der taz«. In diesem Punkt sind sich die Mitarbeiter aller Ressorts und Bereiche heute weitgehend einig. Die taz existiert nach wie vor nicht deshalb, um damit Geld zu verdienen, sondern um bestimmte Inhalte zu verbreiten. Man betrachtet es mittlerweile als großes Glück, dass der Verkauf an einen Investor nie geklappt hat. Das Beispiel der französischen *Libération* beweist, dass ein Verkauf immer auch Abhängigkeiten mit sich bringt. Der Konzentrationsprozess innerhalb der Medienlandschaft führt dazu, dass es kaum noch konzernunabhängige Tageszeitungen gibt. Das wird sich weiter fortsetzen. Eine neue Herausforderung sieht Bascha Mika in strategischen Bündnissen wie dem, das *FAZ*-Herausgeber Frank Schirrmacher, *Spiegel*-Chefredakteur Stefan Aust und Springer-Vorstand Matthias Döpfner abgeschlossen haben. Diese Allianz der Mächtigen, über ökonomische, publizistische und ideologische Differenzen hinweg, ist für sie der beste Beleg, wie unverzichtbar Gegenöffentlichkeit nach wie vor ist. »Das macht die taz auf ganz andere Weise einzigartig als vor zehn oder 15 Jahren, als solche Bündnisse nicht denkbar gewesen wären.«

»Gegenöffentlichkeit« ist im Zeitalter mächtiger Mediengroßmogule kein schlichtes »Dagegen«, sondern ein selbstbewusstes Mitspielen. Die taz wird nur ernst genommen, wenn sie professionell und journalistisch seriös auftritt. Sie müsse zu einem »relevanten Player« werden, sagt die Chefredakteurin. Aber sie müsse auch darauf beharren, bei Bedarf herauszuspringen aus dem Spiel und ohne Skrupel »den Leuten ans Bein zu pinkeln«. Doch Regelverletzungen und Tabubrüche, wie sie die taz in der Frühzeit ausmachten, sind heute kaum noch wirkungsvoll zu inszenieren. Für eine kleine Zeitung mit begrenztem Einfluss ist es noch schwerer als für andere, dem Mainstream der Themen zu widerstehen und eigene Dringlichkeiten dagegenzusetzen. Angesichts der Übermacht der Aktualitätsbestimmer kann das Eigene auch bloß hoffnungslos daneben wirken. Auf Langsamkeit und Ausführlichkeit zu setzen könnte leicht als bloße Verschlafenheit wahrgenommen werden. Und doch gibt es für eine kritische Zeitung keine Alternative dazu, gegen die Erinnerungslosigkeit hektischer Nachrichtenproduktion anzuarbeiten, Geschichtsbewusstsein zu fördern und über den Tag hinaus zu denken. An diesem Anspruch muss die taz sich messen lassen.

Aktualität ist jedoch ein unzerstörbarer Fetisch der Medienwelt. Das gilt auch für die taz. So wichtig es ist, im Konkurrenzkampf um Aufmerksamkeit neue Nachrichten zu generieren, so vergeblich ist es auch. An der Minutenfront aktueller Meldungen haben Printmedien sowieso keine Chance zu gewinnen. Tageszeitungen kommen nach Online-Diensten und Fernsehen immer zu spät, um an der vordersten Linie des Geschehens zu agieren. Die technologische Entwicklung wird diesen Trend verstärken. Informationen werden über SMS versendet, zirkulieren in Internetforen und zerfallen damit in immer kleinere Segmente. Fußballergebnisse oder Börsenkurse sind so jederzeit live abrufbar. Die Interessen der »Nutzer« konzentrieren sich in spezialisierten »Usergroups«. Die technologischen Möglichkeiten wirken wie Zertrümmerer und Teilchenbeschleuniger auf die Wirklichkeitspartikel. Tageszeitungen haben dagegen nur eine Chance, wenn es ihnen gelingt, ihre eigene Tagesaktualität zu erfinden. Sie müssen immer schon am Vortag wissen, was morgen die Diskussionsthemen sein werden. Oder sie müssen diese Themen selbst setzen und die Aktualitäten bestimmen.

Die taz litt beharrlich darunter, in puncto Aktualität nicht mit anderen Zeitungen konkurrieren zu können. In der Sportberichterstattung der »Leibesübungen« und einer geradezu grotesk unbrauchbaren Dax-Kurve machen sich die tradierten Aktualitäts-Defizite nach wie vor schmerzlich bemerkbar. Dabei wäre es doch nicht allzu schwer, das alternative Bürgertum einigermaßen zuverlässig mit den Börsennotierungen der im »Natur Aktien Index« zusammengefassten Unternehmen zu versorgen. Die Sehnsucht richtete sich stets darauf, »Erstzeitung« zu sein, also so umfassend zu informieren, dass man neben ihr keine andere Tageszeitung mehr benötige. Der Kampf um »Nachrichtensicherheit«, wie es intern hieß, wurde verloren. Aber dieser Kampf muss heute nicht mehr gewonnen werden. Alle Tageszeitungen entwickeln sich grundsätzlich zu »Zweitzeitungen« neben anderen medialen Verbreitungsformen. Das ist kein Unglück. Überholen, ohne einzuholen: Wenn für Aktualität zuständige Medien permanent aktuellste Informationen durch elektronische Hochgeschwindigkeitskanäle pumpen, gewinnt die Tageszeitung ungeahnte Freiräume. Denn mit der Flut der Informationen nimmt nicht notwendigerweise auch das Wissen zu. Wissen hat etwas mit Analyse zu tun. Für Qualitätszeitungen rückt damit die Fähigkeit ins Zentrum, Zusammenhänge herzustellen, Schwerpunkte zu setzen, Unwichtiges wegzulassen. Und sie können den Zeitgewinn nutzen, um die Sprache selbst einer fortgesetzten Prüfung zu unterziehen. Die Tageszeitungen der Zukunft werden Reflexions- und Orientierungsmedien sein und erst in zweiter Linie Informationsmedien.

Doch wird es langfristig überhaupt noch Tageszeitungen geben? Können sie, die im täglichen Rhythmus produzieren, mit den wöchentlich erscheinenden Blättern konkurrieren? Die in Deutschland verkaufte Gesamtauflage aller Tageszeitungen nimmt kontinuierlich ab. Sie ist zwischen 1995 und 2005 von 30 Millionen auf 24 Millionen gefallen. Rein mathematisch wird demnach in 40 Jahren die letzte Tageszeitung gedruckt werden. »Aber«, sagt Geschäftsführer Karl-Heinz Ruch, »so wird es nicht kommen. Und die taz wird eine der Zeitungen sein, die überlebt.«

Mit drei auffälligen Veränderungen seit 2001 versucht man, sich auf veränderte Lesebedürfnisse einzustellen: mit der plakativ gestalteten Titelseite; mit einer Auswahl der wichtigsten Themen auf mehreren Schwerpunktseiten; und schließlich mit der »taz zwei«, die sich popkulturellen Aspekten und Oberflächenphänomenen der Gesellschaft widmet. »Ich nannte das intelligente Unterhaltung«, sagt der dafür verantwortliche Peter Unfried, »damit es nicht unter Banalisierungsverdacht gerät. Das war ein Bereich, der in der taz strukturell nicht angelegt war. Es gab häufig kein Gespür dafür, ob Witze schon einen langen Bart haben oder viel zu hart sind. Da hat uns eine Kompetenzgruppe gefehlt. Dafür ist jetzt ›taz zwei‹ zuständig.«

Doch ob Witze gelingen oder nicht, lässt sich nicht delegieren. Das ist auch der Gestaltung der Titelseite anzumerken, die auf dem schmalen Grat zwischen gelungener Subversion und pennälerhafter Peinlichkeit operiert. Da die Seite in der Hauptsache aus Bild und Schlagzeile besteht, ist der Originalitätszwang gewaltig und das Risiko des Misslingens hoch. Großartigen Überschriften wie »SPD deutlich über fünf Prozent« oder »Es ist ein Mädchen« über einem Kinderfoto der angehenden Kanzlerin Angela Merkel stehen Bemüht-heiten wie »Schlächter Abgang« zum Tod von Slobodan Milošević und »Sprung in der Schüssel« zur Wahlniederlage des österreichischen Kanzlers gegenüber. Ob »Royal existierender Sozialismus« (zur Kür der sozialistischen Präsidentschaftskandidatin Ségolène Royal in Frankreich) den Tatsachen entsprach, darf bezweifelt werden. Und ob es lustig ist, die *Bild*-Schlagzeile »Wir sind Papst« rot durchzu-streichen und zu »Wir sind Wixer« zu korrigieren (zu den Totenschä-del-Fotos von Bundeswehrsoldaten in Afghanistan), ist zumindest fraglich.

Peter Unfried hält es für selbstverständlich, dass eine Zeitung vor allem unterhaltsam sein muss, um gelesen zu werden. Er möchte an die Ansätze der Chefredakteure Arno Luik und Norbert Thomma anknüpfen, die schon Mitte der 90er Jahre auf Unterhaltsamkeit setzten und deshalb doch nicht weniger »links« gewesen seien. Da-mals kam es zum großen Streit um diese Linie. Luik und Thomma mussten gehen. Heute gärt es eher unter der Oberfläche. Animosi-täten werden nicht mehr offen ausgetragen, Konflikte taktierend und abwartend behandelt. Christian Semler hält es für erstaunlich, dass es noch nicht zum großen Eklat zwischen den Vertretern der gegensätzlichen Richtungen gekommen ist, zwischen Boulevard und Unterhaltsamkeit auf der einen, einem seriösen linken Blatt auf der anderen Seite. Denn es ist nicht ausgemacht, ob die taz beides zugleich sein kann. »In der nächsten Krise wird das eskalieren«, sagt Semler. »Wir hatten ein paar sehr gute Jahre, die Blattreform mit den Schwerpunktseiten, dann eine ökonomisch gesicherte Phase. Das befördert das ›Weiter so‹. Das ist gesetzmäßig. Wir gerieten nicht unter Druck des Sparzwangs wie andere Tageszeitungen. Es sind aber immer die Krisen, die in der taz Veränderungen erzwungen haben.« Auch für Unfried ist klar, dass die Boulevardisierung an ihre Grenzen stößt. Das »Kratzen an der Oberfläche« gesellschaftlicher Phänomene hält er heute für weniger ergiebig als noch vor ein paar Jahren. »So groß können wir die Bilder gar nicht machen, so viel Unsinn gar nicht schreiben, damit uns auch Boulevardzeitungsleser kaufen würden.« Die als »Kioskbrüller« konzipierte Seite 1 erweckt zwar den Anschein, Zeitungskonsum sei etwas, das sich zur Not auch ohne Lesen bewältigen ließe, als könne man am bloßen Anschauen und Durchblättern seine Freude haben. Die auf graphische Elemente und eine flotte Schlagzeile ausgerichtete Titelseite verspricht eine Zeitung für die Zapp & Weg-Leserschaft: eine kleine Pointe, und fertig. Doch wer die taz dann aufschlägt, erschrickt umso mehr, dass es ohne Text nicht geht. Erkenntnis hat nun mal auch etwas mit Anstrengung zu tun – eine Bereitschaft, die von Zeitungen gestärkt werden sollte, wenn sie nicht langfristig am eigenen Untergang arbeiten wollen.

Neue Leser sucht die taz da, wo sie in Zukunft zu erwarten sind: im Internet. 1994 war sie die erste deutsche Tageszeitung, die ihre Print-Ausgabe komplett ins Netz stellte und zugleich ihr Archiv auf CD-ROM zugänglich machte. Seither hat sich nicht mehr viel getan, während andere Zeitungen eigenständige Online-Redaktionen aufgebaut haben. »Dadurch haben wir wenigstens kein Geld verbrannt«, sagt Kalle Ruch. Doch seit März 2007 gibt es endlich eine eigenständige Online-Redaktion, die zunächst nur aus drei Leuten besteht, aber kontinuierlich ausgebaut werden soll, wenn sie sich über Anzeigen selbst finanziert.

Die Hoffnungen sind groß: Übers Internet sind völlig andere Leserkreise zu erschließen. Online-Nutzer und Print-Leserschaft überschneiden sich kaum. Vielleicht lässt sich hier sogar das Anzeigenproblem ausgleichen, so dass man langfristig gar eine Co-Finanzierung der Printausgabe durch Online-Einnahmen für möglich hält. Vorerst ist aber die Pflege der »Community« mit vielfältigen Internet-Blogs wichtiger. Darüber hinaus sollen Leser und taz-Genossen in einem »Intranet« miteinander kommunizieren können. Zurück in die Zukunft: Die Ideale der Gründungszeit, jeder solle mit jedem über alles debattieren und seine Betroffenheitsberichte ungekürzt veröffentlichen, lassen sich heute auf neuer technologischer Basis radikaler verwirklichen, als das einst vorstellbar war. Die taz kehrt damit zu ihren Anfängen zurück, als sie nicht nur Zeitung, sondern Organisatorin von Gemeinschaften sein wollte. Und die alternative Bürgerlichkeit realisiert sich virtuell im Netz.

Der Blick in ihre Geschichte zeigt, dass es um die Voraussetzungen der taz, sich in einer grundlegend veränderten Medienlandschaft zu bewähren, nicht schlecht bestellt ist. Die vielfach aus der Not geborenen Eigenschaften könnten sich bald als spezifische Stärke erweisen. Die taz war immer schon »Zweitzeitung«. Das werden bald alle Tageszeitungen sein – nach und neben den elektronischen Medien. Die taz hatte noch nie viele Anzeigen und leidet deshalb weniger unter der Verlagerung des Geschäfts ins Internet. Dass Qualitätszeitungen sich aus diesem Grund in Zukunft massiv verteuern werden oder den Umfang radikal verkleinern müssen, trifft sie kaum. Sie war immer schon teurer und nie besonders umfangreich. Weil sie ihre Defizite in der umfassenden aktuellen Berichterstattung nie überwinden konnte, setzte sie immer schon auf Meinungsfreudigkeit und Analyse und ist damit gut positioniert für die Anforderungen der Zukunft. Mit ihren Schwerpunktseiten hat sie sich frühzeitig ein Instrument geschaffen, um Orientierung im Informationsüberfluss zu bieten und eigene Akzente zu setzen. Im Weglassen war sie immer schon großzügig. Die Rubrik »Was fehlt« ist eine ironische Antwort auf strukturelle Mängel.

Vor allem aber: Die taz besitzt einen verlässlichen und durchaus finanzkräftigen Abonnentenstamm und hat mit ihren solidarisch gestaffelten Preisen ein zukunftstaugliches Modell. Als kleinste der überregionalen Zeitungen bedient sie eine spezifische Klientel. Sie muss sich deshalb vor der zunehmenden Parzellierung der Öffentlichkeit nicht allzu sehr fürchten. Das alternative Bürgertum ist stabil und zudem deutlich jünger als die Leserschaft von *FAZ* oder *Süddeutscher Zeitung*. Wer die taz für ein Generationenprojekt hielt, das sich von selbst erledigen würde, sah sich getäuscht. Da kann die Zeitung sich heute ganz locker machen. Jedenfalls bis zur nächsten Krise.

Doch womit soll die taz sich inhaltlich profilieren? Was hat sie zu bieten, was andere nicht haben? Für den alten Strategen Semler ist die Frage »peinigend, aber auch überflüssig«. Da es derzeit keine theoretischen Entwürfe und keine gesellschaftsverändernden Bewegungen gebe, könne die taz nicht mehr tun, als abzuwarten und Ausschau zu halten nach neuen Ansätzen. Es gibt verschiedene Bausteine, aber nichts, was eine völlig neue taz-Identität begründen könnte. »Journalistische Reserven« nennt Semler das freundlich. Eine Organisation wie Greenpeace betreibe eine Politik der geöffneten Tür: Das Problem ist sichtbar, die Tür schon einen Spalt offen, dann muss man nur noch spektakulär dagegentreten. Doch Greenpeace wäre unfähig, eine Sache zu entwickeln, die man überhaupt erst im Bewusstsein etablieren muss. Das sei eine »Reserve« der taz. Als Beispiele bringt Semler die Organisation der Arbeit jenseits der Vollbeschäftigungsillusion. Oder, in der Folge von Hartz IV, die Frage danach, was Gerechtigkeit bedeutet.

Für Bascha Mika muss die taz bei allen Themen, »die im weitesten Sinne unsere Sozialverfassung betreffen, die Nase vorn haben« – von Frauenemanzipation über Gesundheit bis zu Bildungspolitik. Das alternative Bürgertum ist eine zivilgesellschaftliche Avantgarde aus wohlverstandenem Eigeninteresse: »In welcher Gesellschaft wollen wir leben? Ich als Mittelstandsbürgerin muss aus meinem Mittelstandsbewusstsein ein Interesse an einer Gesellschaft haben, die einigermaßen funktioniert, um meine Bedürfnisse zu erfüllen. Es geht nicht nur um die Marginalisierten. Die Mittelschicht muss sich aus purem Eigennutz für die Gesamtgesellschaft interessieren. Wenn ich mein Kind nicht mit dem Wachschutz in die Schule schicken will, muss ich dafür sorgen, dass die Gesellschaft einen Wachschutz in der Schule nicht braucht. So schlicht ist das. Das Linke daran ist, auf Partizipation zu setzen, auf Zivilgesellschaftlichkeit.« Damit ist die taz bei sich selbst gelandet. Als Genossenschaft mit demokratischer Verfassung und relativ großen Mitbestimmungsmöglichkeiten für die Beschäftigten ist sie immer noch ein Modell für alternative Bürgerlichkeit. Darin unterscheidet sie sich stärker von allen anderen Zeitungen als durch das tägliche Produkt. Die Mitarbeiter haben es selbst in der Hand, wie ihre Zeitung und ihre Arbeitsweise in Zukunft aussehen werden. Prognosen sind schwer, denn die nächste Generation, die das Blatt übernehmen wird, wird es sicher ganz anders machen. Oder wieder so ähnlich, wie es schon einmal war.

Anhang

Anmerkungen

1 die Tageszeitung, Nullnummer 3, 2.12.1978, Editorial
2 ebd.
3 Gisela Wülffing: taz war für mich Fenster zur Welt, taz, 5.10.1987
4 Michael Sontheimer: Professionalisierung oder »konservative« Wende? Entscheidungsstrukturen im Alternativbetrieb am Beispiel der taz, in: Sibylle Reiter, Stephan Ruß-Mohl (Hg.): Zukunft oder Ende des Journalismus? Verlag Bertelsmann Stiftung, Gütersloh 1994, S. 157
5 Klaus Laermann: Kneipengerede. Zu einigen Verkehrsformen der Berliner »linken« Subkultur, in: Kursbuch 37/1974, S.168-180. Vgl. dazu auch Sven Reichardt: »Wärme« als Modus sozialen Verhaltens? Vorüberlegungen zu einer Kulturgeschichte des linksalternativen Milieus vom Ende der sechziger bis Anfang der achtziger Jahre, in: Vorgänge 171/172, Heft 3-4/2005
6 Stefan Reinecke: Otto Schily. Vom RAF-Anwalt zum Innenminister. Hoffmann & Campe, Hamburg 2003, S.199
7 taz, 17.4.1979
8 die taz. Das Buch. Aktuelle Ewigkeitswerte aus zehn Jahren. Herausgegeben von Mathias Bröckers, Detlef Berentzen und Bernhard Brugger. Zweitausendeins, Frankfurt/Main 1989, S.705
9 Hans-Christian Ströbele, in: die taz. Das Buch, a.a.O., S.705
10 Rolf Schwendter: Theorie der Subkultur. Europäische Verlagsanstalt, Hamburg 1970
11 taz, 20.4.1979, Leserbrief
12 FAZ, 25.10.1977
13 die taz. Das Buch, a.a.O., S.618
14 Gisela Wülffing: taz war für mich Fenster zur Welt, taz, 5.10.1987
15 vgl. dazu Sven Reichardt: »Wärme« als Modus sozialen Verhaltens?, a.a.O.
16 Jörg Bopp: Wir machen es jetzt. Zur Moral der Jugendlichen, in: Kursbuch 60, 1980, S. 23
17 vgl. Nelli Pirelli, Jürgen Belgrad: Unsere Moral kann sich sehen lassen. in: Kursbuch 60, 1980, S.11
18 die taz. Das Buch, a.a.O., S.619
19 ebd., S.622
20 ebd., S.609
21 ebd., S. 621
22 die Tageszeitung, Nullnummer 4, 20.1.1979
23 die taz. Das Buch, a.a.O., S.636
24 Erich Kuby: Die gelähmte Redaktion, in: taz hoch 10, Juchz- & Jubel-Sonderheft, 10 Jahre Pressefrechheit, taz-Journal, 1989, S.48

25 Vera Gaserow: Taz-Express – bitte Vorsicht bei der Weiterfahrt, taz, 28.11.1980, S.11

26 taz-Journal Nr. 3, »Sachschaden«, November 1981, S.10

27 Stern 49/1979, S.158

28 die Tageszeitung, Nullnummer 4, 20.1.1979

29 Michael Sontheimer: Ein zähes Pflänzchen, taz, 16.4.1994

30 Gespräch mit Broka Herrmann, in: taz hoch 10, a.a.O., S.61

31 so Tom Schimmek in: Imma Harms: Weg von der taz. Hundert Weg-
beschreibungen von der Utopie in die Mitte der Gesellschaft. 3 DVDs.
Taz-Verlag, April 2004

32 Interview mit Wolfgang Grundmann, in: taz hoch 10, a.a.O., S.73

33 taz, 9.7.1979

34 taz, 17.4.1979, S.1

35 Bertolt Brecht: Der Rundfunk als Kommunikationsapparat. Gesam-
melte Werke XVIII, S.129

36 So berichtete die NZZ am 16.6.2006 unter dem Titel »Kein publizisti-
sches Reich der Freiheit« über »Falsche Verheißungen des Bürgerjournalismus« (http://www.nzz.ch/2006/06/16/em/articleE7D2O.html)

37 »Wir glauben an das Gute«. Gespräch mit Wikipedia-Gründer Jimmy
Wales, in: Die Welt, 26.6.2006

38 vgl. Claus Koch: Alternativen zur Bewusstseinsindustrie. Rückbesin-
nung auf Enzensbergers »Baukasten zu einer Theorie der Medien«, in:
Sibylle Reiter, Stephan Ruß-Mohl (Hg.):Zukunft oder Ende des Journalismus?, a.a.O., S.127ff.

39 Arno Widmann: Hetzblatt mit Körpersprache, taz, 17.4.1979. Auch
in: 20 Jahre taz, Journal, S. 82

40 Frank Berberich, taz, 18.4.1979

41 taz, 21.4.1979

42 taz hoch 10, a.a.O., S.41

43 Prospekt: Tageszeitung, S.4

44 ebd.

45 die taz. Das Buch, a.a.O., S.632

46 ebd., S.642

47 Interview mit Wolfgang Grundmann, in: taz hoch 10, a.a.O., S.74

48 Gitti Hentschel: Wenn die Munition verschossen ist, taz-Journal »Sachschaden«, S.10

49 die Tageszeitung, Nullnummer 5, 22.2.1979, S.2

50 die taz. Das Buch, a.a.O., S.713f

51 taz, 29.7.1980, S.3

52 Kuno Kruse: Die taz ist verwahrlost, taz, 12.11.1980, S.3

53 taz, 7.11.1980, S.1

54 Leserinnenbrief einer der beteiligten Aktivistinnen, taz, 14.11.1980, S.3

55 taz, 14.11.1980, S.3

56 die Tageszeitung, Nullnummer 3, 2.12.1978
57 taz, 7.11.1980, S.2
58 die Tageszeitung, Nullnummer 5, 22.2.1979, S. 1
59 taz, 23.4.1979
60 taz, 21.6.1979, S.3
61 die Tageszeitung, Nullnummer 3, 2.12.1978
62 die taz. Das Buch, a.a.O., S.614
63 taz, 17.4.1979, Seite 3
64 Gisela Wülffing: Die Geschlechterfrage in unserer Gesellschaft interessiert mich immer noch leidenschaftlich, in: taz hoch 10, a.a.O., S.59
65 die Tageszeitung, Nullnummer 5, 22.2.1979
66 Gisela Wülffing: Die Geschlechterfrage in unserer Gesellschaft interessiert mich noch immer leidenschaftlich, a.a.O., S.59
67 taz, 13.7.1979, S.1
68 taz, 18.7.1979
69 taz, 28.11.1980, S.3
70 taz, 28.11.1980, S.12
71 Organisationsmodell der taz. Internes Papier, nach dem Frauenstreik, November 1980
72 die taz. Das Buch, a.a.O., S.615
73 Der Spiegel, Nr. 14/1983, S.96
74 Elfriede Jelinek: Das Imperium schlägt zurück, taz, 12.3.1988, S.3
75 Ratlose Männer, taz, 11.3.1988, S.4
76 Wiglaf Droste: Am Tisch der K1. Das Käseblatt unter Käseblättern: die taz. in: Jürgen Roth, Klaus Bittermann (Hg.): Journalismus als Eiertanz. Zweiundfünfzig Meditationen über die Presse. Edition Tiamat, Berlin 1999, S.134
77 die taz. Das Buch, a.a.O., S.616f
78 Elke Schmitter: Den Stier ohne Hörner packen, taz, 16.4.1994, S.3
79 taz-Journal 20 Jahre taz, S. 102
80 Johann Legner: Nie ideologisch, taz Berlin, 3.11.2005
81 Michael Sontheimer: Eine wilde Zeit, taz Berlin, 3.11.2005
82 Gerd Nowakowski: Erst Realo, dann radikalo. taz Berlin, 3.11.2005
83 Der Spiegel, Nr. 14/1983, S.98
84 Spendenaufruf, Brief vom 16.12.1980
85 Thomas Schmid, taz, 16.4.1994
86 Erich Kuby: Die gelähmte Redaktion. in: taz hoch 10, a.a.O., S.46
87 Brandstifter in der TAZ? taz, 10.7.1980, S.8
88 Frank Berberich, Arno Widmann: Abschied von einem lebenden Leichnam, taz, 28.11.1980
89 Lothar Baier: Der beinamputierte Tausendfüßler. Ein Jahr linke »Tageszeitung« (TAZ), in: Freibeuter 4 (1980), S.165
90 taz, 28.11.1980

91 taz, 27.11.1980
92 taz, 20.11.1980
93 taz, 25.11.1980
94 vgl. z.B. taz vom 25.9.1987, S.8
95 vgl. Patrik Schwarz: Die Zärtlichkeit der Völker, in: taz-Journal 20 Jahre taz, 1999, S.6
96 Waffen für El Salvador, taz, 20.1.1992
97 ebd.
98 vgl. Wolfgang Flieger: Die taz. Vom Alternativblatt zur linken Tageszeitung. Ölschläger, München 1992, S.120. Und: Oliver Tolmein, Detlef zum Winkel: tazsachen. Krallen zeigen – Pfötchen geben. Konkret Literaturverlag, Hamburg 1989 S.39f
99 taz, 22.4.1983
100 taz, 29.4.1983
101 taz, 24.6.1983
102 taz, 30.6.1988
103 Marie-Luise Knott: Die Taz bringt die deutsche Ausgabe der renommierten Monatszeitung Le Monde Diplomatique, taz, 7.4.1995
104 taz, 17.4.1984
105 *1979. Die Zeitung. Die Genossenschaft. Das Projekt. taz-Verlag, 2006, S.1
106 taz, 10.8.2006
107 taz, Sondernummer, 19.4.1980, S.1
108 die Tageszeitung, Nullnummer 10, 2.4.1979
109 Die taz. Das Buch, a.a.O., S. 725
110 Jörg Bopp: Wir machen es jetzt. Zur Moral der Jugendlichen, in: Kursbuch 60, 1980, S.32
111 Ute Scheub: Angst vor der Zukunft, in: taz-Journal Nr.1, Ökologie, 1980, S.185
112 Gunhild Schöller: Mit der Angst überleben? und Klaus Hartung: In Panik: Flucht nach rechts, taz, 6.5.1986, S.10
113 Burkhard Müller-Ullrich: Medienmärchen. Gesinnungstäter im Journalismus. Blessing, München 1996, S. 21
114 Thomas Hartmann, internes Papier. in: die taz. Das Buch, a.a.O., S.626
115 Thomas Hartmann, internes Papier, Oktober 1984.
116 taz, 4./5.11.2006
117 zitiert nach: Butz Peters: Tödlicher Irrtum. Die Geschichte der RAF. Argon, Berlin 2004, S.383
118 vgl. Oliver Tolmein, Vom Deutschen Herbst zum 11. September. Die Raf, der Terrorismus und der Staat. Konkret Literaturverlag, Hamburg 2002, S. 70
119 taz, 14.10.1986, S.5. Ungekürzt in: »Ihr habt unseren Bruder ermor-

det«. Die Antwort der Brüder des Gerold von Braunmühl an die RAF. Eine Dokumentation. rororo Aktuell, herausgegeben von Ingke Brodersen und Freimut Duve. Reinbek 1987, S.19ff

120 taz, 7.11.1986, S.1
121 taz-intern, taz, 8.11.1986
122 taz, 7.11.1986, S.1
123 taz, 17.11.1986. Dieses, wie auch alle anderen Leserbriefzitate zu diesem Thema, auch in: »Ihr habt unseren Bruder ermordet«, a.a.O., S.41 und in: die taz. Das Buch, a.a.O., S. 129
124 ebd.
125 taz, 9.12.1986
126 taz, 17.11.1986
127 FAZ, 19.5.1987. Auch in: »Ihr habt unseren Bruder ermordet«, a.a.O., S. 89
128 Die Welt, 10.11.1986. und »Ihr habt unseren Bruder ermordet«, a.a.O., S.90
129 die taz. Das Buch, a.a.O., S.691
130 taz, 2.12.1987
131 Thomas Hartmann, taz, 6.1.1987
132 taz, 10.7.1989
133 taz, 18.4.1987
134 Christiane Peitz: Gottesverzehr, taz, 13.7.1988
135 taz, 28.11.1988
136 Wolfgang Gast: Die unveröffentlichte Geschichte der taz, taz, 3.3.1989
137 Jürgen Gottschlich: Pressefreiheit in Berlin, taz, 28.11.1988
138 Wolfgang Gast: Die unveröffentlichte Geschichte der taz, taz, 3.3.1989
139 Till Meyer, Jürgen Gottschlich: Die Operation Norbert-Leander Hermsdorf, Der Verfassungsschutz hatte einen V-Mann auf Probe in der taz, taz, 14.1.1989. auch in: die taz. Das Buch, a.a.O., S.186f
140 Wolfgang Gast: Taz-Akte des VS kommt auf den Tisch, taz, 21.10.1989
141 Vera Gaserow: Die taz computergerecht ausgeforscht, taz, 13.3.1989
142 taz, 28.11.1988
143 Wolfgang Gast: Die unveröffentlichte Geschichte der taz, taz, 3.3.1989
144 taz, 25.1.1989
145 taz, 18.1.1989
146 Georgia Tornow: taz-intern: Auch wir sind autonom, taz, 6.3.1989
147 taz, 24.10.1988
148 Petra Bornhöft, Vera Gaserow, Meino Büning: taz-intern: Prozess einer Grenzziehung, taz, 4.11.1988
149 www.zweitausendeins.de/writersblog/kapielski/index.cfm

150 Petra Bornhöft, Vera Gaserow, Meino Büning: taz-intern: Prozess einer Grenzziehung, taz, 4.11.1988
151 Ute Scheub: Das falsche Leben. Eine Vatersuche. Piper, München 2006, S.255
152 Hans-Christian Ströbele:»Mit erhobenem Haupt bestehen«, taz, 20.2.1991
153 Götz Aly: Parteifreundinnen, taz, 26.2.1991
154 Klaus Hartung: Wir sind nicht frei, taz, 5.11.1988
155 Thierry Chervel: Grenzen und Grauen. Von der Suche im engen Raum zwischen »erlaubt« und »verboten«, taz, 5.11.1988
156 Klaus Hartung: Wir sind nicht frei, taz, 5.11.1988
157 Peter Schneider: Von Begeisterung bis Brechreiz. Eine Zeitungskritik, in: taz hoch 10, a.a.O., S.43
158 Renee Zucker: Lieber Gott, mach mich fromm ..., taz, 11.11.1988
159 Petra Bornhöft, Vera Gaserow, Meino Büning: taz-intern: Prozess einer Grenzziehung, taz, 4.11.1988
160 Wolfgang Neuss: Nazis kommen vor, aber nicht bei uns?, taz, 11.11.1988
161 Lothar Baier: Kleiner Mann, was nun?, taz, 12.11.1988
162 Arno Widmann: ZK, Berliner Zeitung, 2.10.2000
163 taz, 5.11.1988
164 Arno Widmann: Ich war der erste Ossi, taz, 9.11.1994
165 taz-Journal 20 Jahre taz, S.43
166 ebd.
167 Als Beilage in der taz vom 7.9.1987
168 taz, 11.7.1990
169 Klaus Hartung: Der Fall der Mauer, taz, 6.11.1989, S.8
170 Ute Scheub: Melancholie. Stimmungsbericht zur Plage der Nation, taz 24.1.1990, S.10
171 Ein wenig Osten. Der Spiegel, 9/1990, S.103
172 taz, 27.2.1990, S.4
173 Frank Schirrmacher: Dem Druck des härteren, strengeren Lebens standhalten, FAZ, 2.6.1990
174 Jürgen Kuttner, André Meier: Contra, taz-Ost, 18.6. S.10,
175 Brigitte Fehrle: Pro, ebd.
176 Klaus Wolschner: Schweigen über den Stasi-Staat?, taz-Ost, 18.6.1990, S.4 und taz, 19.6., S.16
177 Klaus Wolschner: Ein kurzer Ostberliner Frühling, taz, 16.4.1994
178 Walter Süß: Zwischen Aufklärung und Bevormundung, taz-Ost, 18.6., S.4 und taz, 19.6., S.16
179 taz intern, taz, 20.6.1990, S.4
180 Integraler Bestandteil meiner Biographie. Jürgen Kuttner im Gespräch mit Detlef Kuhlbrodt, taz, 10.1.1995

181 »Aufgeklärt im Unerträglichen.« Stefan Schwarz im Gespräch mit Anja Baum, Matthias Geis und Wolfgang Gast, taz, 6.4.1991
182 Till Meyer: »Ich war immer Schützer der DDR«. Gespräch mit Michael Sontheimer, Claus Christian Malzahn und Jürgen Gottschlich, taz, 31.1.1992
183 Auskunftsbericht über das Presseerzeugnis der BRD/WB ›Die Tageszeitung‹ (›TAZ‹). MfS, Abteilung XXII/3, 29.1.1986. BstU, Archiv der Zentralstelle, MfS – HA XXII, Nr.19561
184 MfS – HA II/13, 720, Blatt 71, (1.3.1988).
185 MfS – HA II/13, 720, Blatt 125, (6.9.1988).
186 Maßnahmeplan zur FOA ›TAZ‹, 21.1.1986. MfS – HA XXII Nr.19561
187 Auskunftsbericht über das Presseerzeugnis der BRD/WB ›Die Tageszeitung‹ (›TAZ‹). MfS, Abteilung XXII/3, 29.1.1986. BstU, Archiv der Zentralstelle, MfS – HA XXII, Nr.19561
188 Über all diese Hintergründe informierte Ende 1992 eine vierteilige Artikelserie von Wolfgang Gast: Die Stasi, hart am Feindobjekt taz, taz, 28.–31.12.1992
189 »IM Taler« über die taz, taz, 16.9.1992
190 taz, 4.10.1991
191 taz, 17.9.1991
192 Andreas Rosteck: taz statt Projekt, taz, 17.9.1991, S.8
193 Manfred Kriener, taz, 28.10.1991. S.5
194 Bernd Müllender: Ich liebe Stress, in: taz hoch 10, a.a.O., S.9
195 Elke Schmitter: Auch in Zukunft eine tägliche taz aus unserer Werkstatt des Eigensinns, taz, 18.11.1991
196 taz, 4.10.1991
197 Jörg Thomann: Montag danach, FAZ, 16.12.1999
198 Henryk M. Broder: Einsamer nie: Die taz im Jammertal, Tagesspiegel, 29.11.1999
199 taz, 28.1.1992
200 Editorial, litera-taz, 11.10.1980.
201 taz, 21.10.1980
202 taz, 23.12.1980
203 Gabriele Goettle: Was fehlt? Die Tageszeitung, taz, 30.3.1987
204 Über das Experiment der Literaten-taz berichtete Vera Gaserow: Wenn Dichter eine Zeitung denken, taz, 12.10.1987
205 Elke Schmitter: Wo die Lampe fußt, taz, 4.4.1992
206 Stefan Reinecke, Eberhard Seidel-Pielen: Ein deutscher Machtwechsel, taz, 29.9.1998, S. 1
207 Michael Rediske: 1969 und 1998, taz, 30.9.1998, S. 1
208 taz-Journal »Die Grüne Gefahr«, 1998, S. 105
209 zitiert nach: Peter de Mendelssohn, Zeitungsstadt Berlin, Ullstein, Frankfurt/M. u.a. 1982, S. 159

210 Der Spiegel 14/1983
211 Bascha Mika, Vortrag beim Zukunftskongress der Grünen NRW, www.
    Gruene-NRW.de/Bascha_Mika.29338.0.html
212 Jürgen Gottschlich: Wartet lieber ab!, taz, 7.11.1997
213 Stefan Reinecke, Eberhard Seidel-Pielen: Ein deutscher Machtwechsel,
    taz, 29.9.1998, S. 1
214 taz, 23.3.1998
215 vgl. etwa Lothar Probst: Im Abseits, taz, 14.7.1998
216 Bio. Billig. Bäh, taz, 5./6.8.2006
217 taz, 9.6.2005
218 taz, 17.12.2004
219 taz, 22.1.2005
220 taz, 26.10.1979, S.1.
221 taz, 2.1.1980
222 taz, 22.12.1984
223 So nachzulesen im taz-Journal »Dutschke und Du, 2006, S.57
224 taz, 6.1.2003
225 taz, 8.5.2002
226 Tagesspiegel, 20.11.2002
227 Zu sehen ist er im Internet bei Youtube (www.youtube.com/
    wtach?v=29LcVCSidLw)

Bildnachweis

Personenregister